岸线资源调查与评价丛书

长江经济带
岸线资源调查与评估

段学军　王晓龙　邹　辉　等　著

科　学　出　版　社

北　京

内 容 简 介

本书集成长江经济带调查与评估等项目的研究成果，紧密结合国家长江大保护、长江经济带高质量绿色发展的战略需求，采取实地勘察与遥感解译、数学模型相结合的技术方法，以长江滨岸带为突破口开展全流域岸线资源调查研究工作。全书共8章，内容包括理论与方法、长江干支流岸线资源条件调查与评估、长江滨岸带水域水环境调查与评估、长江干支流岸线开发及生态环境影响调查与评估、重大工程对长江经济带岸线影响调查与评估、长江干支流岸线保护-开发条件评估与功能分区、长江经济带岸线管控对策建议及长江经济带岸线资源管理平台。

本书可供从事河湖岸线资源的城市与区域规划、产业布局、航运交通、环境科学、生态学、水利与流域管理、地理信息数据库构建等方面的科研人员、工程技术人员、管理人员和高等院校的有关专业师生参阅。

图书在版编目（CIP）数据

长江经济带岸线资源调查与评估/段学军等著. —北京：科学出版社，2020.6

（岸线资源调查与评价丛书）

ISBN 978-7-03-065399-4

Ⅰ. ①长… Ⅱ. ①段… Ⅲ. ①长江经济带－自然资源－资源调查－中国 ②长江经济带－自然资源－资源评估－中国 Ⅳ. ①F124.5

中国版本图书馆CIP数据核字（2020）第094010号

责任编辑：周 丹 沈 旭/责任校对：杨聪敏

责任印制：师艳茹/封面设计：许 瑞

科学出版社出版

北京东黄城根北街16号

邮政编码：100717

http：//www.sciencep.com

北京九天鸿程印刷有限责任公司印刷

科学出版社发行 各地新华书店经销

*

2020年6月第 一 版 开本：720×1000 1/16

2020年6月第一次印刷 印张：17 3/4

字数：358 000

定价：199.00元

（如有印装质量问题，我社负责调换）

前　言

岸线资源条件调查、评估与功能分区是落实长江经济带战略和修复长江生态环境的重要科学基础。长江经济带作为国家重要的战略区域，在我国社会经济发展全局和区域发展总体格局中具有重要地位。习近平总书记在推动长江经济带发展的重庆座谈会上指出，“推动长江经济带发展必须坚持生态优先、绿色发展的战略定位”，“要把修复长江生态环境摆在压倒性位置，共抓大保护，不搞大开发”。作为不可再生的战略性资源，岸线资源是指占用一定范围水域和陆域空间的水土结合的国土资源。长江干流及赣江、湘江、汉江、嘉陵江、乌江、岷江、金沙江等重要支流拥有岸线近 18 000km，涉及水、路、港、产、城和生物、湿地、环境等多方面，既是港口、产业及城镇布局的重要载体，也是长江的生态屏障和污染物入江的最后防线。作为整个长江生态环境的重要组成部分和核心环节，岸线资源发挥着无可替代的生产、生活和生态环境功能。开展长江岸线自然本底调查、岸线开发及生态环境影响调查与评估、岸线保护-开发条件评估与功能分区研究，有助于“摸清家底，科学管控”，是修复长江生态环境和建设长江绿色生态廊道的关键所在和科学依据。

“构建科学合理的自然岸线格局”迫切需要开展长江岸线资源调查与评估。国务院印发的《关于依托黄金水道推动长江经济带发展的指导意见》提出促进长江岸线有序开发，《生态文明体制改革总体方案》提出要“开展水域、岸线等水生态空间确权试点”，十八届五中全会提出要“构建科学合理的自然岸线格局”。调查岸线资源自然本底，评估岸线开发的生态环境影响，进行岸线资源保护-开发功能分区，是开展上述工作的重要前提。然而，长期以来，由于缺乏对岸线资源的系统研究，长江岸线资源开发与管理无序，在岸线资源开发与保护方面出现了一系列突出问题：大中城市岸带开发强度过大、港口-工业占用不合理、排污与取水口布局混乱、局部岸带污染严重、生态安全受到威胁、游憩和自然保护岸带遭受到侵占等。随着长江经济带战略的实施，岸线资源合理利用的重要性和紧迫性进一步凸显，亟待开展长江经济带岸线资源调查、评估与分区研究。

长江经济带资源调查与评估是地理学、生态学、环境学和规划科学的交叉领域和重要方向。岸线资源是人类生存与发展的重要基础之一。自 20 世纪 80 年代以来，地理学家开始认识到长江岸线资源在“T”型发展战略实施和长江产业带建设中的重要支撑作用，开展了岸线资源调查评估研究。“八五”国家重点科技攻关专题“长江产业带建设的综合研究”和中国科学院“九五”重大项目（A）“长江流域生态环境建设与经济可持续发展研究”首次比较全面地分析了各类岸线对长江产业带建设的影响与作用，重点评价了中深水岸线资源对港口与重化工业的支撑作用。此后，中国科学院南京地理与湖泊研究所依托国家发展和改革委员会《长江三角洲地区区域规划》和沿江各省市相关规划项目，持续开展了苏、皖、赣、湘等省沿江岸线资源调查与评估，为有关省市长江开发提供了科学依据，特别是在港口码头选址和开发区建设等方面做出了重要贡献，并取得了显著的社会效益和经济效益。随着研究的不断深入，学术界开始关注岸线资源的生态功能、环境功能及休憩旅游功能等，并开始采用高分遥感、地理信息系统、数学模型等各种现代化技术手段，综合集成岸线资源调查成果，开展岸线开发生态环境影响评估和岸线功能分区，客观评估岸线保护-开发的生态效益、经济效益和社会效益，深入揭示上下游、左右岸之间的区域关联。

在此背景下，中国科学院部署“科技服务网络计划”（Science and Technology Service Network Initative，简称 STS 计划）重点项目“长江经济带岸线资源调查与评估”（KFJ-STS-ZDTP-011），研究期为 2017 年 1 月～2018 年 12 月，旨在通过两年时间开展长江经济带干流及重要支流的岸线资源调查与评估工作，在“摸清家底”的基础上，开展功能分区与空间管控方案设计，构建综合数据库及管理平台，为相关国家部委和地方政府提供技术应用，服务于长江大保护和长江经济带高质量发展。该项目建立了岸线资源分类分级指标体系和评价标准，制定了基于遥感与地面监测相结合的综合调查技术规范，并在此基础上获取了长江干流及金沙江、岷江、湘江、赣江等主要支流岸线的河道形态特征、河势、地质地貌、植被类型、岸前水深、岸线稳定性、水域宽度、陆域条件、水源地与重要水面、著名风景旅游区，以及重要支流入江口的水文、泥沙和水质等自然本底特征，建立了岸线资源基础数据库；开展了滨江湿地生态及滨岸带重要水域（城市岸带、取水口、排污口、支流入江口等）水质调查，分析了长江经济带干流与重要支流滨江湿地的空间分布格局现状与演变特征，查明了滨岸带水环境的季节特征与空间变化，甄别了主要水质超标因子，开展了水环境评估；调查了港口、工业、城镇、取水口、排污口、过江通道、水利枢纽等岸线利用现状，构建了岸线利用数据库，开展了干支流岸线资源利用现状的生态环境影响评估；基于长江岸线资源条件、开发利用现状与保护需要，提出了岸线资源的生态环境价值、保护重要性与开发条件的评估准则，对岸线资源进行了综合评估，并划定了禁止开发、限制开发、优化开发等岸线管控分区，提出了合理的长江岸线自然格局方案与管控建议。

本书是“长江经济带岸线资源调查与评估”项目的成果归纳和提炼，提纲由段学军总体构思拟定。本书总计八章，各部分主要撰写人员如下。

第一章：段学军，邹辉，等。

第二章：段学军，徐昔保，邹辉，黄群，闵敏。

第三章：王晓龙，蔡永久，赵中华，吴召仕，徐金英，郑利林。

第四章：梁双波，曹有挥，闵敏，王晓龙，邹辉，刘玮辰。

第五章：黄群，肖飞，张继飞，冯奇，叶华，孟宝。

第六章：邹辉，段学军，闵敏。

第七章：段学军，陈维肖，邹辉。

第八章：林晨，闵敏。

在项目完成和本书撰写的过程中，得到了中国科学院科技促进发展局、沿江相关省市发展和改革委员会、长江水利委员会长江科学院、中国科学院测量与地球物理研究所、中国科学院·水利部成都山地灾害与环境研究所、《长江流域资源与环境》编辑部等单位的有关领导、专家及同行的大力支持，虞孝感研究员全程参与项目并给予指导，同时在制订项目实施方案时还得到了许厚泽院士、杨桂山研究员、许有鹏教授、王润教授、吕新华研究员的指导和帮助，在此一并表示衷心的感谢。

本次调查与评估工作虽然力求理论方法先进、数据资料完备，但由于时间紧、涉及面广、问题复杂，加之编者水平有限，书中不足之处在所难免，恳请广大读者批评指正，以便在后续工作中加以改进。

段学军

2019 年 12 月

目　　录

1 理论与方法

1.1 岸线资源的概念和分类

自然资源是能够为人类提供生存、发展和享受的物质与空间。其具有两大必备条件，一是人类对其有需求，即自然资源具有开发利用价值；二是自然资源的物质或空间是有限的，如水资源、土地资源、矿产资源等。自然资源的价值随人类需求的变化而发生变化。单纯从水文地貌学的意义上看，江河湖海的岸线是指一定水位下水域与陆域的交界线，也有研究认为岸线是指枯水到洪水的水位线变化的范围。随着滨岸带开发活动的增多，尤其是港口航运对岸线开发需求的增大，人们对岸线的认识逐步突破了水文地貌学的概念，而认识到岸线也是一种资源，一方面它在数量上是有限的，不可能无限使用；另一方面它有开发的价值，其大小取决于区位、港口、城镇和过江通道建设条件及旅游潜力等。岸线资源是土地资源概念的拓展，是在土地资源基础上叠加岸线在港口航运、城市生活、生态系统保护方面的独特属性，融合了土地资源、水资源及生态等内涵的新型资源。岸线资源的概念为江河两侧与湖泊海洋周边一定范围的水域和陆域空间范围内一切可被人类开发和利用的空间及物质、能量和信息的总和，具体空间范围与开发方式和上下游及不同区段后方陆域地貌条件有关。岸线资源既具有行洪、调节水流和维护水生生态系统健康等自然与生态环境功能属性，同时又在一定情况下具有开发利用价值的土地资源属性，是一种可满足多种开发利用方式的空间资源。江河两侧与湖泊海洋周边广布宝贵的岸线资源，涉及水、陆、港、产、城和生物、湿地、环境等多方面，既是港口、产业及城镇布局的重要载体，也是江河湖海的生态屏障和污染物入河湖海的最后防线。作为江河湖海生态环境的重要组成部分和核心环节，岸线资源发挥着无可替代的重要生产、生活和生态的环境功能。

国内外相关研究分析了岸线资源的内涵、定义及评估方法（张云等，2019；梁双波等，2019，2018；Samarasekara et al.，2018；段学军等，2019a，2019b，2016，2006；Crowell et al.，2016；Xu et al.，2015；陈欢等，2015；曹有挥等，2015；陈诚等，2014；Ryu et al.，2014；罗彬，2010；朱红云等，2005；李新国等，2005；中国科学院南京地理与湖泊研究所，2007，2005；尹静秋，2004；马荣华等，2004，2003；施少华等，2002；王传胜，2000；黄家柱，1999；杨桂山等，1999；虞孝感，1997；陈雯，1996），为本书奠定了良好的研究基础。岸线资源既包括自然范畴，即岸线的自然属性，也包括经济范畴，即岸线的社会属性，是人类的生产资料和劳动对象。岸线资源由于其独特的自然和人文社会经济条件，而呈现出脆弱性、变动性、多宜性和综合性特征。岸线的脆弱性是指岸线资源位于水、陆和人文环境综合耦合的空间内，兼具水、陆两大自然系统特征，又是水陆交互作用影响强烈的地带，同时，该地带内的水域、湿地等通常是重要水生动物和候鸟栖息地或生物多样性保护区，生态系统较为敏感，因此该地带在承载人类活动干扰方面，呈现出明显的脆弱性特征。变动性是指受地球内外动力、气候变化、地质灾害、地震及洪水等自然因素的影响，以及人类活动导致的岸线水沙条件改变和开发强度增加，岸线资源在质量和时空分布格局上呈现出较大的变动性，如原来建港条件优良的深水岸线变为不适宜建港的浅水淤积岸线；同时，由于区位、交通条件的改变及开发保护要求的变化，岸线资源的价值也呈现一定的变动性。多宜性是指由于岸线资源特殊的空间区位、多样的生态功能及丰富的物质能量储备，其不但具备港口运输、工业生产、水工设施建设、城镇生活、农业生产等多种开发可能，还具有水质缓冲区、生物栖息地、水源地等生态系统保护的重要性，在开发和保护方面表现出多宜性的特征。综合性是指岸线资源不但具有开发方面的价值，还有生态保护的价值，同时兼具空间、水、土及生态等多种资源特点，具有明显的综合性特征。因此，对于岸线资源禀赋，需要从多要素的角度，从多个方面去评估，在岸线资源管理上要考虑多要素功能的发挥，并兼顾开发与保护两个方面不同的需求。

岸线的分类通常根据自然属性进行划分，如根据岸线所处的水域类型可以划分为海岸线、湖岸线、江河岸线；根据岸线的地质岩性可以划分为基岩岸线、砾质岸线、砂质岸线、粉砂淤泥质岸线；根据岸线的稳定性可以划分为稳定岸线、冲刷岸线、淤积岸线；根据岸前水深条件可以划分为深水岸线、中深水岸线、浅水岸线等。随着人类生产生活对岸线利用的增多，不同政府部门根据管理需要也对岸线类型进行了一些简单的划分，有的把岸线划分为生产岸线、生活岸线、交通运输、仓储岸线、特殊岸线，有的划分为港口岸线、仓储岸线、工业岸线、生活占用岸线、过江通道岸线，有的划分为电力岸线、港口岸线、过江电缆岸线、取排水口岸线、人渡岸线、桥梁岸线等（林静柔等，2019；付元宾等，2014；潘坤友等，2013；国家海洋局 908 专项办公室，2006；段学军等，2019b，2018，2016，2006；中国科学院南京地理与湖泊研究所，2007，2005；王传胜等，2002；王传胜 2000，1999；杨桂山等，1999）。本书综合考虑岸线自然特征和资源经济属性，把岸线划分为自然岸线和人工岸线两大类型，自然岸线又划分为自然交互岸线、硬质交互岸线和小幅干扰岸线；人工岸线划分为港口码头岸线、工业生产岸线、城镇生活岸线和其他人工岸线（表 1-1）。

表 1-1　岸线资源分类

代码	一级类	代码	二级类	定义
1	自然岸线（未开发利用岸线）	11	自然交互岸线	岸线及后方陆域一定范围内无港口码头、工业生产、大规模住宅开发建设，水陆交互处于相对自然的状态，表现为洲滩湿地、基岩山体等形态，涉及内陆滩涂、沿海滩涂、林地、草地等用地类型
		12	硬质交互岸线	岸线及后方陆域一定范围内无港口码头、工业生产、大规模住宅开发建设，堤防硬化明显，水陆交互处为硬质护坡护岸工程，水陆交互界面为人工硬化质地
		13	小幅干扰岸线	岸线及后方陆域一定范围内无港口码头、工业生产，存在农村住宅开发、乡村聚落分布；堤内水产养殖，有大规模大棚农业种植等
2	人工岸线（已开发利用岸线）	21	港口码头岸线	岸线及后方陆域一定范围内存在人工修建的客运、货运、捕捞及工程、工作船舶停靠的场所及其附属建筑物、物流仓储场所及设施，涉及港口码头、仓储等用地类型
		22	工业生产岸线	岸线及后方陆域一定范围内存在工业生产、产品加工制造、机械和设备修理及其他直接为工业生产等服务的附属设施，涉及工业用地类型
		23	城镇生活岸线	城镇建成区范围内，岸线及后方陆域一定范围内存在住宅开发、公共服务设施开发、公园建设等岸线开发活动，涉及城镇住宅、公共管理与公共服务等用地类型
		24	其他人工岸线	人工围滩岸线，近年来围垦滩涂而未开展大规模开发建设；过江通道岸线、水工设施岸线等

岸线资源是支撑流域经济带发展的重要战略资源。流域经济带通常以航运和水资源为发展的核心驱动，并在沿江河、环湖或沿海区位条件优越的区域形成经济带的增长极，同时由于岸线的脆弱性而使这一区域的开发与保护矛盾非常突出。从莱茵河等国际大河流域的开发和保护经验来看，岸线资源的开发可以带动流域经济带的快速发展，形成城市和产业带，但同时岸线资源占用带来的生态环境问题往往也非常大（陈维肖等，2019）。因此，要把岸线资源作为空间管控的重要内容，处理好岸线资源的开发与区域发展、防洪安全、供水及水生态水环境保护的关系；要以空间规划统领水资源利用、水污染防治、岸线使用、航运发展等方面的空间利用任务，协调水利、交通、国土、环保、农业等多部门之间的开发与保护要求，通过岸线资源的空间管控，促进沿岸区域的发展格局、城镇空间布局、产业结构调整与岸线资源环境承载能力相适应（段学军等，2019a，2016，2015）；要根据岸线的自然特征和资源经济属性，结合经济和社会发展的要求，科学谋划岸线资源国土空间开发保护格局，建立健全国土空间管控机制，编制能兼顾各部门、各行业、各地方、上下游、左右岸、反映经济社会发展和相关管理要求的岸线保护和开发利用总体规划，指导岸线保护、开发及管理工作；要把岸线资源开

发作为推动区域建设的重要引擎，以空间规划统领水资源利用、水污染防治、岸线利用、航运发展等方面的空间利用任务。

1.2 主要技术方法

本书开展了岸线资源本底调查与评估、岸线资源开发及生态环境影响调查与评估、重大工程对长江岸线的影响调查与评估、岸线保护-开发条件评估与功能分区、岸线空间管控对策与建议、资源管理平台建设等工作，并进行了系统的野外调查与部门调研（图 1-1）。

图 1-1 长江经济带岸线资源野外实地调查（2017～2018 年）

1.2.1 长江干流及重要支流陆域生态调查评估

通过多源遥感、野外调查、数据调研与共享等多源地理信息数据获取手段与数据同化技术，精准获取了长江干流及金沙江、岷江、湘江、赣江等重要支流岸线的河道地质地貌、植被类型、地质灾害等自然本底特征，建立了岸线资源自然本底基础数据库，包括 1∶5 万土地利用数据和地质灾害空间分布数据、1∶100 万植被分布、地质地貌、土壤数据、30m 的数字高程模型（digital elevation model，DEM）数据、地质灾害空间分布和地质灾害危险性评估数据等。

综合集成多源遥感和 GIS 技术、光能利用率（Carnegie-Ames-Stanford

Approach，CASA）模型、修正的通用土壤流失方程（the revised universal soil loss equation，RUSLE）、生态系统服务和权衡的综合评估（integrated valuation of ecosystem services and trade-offs，InVEST）模型、像元二分模型和面板模型等，精准模拟评估了 5km 岸线范围内土壤保持、水源涵养、生物多样性维持、固碳、粮食生成等 5 类重要生态系统服务在 2000～2015 年的时空变化过程，定量甄别了土地利用变化、气候波动、岸线开发利用等因素对各类生态系统服务的影响程度。

通过理清长江干流岸线孕灾背景特征与山地灾害的活动特征，分析了不同类型山地灾害的控制性因子；根据不同类型山地灾害活动特征和分布规律，分析了影响山地灾害发育和成灾的本底因素和激发因素，建立了不同类型的山地灾害危险性评估的指标体系；利用信息量法、统计学方法分析了山地灾害在不同因子和不同因子分级内的贡献率；选取危险性评估因子计算评估因子权重，建立长江上游岸线不同类型的山地灾害危险性评估模型；利用山地灾害分布数据和实地考察，对山地灾害危险性评估模型进行了精度验证，据此开展了岸线山地灾害的敏感区和危险区评估。

1.2.1.1 植被覆盖度

通过共享收集 1km 的 MODIS-NDVI 数据（2000 年、2015 年）、土地利用数据（2000 年、2015 年）和 1∶100 万植被数据、土壤数据等基础数据，利用像元二分法模拟估算长江经济带岸线 2000～2015 年植被覆盖度的时空变化格局。植被覆盖度具体计算公式如下：

$$f = \frac{\text{NDVI} - \text{NDVI}_{\text{soil}}}{\text{NDVI}_{\text{veg}} - \text{NDVI}_{\text{soil}}} \tag{1-1}$$

式中，f 为植被覆盖度的月均值，%；NDVI 为像元的植被指数；$\text{NDVI}_{\text{soil}}$ 和 NDVI_{veg} 分别为像元植被指数的最小值和最大值，即像元在完全裸露和完全被植被覆盖时的植被指数，取值分别按各类土壤类型对应的 NDVI 最小值概率分布的 5%下侧分位数和各类植被类型对应的 NDVI 最大值概率分布的 95%下侧分位数对应的 NDVI 值。

1.2.1.2 净初级生产力

通过共享收集 1km 的 MODIS-NDVI 数据（2000 年、2015 年）、长江经济带范围内 295 个气象站月值数据（温度、降水、太阳辐射等）、土壤数据等基础数据，利用 CASA 模型模拟评估长江经济带岸线范围 2000～2015 年净初级生产力（net primary productivity，NPP）的时空变化格局。CASA 模型为一典型的光能利用率模型，由 Potter 等于 1993 年提出（Potter et al., 1993），包含 NPP 模拟子模型、土壤水分子模型和土壤碳-氮循环子模型三个模块，相比其他模型具有所需输入参数少、采用的遥感数据覆盖范围广、时间分辨率高等优点，现已成为国际上 NPP 估算应用最为广泛的模型之一。CASA 模型主要计算方程见式（1-2）～式（1-7）：

$$\mathrm{NPP}(x,t)=\mathrm{APAR}(x,t)\times\varepsilon(x,t) \tag{1-2}$$

$$\mathrm{APAR}(x,t)=\mathrm{FPAR}(x,t)\times\mathrm{SOL}(x,t)\times0.5 \tag{1-3}$$

$$\varepsilon(x,t)=T_{\varepsilon1}(x,t)\times T_{\varepsilon2}(x,t)\times W_{\varepsilon}(x,t)\times\varepsilon^{*} \tag{1-4}$$

$$T_{\varepsilon1}(x,t)=0.8+0.02\times T_{\mathrm{opt}}(x,t)-0.0005\times T_{\mathrm{opt}}(x,t) \tag{1-5}$$

$$T_{\varepsilon2}(x,t)=\frac{\dfrac{1.1814}{1+\exp[0.2\times T_{\mathrm{opt}}(x)-10.0-T(x,t)]}}{1+\exp\{0.3\times[-T_{\mathrm{opt}}(x)-10.0+T(x,t)]\}} \tag{1-6}$$

$$W_{\varepsilon}(x,t)=0.5+0.5\times\mathrm{EET}(x,t)/\mathrm{PET}(x,t) \tag{1-7}$$

式中，x 为空间位置；t 为时间；APAR 为光合有效辐射；FPAR 为植被冠层对入射光合有效辐射的吸收比例；SOL 为太阳总辐射量，$\mathrm{MJ/m^2}$；常数 0.5 为植被所能利用的太阳有效辐射（波长为 0.4～0.7μm）占太阳总辐射的比例；ε 为光能利用率；$T_{\varepsilon1}$ 和 $T_{\varepsilon2}$ 分别为温度胁迫系数，$T_{\varepsilon1}$ 为在低温和高温时植物内在的生化作用对光合作用的胁迫影响，$T_{\varepsilon2}$ 为环境温度从最适宜温度 $T_{\mathrm{opt}}(x)$ 向高温和低温变化时植物的光能转化率逐渐变小的趋势；ε^{*} 为理想条件下的最大光能利用率（默认值为 0.389gC/MJ）；$W_{\varepsilon}(x,t)$ 为水分胁迫系数，反映植物所能利用的有效水分条件对光能转化利用率的影响；EET 和 PET 分别为潜在蒸散和实际蒸散。本书利用 NASA/MOD15 产品算法中的 NDVI-FPAR 查找表，线性回归拟合典型植被类型 FPAR 与 NDVI 之间的关系，替换原模型中的相关算法；最大光能利用率参数采用全国常绿阔叶林、落叶阔叶林、常绿针叶林、落叶针叶林、混交林和草地的最大光能利用率的均值。

1.2.1.3　土壤保持功能

通过收集长江经济带范围内 295 个气象站月值数据（温度、降水）（2000 年、2015 年）、土壤数据、土地利用数据（2000 年、2005 年）、1km 的 MODIS-NDVI 数据等基础数据，利用 RUSLE，模拟评估长江经济带岸线范围内 2000～2015 年的水土流失时空变化格局特征。RUSLE 是由美国农业部创立，是目前应用最为广泛的土壤流失预测的经验方程，主要计算方程见式（1-8）：

$$A=R\times K\times L\times S\times C\times P \tag{1-8}$$

式中，A 为土壤侵蚀量，$\mathrm{t/(hm^2\cdot a)}$；R 为降雨侵蚀力，$\mathrm{MJ\cdot mm/(hm^2\cdot h\cdot a)}$；$K$ 为土壤可蚀性因子，$\mathrm{(t\cdot hm^2\cdot h)/(hm^2\cdot MJ\cdot mm)}$；$L$ 为坡长因子，无量纲；S 为坡度因子，无量纲；C 为地表植被覆盖度与管理因子，无量纲；P 为水土保持措施因子，无量纲。

降雨侵蚀力（R）：采用修正的 Fournier 指数（Arnoldus，1980）估算，兼顾年降水总量和降水的月际分布，具体计算见式（1-9）：

$$R=\sum_{i=1}^{12}\left(-1.5527+0.1792P_i\right) \tag{1-9}$$

式中，R 为降雨侵蚀力；i 为月份；P_i 为月降水量。

土壤可蚀性因子（K）：表征土壤性质对侵蚀敏感程度的指标，不同的土壤类型 K 值不同。本书采用 Williams 等（1984）提出的侵蚀-土地生产力影响评估（erosion-productivity impact calculator，EPIC）模型，计算土壤可蚀性因子，该因子主要与土壤的粉粒、砂粒、黏粒及有机质含量有关。其计算公式见式（1-10）：

$$K=0.1317\times\left\{0.2+0.3\times\exp\left[-0.0256\times\mathrm{SAN}\left(1-\frac{\mathrm{SIL}}{100}\right)\right]\right\}\times\left(\frac{\mathrm{SIL}}{\mathrm{CLA}-\mathrm{SIL}}\right)^{0.3}$$
$$\times\left[1-\frac{0.25\times\mathrm{SOM}}{\mathrm{SOM}+\exp(3.72-2.95\times\mathrm{SOM})}\right]\times\left[1-\frac{0.7\times\mathrm{SN1}}{\mathrm{SN1}+\exp\left(-5.51+22.9\times\mathrm{SN1}\right)}\right] \tag{1-10}$$

式中，SAN、SIL、CLA 和 SOM 分别为砂粒（0.05～2.0mm）、粉粒（0.002～0.05mm）、黏粒（＜0.002mm）和有机质含量，%；SN1=1–SAN/100。

坡长因子（L）和坡度因子（S）的估算：利用 DEM 数据，采用 Wischmeier 等（1965）提出的坡长因子估算 L、S 值，计算公式见式（1-11）～式（1-14）：

$$L=(\gamma/22.3)^m \tag{1-11}$$

$$m=\beta\left(1+\beta\right) \tag{1-12}$$

$$\beta=\left(\sin\frac{\theta}{0.0896}\right)/[3.0\times(\sin\theta)^{0.8}+0.56] \tag{1-13}$$

$$S=65.41\times\sin^2\theta+4.56\times\sin\theta+0.065 \tag{1-14}$$

式中，L 和 S 分别为坡长因子和坡度因子；γ 为栅格单元水平投影长度，m；m 为坡长指数；β 为细沟侵蚀和细沟间侵蚀的比率；θ 为 DEM 提取的坡度。

地表植被覆盖度与管理因子（C）：主要与土地利用类型和植被覆盖度（f）密切相关，计算公式见式（1-15）和式（1-16）：

$$C=\begin{cases}1, & f=0\\ 0.6508-0.3436\times\log f, & 0<f\leqslant 78.3\\ 0, & f>78.3\end{cases} \tag{1-15}$$

$$f=\frac{\mathrm{NDVI}-\mathrm{NDVI}_{\mathrm{soil}}}{\mathrm{NDVI}_{\mathrm{veg}}-\mathrm{NDVI}_{\mathrm{soil}}} \tag{1-16}$$

式中，C 为植被覆盖度与管理因子；f 为植被覆盖度，%，月均值；NDVI 为像元的植被指数；$\mathrm{NDVI}_{\mathrm{soil}}$ 和 $\mathrm{NDVI}_{\mathrm{veg}}$ 分别为像元植被指数的最小值和最大值，即像元在完全裸露和完全被植被覆盖时的植被指数，取值分别按各类土壤类型对应的NDVI最小值概率分布的5%下侧分位数和各类植被类型对应的NDVI最大值概率分布的95%下侧分位数对应的NDVI值。

水土保持措施因子（*P*）：指采取水保措施后土壤流失量相对于顺坡种植时土壤流失量的比例，其值位于0～1，0代表不会发生土壤侵蚀的地区，1代表没有采取任何水保措施的地区。本书综合已有研究，根据不同土地利用类型分别设定水土保持措施因子为：林地（1.0）、灌木丛（1.0）、草地（1.0）、水田（0.15）、旱地（0.4）、水域和城镇（0.0）、未利用地（1.0）。

1.2.1.4 水源涵养功能

利用InVEST的Seasonal Water Yield 3.3.3模块，评估长江经济带岸线的水源涵养功能时空变化格局特征。InVEST模型是2007年由斯坦福大学、大自然保护协会和世界自然基金会联合开发的开源式生态系统服务功能评估模型，目前已发展到V3.3.3版本，包含22个子模块，该模型具有功能性强、操作性强、动态性强和应用性强四大优势。模型输入数据包括利用2000年和2015年长江经济带范围内295个气象站点月值数据（温度、降水、太阳辐射），通过空间插值生成1km空间分辨率的降水量，利用彭曼公式计算2000年和2015年的1km空间分辨率的月值蒸发量，以及高程数据、土地利用数据（2000年、2015年）、土壤数据、降水次数、气候分区数据、子流域空间分布数据等。

1.2.1.5 山地库岸灾害危险性评估

长江干流岸线东西跨度大，地质、地貌与土地下垫面空间差异显著，地震与降水等灾害激发强度不同，造成岸线不同区段的灾害发育存在差别。考虑滑坡、泥石流与山洪等不同类型的山地灾害受下垫面和激发因子的多重影响，以及不同区段、不同因子发挥作用存在差异，通过理清长江干流岸线孕灾背景特征与山地灾害的活动特征，分析不同类型的山地灾害的控制性因子，从而确定岸线山地灾害的敏感区和危险区。

根据不同类型的山地灾害活动特征和分布规律，分析影响山地灾害发育和成灾的本底因素和激发因素，建立不同类型的山地灾害危险性评估的评估指标体系，利用信息量法、统计学方法分析山地灾害在不同因子和不同因子分级内的贡献率，选取危险性评估因子并计算评估因子权重，最终建立长江上游库岸不同类型山地灾害危险性评估模型（图1-2），并使用山地灾害分布数据结合实地考察，对评估模型的精度进行验证。

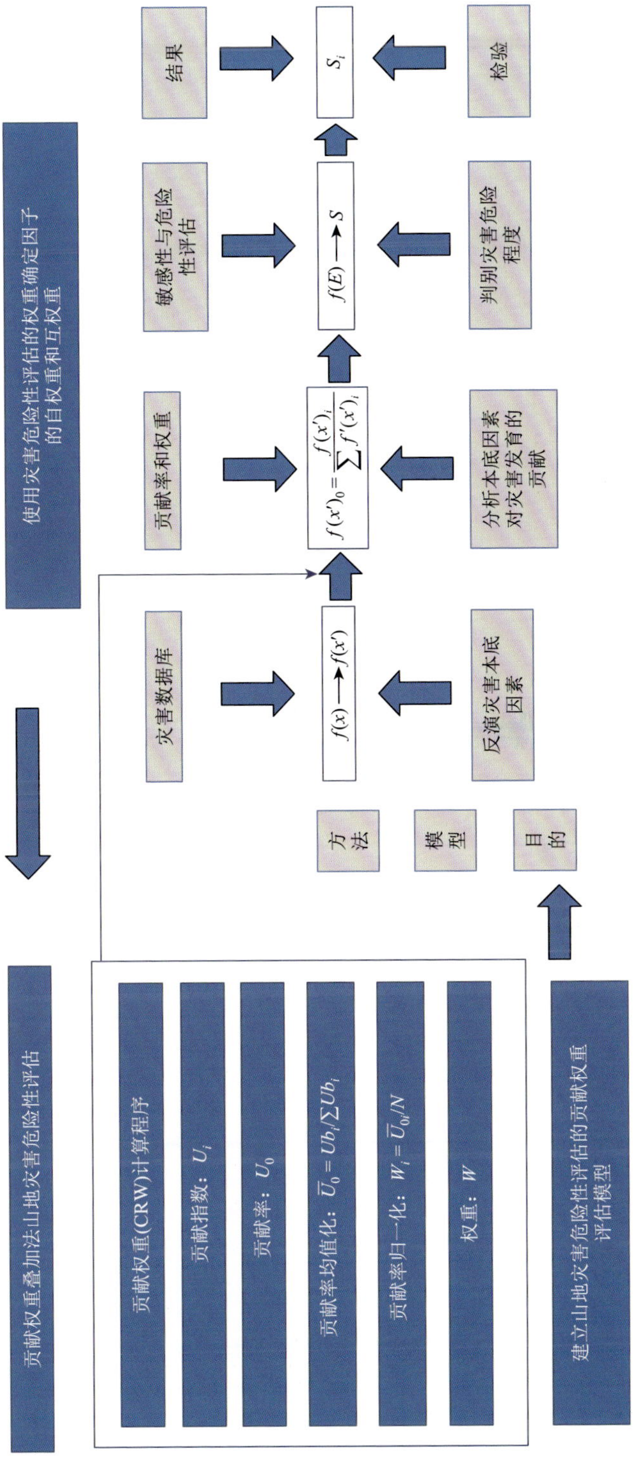

图 1-2 长江上游库岸山地灾害危险性评估技术

1.2.2 长江干流及重要支流岸线资源条件调查评估

1.2.2.1 长江干流水文泥沙及不同河段的总体冲淤特征调查

通过搜集分析长江水文泥沙观测数据、干流河道断面测量数据，并综合现有长江中下游河道冲淤变化研究成果，确定了不同河段的总体冲淤趋势与局部冲淤规律、崩岸发生特点与空间分布。结合重点河段水文局调研和实地调查，评估清水下泄对中游尤其是荆江段的岸线冲刷影响及岸线稳定性风险。

1.2.2.2 岸前水深特征调查评估

由于长江干流上中下游的河流宽度、河流形态、水文情势变化较大，在评估标准构建上需要采取因地制宜、差异化的技术手段。

构建的流域统一而因地制宜的评估指标见表 1-2。

表 1-2 岸前水深特征评估

岸带	离岸距离/m	岸前水深/m	岸前水深条件	分级
合江门—葛洲坝	100	＞10	深水岸线	Ⅰ级
	100	5～10	中深水岸线	Ⅱ级
	100	＜5	浅水岸线	Ⅲ级
葛洲坝—新济洲	200	＞10	深水岸线	Ⅰ级
	200	5～10	中深水岸线	Ⅱ级
	200	＜5	浅水岸线	Ⅲ级
新济洲—长江口	300	＞10	深水岸线	Ⅰ级
	300	5～10	中深水岸线	Ⅱ级
	300	＜5	浅水岸线	Ⅲ级

1.2.2.3 岸线后方陆域条件调查评估

以往岸线后方陆域条件调查评估主要针对中下游地区，针对长江干流整体岸线后方陆域条件的调查评估缺乏，由于长江上游岸线后方陆域以山地为主，要充分考虑陆域山地条件的特殊性，不同区段采取不同的陆域纵深划定标准。

构建流域统一而因地制宜的评估指标（表1-3），葛洲坝以上，以山地地貌为主，划定1km以上陆域纵深为陆域条件好（Ⅰ级），0.5～1km陆域纵深为陆域条件较好（Ⅱ级），0.5km 以下陆域纵深为陆域条件差（Ⅲ级）；葛洲坝以下以平原地貌为主，划定2km以上陆域纵深为陆域条件好（Ⅰ级），0.5～2km陆域纵深为陆域条件较好（Ⅱ级），0.5km以下陆域纵深为陆域条件差（Ⅲ级）。

表1-3 岸线后方陆域条件评估

岸带	陆域纵深/km	陆域条件	陆域条件分级
合江门—葛洲坝	＞1	陆域条件好	Ⅰ级
	0.5～1	陆域条件较好	Ⅱ级
	＜0.5	陆域条件差	Ⅲ级
葛洲坝—长江口	＞2	陆域条件好	Ⅰ级
	0.5～2	陆域条件较好	Ⅱ级
	＜0.5	陆域条件差	Ⅲ级

1.2.2.4 岸线稳定性条件调查评估

由于河流上中下游地形地貌特征的空间差异，以河流沿岸地形地貌特征为岸线稳定性条件调查评估的关键。葛洲坝以上岸线稳定性以山地地质灾害为主，划定地质灾害隐患点1km缓冲区涉及的岸带为岸线稳定性差（Ⅱ级），划定不涉及地质灾害隐患点1km缓冲区的岸带为岸线稳定性好（Ⅰ级）；葛洲坝以下岸线稳定性以冲刷剧烈、崩岸风险为主，划定岸线摆动较大、冲刷较剧烈的岸带为岸线稳定性差（Ⅱ级），划定其他岸带为岸线稳定性好（Ⅰ级）（表1-4）。

表1-4 岸线稳定性条件评估

岸带	地质灾害风险	冲刷崩岸风险	岸线稳定性	分级
合江门—葛洲坝	风险高		岸线稳定性差	Ⅰ级
	风险低		岸线稳定性好	Ⅱ级
葛洲坝—长江口		风险高	岸线稳定性差	Ⅰ级
		风险低	岸线稳定性好	Ⅱ级

针对上游/山地获取岸线1km范围内地质灾害隐患点数据，建立隐患风险缓冲区（1km缓冲区），并开展岸线与灾害隐患风险缓冲区空间叠置分析，提取地质灾

空数据库，包括港口码头、工业企业、过江通道、城镇及旅游设施、水工设施、取水口等位置及长度。

（2）加强与滨岸水环境、水生态课题组的协同调查，于 2017 年 4～6 月、8～10 月、2018 年 4～5 月，开展岸线野外调研与实地踏勘，并运用无人机搭载传感器巡测技术，对化工园区岸线、大型洲岛和重要生态保护区进行典型岸带调查，摸清岸线利用的生态环境影响一手数据。

（3）运用大数据技术，从国家企业信用信息公示系统查询获得长江经济带沿江区（县）15066 家化工企业（包括石油化工、化学原料制造和化学纤维制造三类），并构建化工企业空间数据库。

（4）综合运用空间耦合与空间关联指数、核密度分析模型，对岸线开发的生态环境影响开展综合评估。

空间耦合模型：借鉴物理学耦合度模型，对企业布局及水环境质量两个子系统间的空间耦合进行分析，表达式如下：

$$C = 2 \times \left[\frac{E_i \times Q_i}{(E_i + Q_i)^2} \right]^{\frac{1}{2}} \tag{1-17}$$

式中，C 为系统耦合度，$C \in [0,1)$。当 C 趋向于 1 时，耦合度最佳，表示两个子系统间耦合状态良好。

核密度分析：核密度估计是以企业点为中心，通过核函数计算出指定半径范围内对每个栅格单元的密度贡献值，可以直观反映出化工企业分布的密集程度及主要集聚地区。其模型如下：

$$f(x,y) = \frac{1}{nh^2} \sum_{i=1}^{n} K \left(\frac{d_i}{n} \right) \tag{1-18}$$

式中，$f(x,y)$ 为坐标 (x,y) 的栅格核密度估计值；n 为观测数值；h 为平滑参数；K 为核函数；d_i 为栅格 (x,y) 距企业 i 的距离。

空间关联指数：Moran I 数和全局 G 系数，用于探测整个研究区域的空间自相关程度。

Moran I 数公式如下：

$$I = \frac{n}{S_0} \times \frac{\sum_{i}^{n} \sum_{j=1}^{n} \boldsymbol{w}_{ij} (x_i - \bar{x})(x_j - \bar{x})}{\sum_{i}^{n} (x_i - \bar{x})^2} \tag{1-19}$$

式中，x_i为第i个空间位置上的观测值；$\boldsymbol{w}_{ij}$为空间权重矩阵；S_0为空间权重矩阵所有元素之和；$\bar{x}$为观测值的平均值。一般采用标准化后的 Moran I 值（或 Z 值）对统计结果进行检验，$Z_i=\dfrac{I-E(I)}{\sqrt{\mathrm{Var}(I)}}$，其中$E(I)$为数学期望，$\mathrm{Var}(I)$为变异系数。

全局 G 系数公式如下：

$$G(d)=\frac{\sum_{i}^{n}\sum_{j=1}^{n}\boldsymbol{w}_{ij}(d)x_i x_j}{\sum_{i}^{n}\sum_{j=1}^{n}x_i x_j} \tag{1-20}$$

式中，d为空间单元的临界距离；$\boldsymbol{w}_{ij}$为空间权重矩阵；x_i和x_j分别为空间单元i和j的观测值。在空间不集聚的假设下，$G(d)$的期望值为$E(G)=\sum_{i}^{n}\sum_{j=1}^{n}\boldsymbol{w}_{ij}(d)/[n(n-1)]$。在正态分布条件下，$G(d)$的统计检验值为$Z=\dfrac{G-E(G)}{\sqrt{\mathrm{Var}(G)}}$。

1.2.5 岸线资源保护-开发条件综合评估与功能分区

以往岸线资源评估分区重点考察岸线资源建港条件及临港工业布局条件，而岸线生态环境敏感性考虑不够，而且评估也仅限于小尺度；针对长江经济带干支流大尺度范围的岸线资源评估分区，如何构建岸线资源开发适宜性、生态环境敏感性评估准则成为关键，同时如何耦合集成开发利用现状、开发适宜性、生态环境敏感性多源要素特征也是评估分区的难点（段学军等，2019b）。

1.2.5.1 岸线资源开发适宜性评估

长江干流岸线选取岸前水域条件、岸线稳定性、后方陆域条件等指标（图 1-6），构建合江门—葛洲坝、葛洲坝—新济洲、新济洲—长江口的上中下游不同区段的岸线资源开发适宜性评估指标体系与评估准则（表 1-5）。

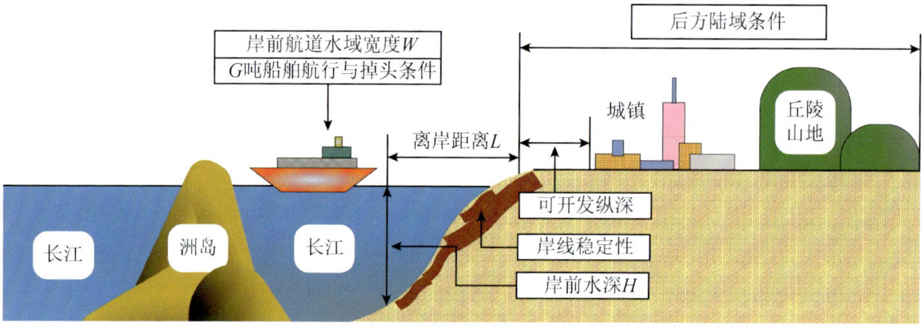

图 1-6　岸线资源开发适宜性评估指标

表 1-5　长江干流岸线资源开发适宜性评估指标体系与评估准则

岸带	离岸距离/m	岸前水深/m	岸线稳定性	后方陆域纵深/km	开发适宜性	分级
合江门—葛洲坝	100	＞10	稳定	＞1	开发适宜性好	Ⅰ级
	100	5～10	稳定	0.5～1	开发适宜性较好	Ⅱ级
	100	＜5	不稳定	＜0.5	开发适宜性差	Ⅱ级
葛洲坝—新济洲	200	＞10	稳定	＞2	开发适宜性好	Ⅰ级
	200	5～10	稳定	0.5～2	开发适宜性较好	Ⅱ级
	200	＜5	不稳定	＜0.5	开发适宜性差	Ⅱ级
新济洲—长江口	300	＞10	稳定	＞2	开发适宜性好	Ⅰ级
	300	5～10	稳定	0.5～2	开发适宜性较好	Ⅱ级
	300	＜5	不稳定	＜0.5	开发适宜性差	Ⅱ级

同理，选取岸前水域条件、岸线稳定性、后方陆域条件构建岸线开发利用适宜性评估指标体系，对长江重要支流岸线进行评估。结合支流数据的可获取性，支流岸线开发适宜性评估指标体系及等级划分标准如下，其中Ⅰ级开发条件最佳，适宜开发利用，Ⅱ级较适宜开发利用，Ⅲ级较不适宜开发利用。

1.2.5.2　生态环境敏感性评估

克服岸线资源保护的水陆协调瓶颈，凸显岸线资源的水域陆域交界带的特征，选取自然保护区（国家级、省级）、国家级水产种质资源保护区、蓄滞洪区、饮用水水源地、自然滩地、洲滩岸线构建指标体系。该指标体系不仅考虑了水域自然保护区、水产保护区与陆域防洪蓄洪区，同时创新性地加入了自然滩地保护要素，加强了长江干流岸线资源的水生动物、水产资源栖息地和繁育场的特征，综合考虑了岸线资源在生态保护、饮水安全、防洪安全等方面的功能。结合广泛调研与专家访谈，对岸线生态环境敏感性因子进行权重赋值，并根据生态环境敏感性因子不同分值进行岸带分区，构建了长江岸线资源生态环境敏感性评估技术框架与标准规范，为长江大保护背景下的岸线资源功能分区和综合管控奠定了良好的基础。

1.2.5.3 岸线资源空间管控分区

在岸线资源本底调查、利用现状调查、保护-开发综合评价的基础上，耦合岸线利用现状、开发适宜性、生态环境敏感性评估结果，划定长江岸线空间管控分区。本书突破传统以开发利用为导向的功能分区方法，创建了以保护和管控为导向的功能分区新思路，建立了禁止开发岸线、优化开发岸线、限制开发岸线三种岸线空间管控类型（图 1-7），对长江干支流近 18000km 的岸线进行空间管控分区划定，并提出重点保护、优化开发和整治修复岸带建议。

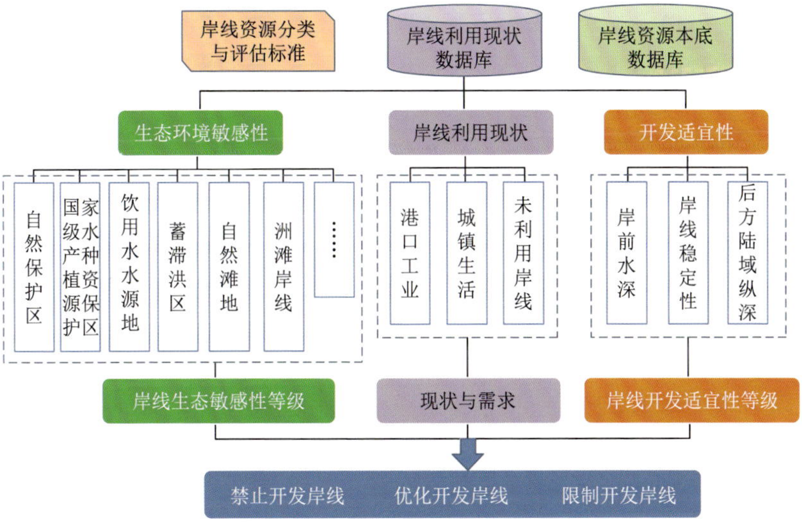

图 1-7 岸线空间管控分区技术路线

1.3 关键研究思路

1.3.1 保护与开发并重的全新视角

在整体研究思路上，改进原有以开发为主导的岸线资源调查、评价及规划的传统思路，基于绿色发展理念和高质量发展要求，采用保护与开发并重的全新视角审视岸线资源，在注重岸线资源经济价值的同时更加注重其生态价值。在岸线资源基础本底调查中，不仅考虑岸前水深、后方陆域条件等开发适宜性要素，更充分考虑到岸线资源范围内的自然保护区、水产种质资源保护区、洲滩岸线等生态环境敏感目标要素，同时重点关注岸线资源陆域 5km 范围的生态要素（段学军等，2019a；王雅竹等，2019）。在分类及现状调查中，不仅考虑港口、工业、城镇等开发利用活动，更加关注功能型保护岸线、自然岸线等生态岸线类型。在评价及功能分区中，突破传统港口、工业布局选址评价分级的思路，增加生态环境敏感性分级评价，并实现开发适宜性和生态敏感性的耦合协调。

1.3.2 以滨岸带为突破口的全流域岸线资源调查

本书突破原有局部省市、局部岸带岸线调查研究范围，首次开展长江经济带全流域岸线资源综合调查工作，涉及长江干流及赣江、湘江、汉江、嘉陵江、乌江、岷江、金沙江 7 条重要支流，调查岸线资源总长度将近 18000km。本书以长江滨岸带为突破口，首次全指标、平丰两次（平水期、丰水期）系统调查评估长江岸线关键生态空间的水生态水环境状况，揭示长江滨岸带水生态水环境空间格局及其与岸线开发利用的关系。本书调查涉及长江干流上中下游和重要支流的港口码头、工业企业、城镇滨岸带、饮用水水源地、蓄滞洪区、长江口湿地、三峡库区消落带、上游梯级电站等岸线开发利用主要类型区。

1.3.3 实地勘察与遥感解译、数学模型相结合的技术方法

岸线资源调查评估采取了遥感解译与实地勘察的岸线现状高精度快速调查技术。岸线资源开发生态环境影响评估研发了滨岸带水生态水环境与岸线资源利用状况耦合评估模型。岸线资源评估分区建立了上中下游、干支流因地制宜、独具特色的开发适宜性、生态环境敏感性评估准则。

1.3.4 紧密结合长江大保护的战略需求

系统查明长江干支流自然岸线的保有状况，提出长江干支流禁止开发岸线的管控方案，为长江大保护提供重要支撑。系统查明长江干流 500 余块滨江湿地的空间分布及演变，为划定长江生态空间、构建长江生态廊道提供重要依据。本书针对下游岸线化工企业密布、中游岸线清水冲刷、上游岸线梯级开发开展了极具流域特色的调查评价工作，为因地制宜地开展长江大保护寻找抓手。同时发现了

岸线开发对滨岸水环境影响严重，以及港口-工业占用生态岸线，为长江大保护下的长江岸线整治修复提供客观依据和决策参考。

1.4 主要研究发现

1.4.1 岸线生态状况与主要问题

（1）长江干流及重要支流近岸陆域生态系统服务功能整体改善，但局部区段呈退化趋势。根据 2000～2015 年生态系统服务功能评估，长江干流及赣江、湘江、汉江、岷江等重要支流两岸 5km 范围内的陆域生态系统服务功能整体改善。但同时也发现，局部区段的生态系统服务功能保护仍然不容乐观。

（2）长江干流滨岸带水体呈中轻度污染，城市江段水质较差，中下游工业岸带重金属污染风险突出，并且重金属对人体健康的危害具有较高的潜在风险，应进一步提高对长江水体环境的风险意识，加强监测与研究，充分认知并尽快解决长江水体的环境问题。

（3）滨岸带水体浮游植物多样性较低，底栖动物物种结构趋简单化，水生动物多样性明显下降。长江滨岸带水体浮游植物以硅藻占据优势地位，其次是隐藻，而表征清洁水体的金藻种类极少。长江中下游近几十年江湖阻隔和河湖滩地围垦，导致长江鱼类、水生植物及底栖动物等水生生物种类和数量明显减少。

（4）长江干流未利用岸线资源相对丰富，但自然岸线人工渠化和工程干扰较大，对水生生态系统有重要意义的自然滩地尤为稀缺，而且这部分非常稀缺的岸线目前正在受到严重的人工占用和干扰。

（5）长江干流岸线利用结构不尽合理，多种功能交叉干扰，部分岸线存在着重大安全隐患。从长江干流岸线的利用现状来看，总体上生产岸线是主导功能，城市生活与游憩岸线在局部岸带比例偏低，岸线资源复合功能考虑不足。港口工业、港口集疏运对紧邻腹地影响较大，多种功能相互混杂，而且其优化调整面临诸多掣肘。

（6）长江水沙情势发生改变，新的岸线生态和安全问题开始突显。由于水沙情势变化，长江岸线的冲淤格局变化，河床冲刷下切，增加了诱发崩岸的风险。在生态影响方面，由于洞庭湖与鄱阳湖进入枯水季的时间提前，滩地淹水天数缩短，致使芦苇面积增加，湖草分布带下移，水生植被出现一定萎缩。

1.4.2 长江经济带岸线生态环境变化的主要原因

（1）生态工程建设有效遏制了长江经济带上游岸线陆域生态服务功能恶化。重点生态工程提升了工程实施地区的植被覆盖度、林草生物量及碳储存，提高了土壤保肥能力、水源涵养能力，提高了工程实施地区的生物多样性，促进了长江经济带上游岸线陆域生态的逐步恢复，使长江经济带岸线陆域生态服务功能恶化的趋势得到基本的遏制。

（2）城市化、工业化快速发展，造成长江水环境污染、局部岸线生态服务功能退化、自然岸线遭受侵占。快速的工业化和城市化发展导致城市污水和工业污水急剧增加，另外污染排放管理和环境治理却非常滞后，从而导致城市与工业岸带污染问题突出。在以“开发”为导向的背景下，缺乏对岸线生态环境意义的认识，岸线利用没有相应的生态管控红线约束，自然岸线被城市和工业侵占严重，导致大量的宝贵自然岸线资源丧失。

（3）重大水利工程，尤其是上游水库梯级开发，显著改变了长江水文情势，叠加中下游江湖阻隔影响，导致水生生物多样性下降。重大水利工程建设主要通过以下方面对长江岸线生态环境造成影响：前期准备和施工过程中，道路修建、土石方开挖，产生植被破坏、水土流失等问题；建设过程，对水生生物和陆生生物产生了一定的干扰；建成运行后，大坝建设阻断河道水流，引起长江水文条件变化。

（4）对岸线资源的稀缺性和生态功能缺乏清楚认识，导致岸线利用结构的不合理。岸线资源具有不可替代和稀缺性等特征，是不可再生的战略性资源。但长期以来，沿江各开发主体把岸线资源视为一般土地资源加以利用，对岸线资源的稀缺性认识不足。岸线资源的市场化配置模式尚未建立，岸线有偿使用机制推进缓慢。沿江各地区不重视岸线的生态功能，不重视对自然生态岸线的保护，导致大量的重要生态岸线遭到挤占或不合理利用。

（5）岸线利用功能协调缺乏体制机制保障，岸线利用涉及的生态环境管理难以统一。岸线资源管理涉及发改、水利、国土、航道、交通、农林、环保等诸多部门，各部门根据职能分工都有各自需要的岸线资源管理制度或办法，但由于部门职能交叉，这些管理办法有时会出现不协调甚至互相矛盾。在局部岸带的管控上不同部门职责分工过细，缺乏从流域层面跨部门的统筹管理。因此，迫切需要从整体角度来统筹岸线管理，实现岸线利用功能的协调和优化布局。

2 长江干支流岸线资源条件调查与评估

对长江干流及重要支流的地质地貌、植被类型、岸前水深、航道条件、陆域条件、水源地、保护区、河道水文等自然本底特征进行调查评价。

2.1 岸线资源自然本底特征

2.1.1 植被覆盖度与地质灾害特征

2.1.1.1 植被覆盖度特征

岸线范围内2000～2010年土地利用变化率为35.6%，土地利用变化类型主要为耕地与林地互转、林地与草地互转、耕地转城镇。受天然林资源保护工程、长江上游水土保持重点防治工程、长江中上游防护林体系建设工程和退耕还林工程等生态工程建设影响，草地、耕地和水域分别向林地转换了 $9651km^2$、$6069km^2$ 和 $943.7km^2$，同时林地向草地、耕地和水域分别转换了 $7156km^2$、$5607km^2$ 和 $491.2km^2$，使林地总面积从2000年的 $41280.3km^2$ 增加到2010年的 $44689.8km^2$，增加了 $3409.5km^2$（8.2%），草地、耕地和水域的面积均有所下降。

植被覆盖度从2000年的43.6%到2010年的43.9%，增长幅度小，上中游地区7省份植被覆盖度均呈弱增长趋势，而下游（安徽、江苏、浙江）[①]植被覆盖度下降，增强面积小于减弱面积；2010～2015年，植被覆盖度从43.9%增加到48.2%，增加了4.3个百分点，10个省份均呈增长趋势，各省份植被覆盖度增加幅度差异不大。整体上，2000～2015年植被覆盖度从2000年的43.6%增加到2015年的48.2%，增加4.6个百分点；除浙江和江苏减少外，其他8省份植被覆盖度均呈增长趋势；上游（贵州、重庆、四川、云南）的植被覆盖度较高，长江中下游各省份植被覆盖度差距不大。2000～2015年长江岸线范围内的植被覆盖面积减少了 $21044km^2$，增加了 $93378km^2$（图2-1，表2-1）。

---

① 因为上海段岸线范围人类活动程度较高，受长江和海洋生态系统的共同影响，所以长江经济带岸线陆域生态服务功能评估相关分析未纳入上海。

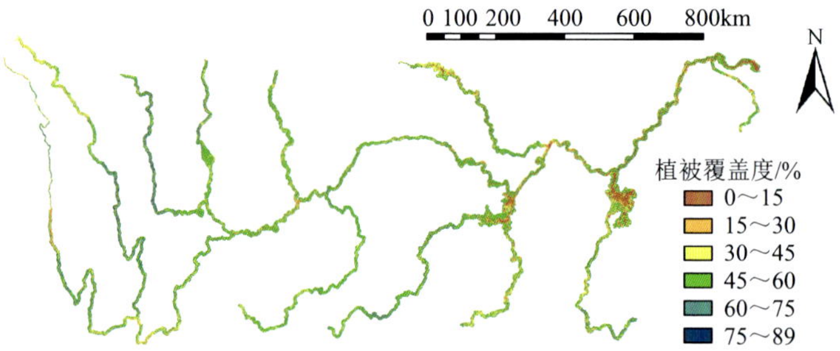

(a) 2000年植被覆盖度

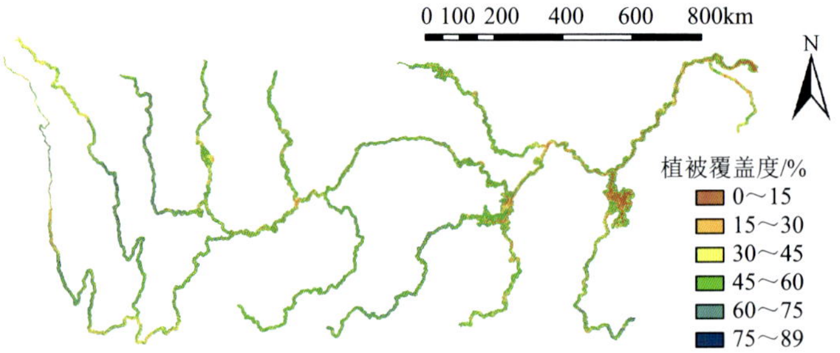

(b) 2010年植被覆盖度

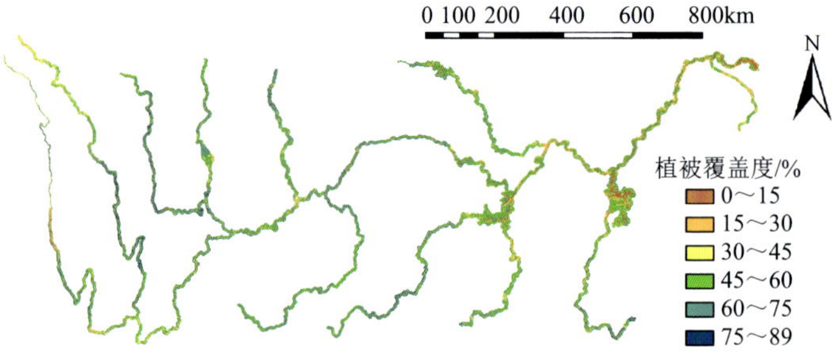

(c) 2015年植被覆盖度

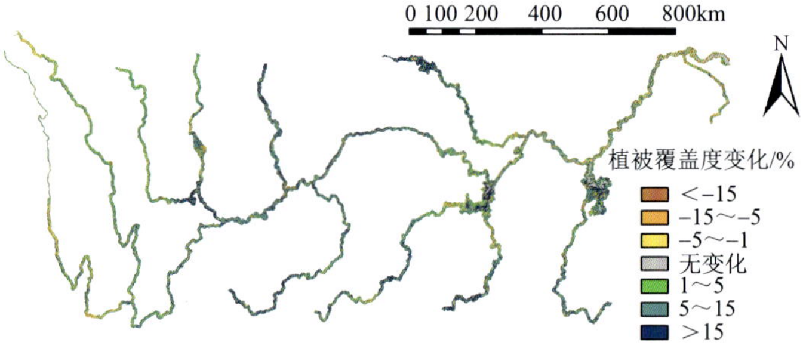

(d) 2000～2015年植被覆盖度变化

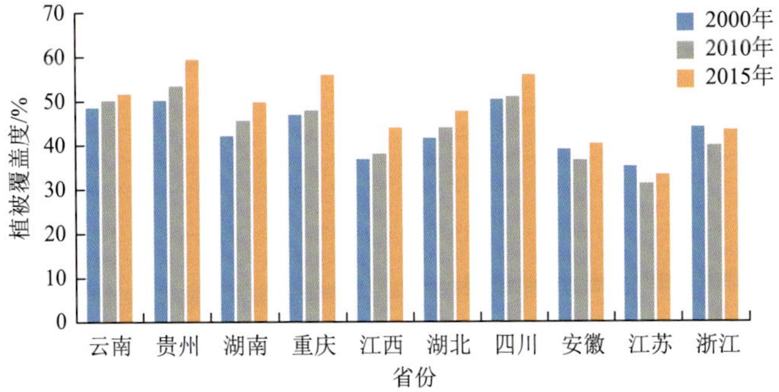

(e) 2000年、2010年和2015年植被覆盖度

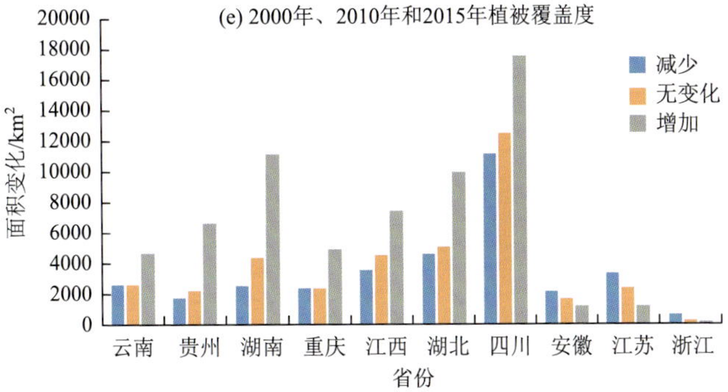

(f) 2000～2010年植被覆盖面积变化

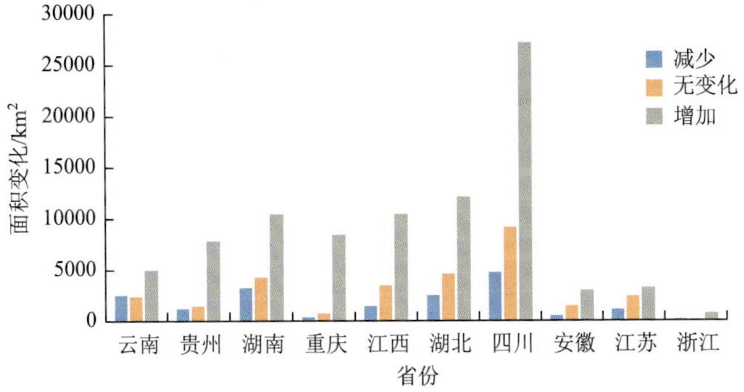

(g) 2010～2015年植被覆盖面积变化

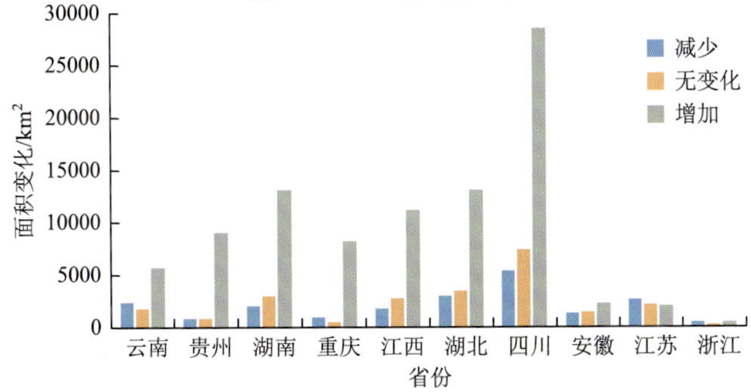

(h) 2000～2015年植被覆盖面积变化

图 2-1 2000～2015 年植被覆盖度与植被覆盖面积变化

表 2-1　2000～2015 年植被覆盖度按省面积变化统计（km^2）

省份	2000～2010 年			2010～2015 年			2000～2015 年		
	减少	无变化	增加	减少	无变化	增加	减少	无变化	增加
云南	2641	2667	4694	2549	2451	5002	2473	1873	5656
贵州	1817	2229	6609	1279	1484	7892	849	805	9001
湖南	2559	4380	11193	3309	4330	10493	2114	2929	13089
重庆	2432	2357	4944	497	712	8524	983	560	8190
江西	3641	4537	7473	1545	3519	10587	1766	2744	11141
湖北	4607	5042	9953	2660	4714	12228	3048	3509	13045
四川	11128	12525	17583	4819	9210	27207	5329	7435	28472
安徽	2205	1657	1225	588	1480	3019	1344	1477	2266
江苏	3332	2391	1220	1179	2482	3282	2688	2196	2059
浙江	669	266	204	163	239	737	450	230	459

2.1.1.2　地质灾害特征

长江上游地区地处我国地势第一、二级阶梯交界线，地质条件复杂，新构造运动活跃，活动断裂发育，历来是我国地震和滑坡、泥石流等灾害多发区，在2008～2013 年短短 5 年时间内，就发生 5.12 汶川地震（2008 年）、4.14 玉树地震（2010 年）和 4.20 雅安地震（2013 年）三次 7.0 级以上地震，给人民的生命财产和生态环境均造成巨大损失与难以估量的持久危害。截至 2015 年，长江经济带上游 4 省份有地质灾害隐患点 82232 处，占全国的 28.5%；地质灾害重点防治区（滑坡、崩塌、泥石流和地面塌陷）面积达 64.5 万 km^2，占全国地质灾害重点防治区总面积的 45.7%（141.1 万 km^2），占长江经济带总面积的 31.6%。长江经济带范围共有地质灾害隐患点 5543 个，地质灾害高易发区面积 42900km^2，占长江经济带总面积的 31%；其中，四川（41.7%）、贵州（20.7%）、云南（16.6%）、重庆（9.8%）上游 4 省份岸线范围地质灾害高易发区面积累计占高易发区总面积的 88.8%（图 2-2）。

2.1.2　河道形态、河势特征及重要支流入江口水文、泥沙和水质特征

2.1.2.1　长江干流河道分段概况

宜宾至宜昌河段，长 1040.0km，属山区河流，受边界条件制约，河道平面形

态为宽窄相间，峡谷段江面宽 200～300m，最窄仅 100 余 m，宽谷段江面宽 600～800m，最宽可达 1500～2000m。其中宜宾至重庆段，长 384km，河谷开阔，江心洲和边滩发育，岸线和航道较为稳定；重庆至宜昌段，长 660km，多见高山峡谷，河道狭窄，急弯险滩分布较广，三峡蓄水后，库面宽 700～1700m。宜宾至宜昌段河床汛期淤积，汛后冲淤，年内保持冲淤基本平衡。

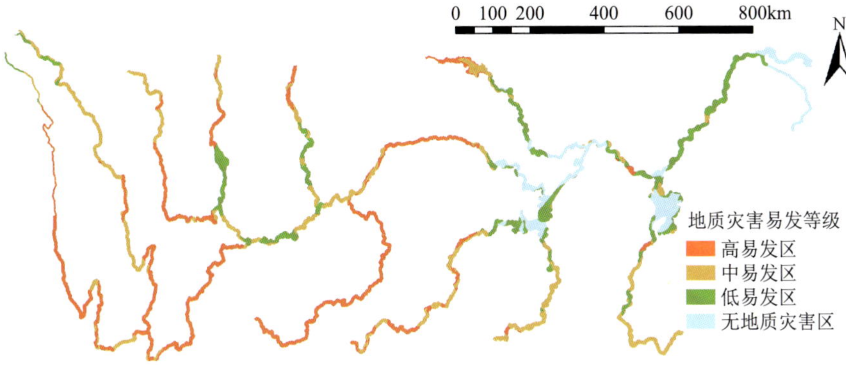

(a) 长江经济带岸线范围地质灾害易发等级

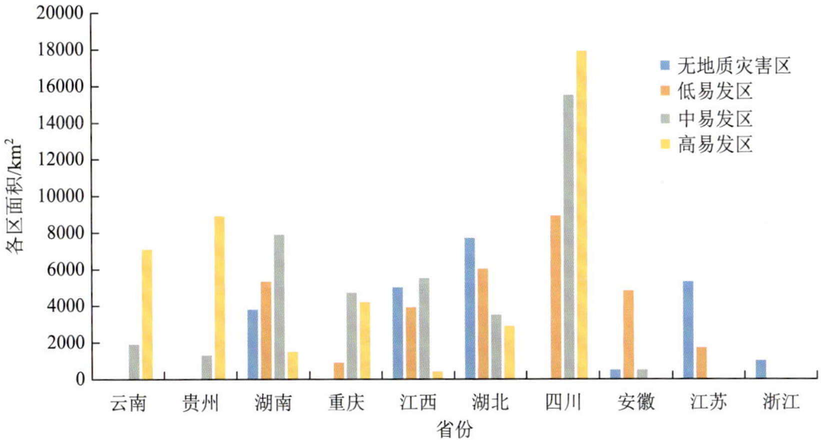

(b) 长江经济带岸线范围地质灾害分区面积统计

图 2-2 长江经济带岸线范围地质灾害易发区空间分布

宜昌至枝城河段，长 60.8km，是山区河流向平原河流的过渡段，为顺直微弯型河道，河道两岸为低山丘陵地貌，故自然条件下河道平面形态和洲滩格局长期以来基本保持不变，河道横向变形小，河势稳定。河床冲淤年内呈周期性变化，年际冲淤维持相对平衡。

枝城至城陵矶河段，河段内有四口分流入洞庭湖，其径流和泥沙经过洞庭湖调蓄后，从洞庭湖出口城陵矶复注长江，构成复杂的江湖关系。该河段以藕池口为界又分为上、下荆江。上荆江长 171.7km，属于弯曲分汊型河道，总体河势基本稳定，河道演变主要表现在分汊河段的过渡段主流有一定的摆动，部分分汊段主枝汊呈周期性交替变化。下荆江长 175.5km，属典型的蜿蜒型河道，河床演变剧烈，表现为凹岸崩塌速率大，凸岸相应淤长，常发生自然裁弯、切滩、撇弯。枝城至城陵矶河段在荆江裁弯后呈长距离冲刷。

城陵矶至武汉河段，长 275.0km，除簰洲湾以外，为藕节状分汊型河道，河段两岸有多处节点，对河势起较强的控制作用。1996 年前后河道由淤转冲，主流摆动幅度较大，影响河势稳定，洲滩总体处于相对稳定状态。

武汉至湖口河段，长 272.0km，除叶家洲河段及黄石河段为单一河道外，其余为分汊型河道，河段两岸有多处节点，对河势起到较好的控制作用，总体河势相对稳定，但局部河势变化较大，洲滩变化较大。1998 年前后河道由淤转冲。

湖口至大通河段，长 228.0km，为藕节状分汊型河道，总体河道形态相对稳定，但河道内洲滩众多，变化频繁，河势不易稳定，大多数分汊河段的分流格局处于调整之中。总体以淤积为主，呈现冲槽淤滩的特性。

大通至江阴河段，长 415.0km，属感潮河段，该河段沙洲众多，汊道纵横，变迁频繁，河势不稳定，大多数分汊河段的分流格局处于调整之中，河道总体上向南摆动。除芜裕河段有所淤积外，其余河段均为冲刷，呈现冲槽淤滩的特性。

江阴至徐六泾河段，长 96.8km，属近河口河段，为弯曲分汊型河道，该河段主要汊道分流格局基本稳定，但河道中浅滩活动频繁，经过治理，两岸岸线已基本稳定。

河口河段，长 181.8km，呈喇叭形三级分汊，在径流与潮流动力相互作用下，河口分汊，主流摆动，滩槽变化频繁，总的演变规律是主流南偏，沙洲淤积并岸，河宽缩窄，河口外延。

2.1.2.2　长江干支流水文、泥沙和水质特征

长江干流和重要支流水文控制站的水沙特征见表 2-2 和表 2-3。

表 2-2　长江干流水文控制站的水沙特征值（多年平均）

水沙特征	寸滩	宜昌	沙市	汉口	大通
年径流量/亿 m^3	3434（1950～2015 年）	4304（1950～2015 年）	3903（1955～2015 年）	7040（1954～2015 年）	8931（1951～2015 年）
年输沙量/亿 t	3.74（1953～2015 年）	4.03（1950～2015 年）	3.51（1956～2015 年）	3.37（1954～2015 年）	3.68（1951～2015 年）
年均含沙量/(kg/m^3)	1.09（1953～2015 年）	0.936（1950～2015 年）	0.901（1956～2015 年）	0.478（1954～2015 年）	0.414（1951～2015 年）

数据来源：《长江泥沙公报》（2017 年）

表 2-3 长江重要支流水文控制站的水沙特征值（多年平均）

水沙特征	雅砻江	岷江	嘉陵江	乌江	汉江	洞庭湖	鄱阳湖
	桐子林	高杨	北碚	武隆	皇庄	城陵矶	湖口
年径流量/亿 m^3	590.3（1999～2015年）	841.8（1956～2015年）	655.2（1956～2015年）	482.9（1956～2015年）	467.1（1950～2015年）	2843（1951～2015年）	1507（1950～2015年）
年输沙量/亿 t	0.134（1999～2015年）	0.428（1956～2015年）	0.967（1956～2015年）	0.225（1956～2015年）	0.442（1950～2015年）	0.381（1951～2015年）	0.104（1950～2015年）
年均含沙量/(kg/m^3)	0.228（1999～2015年）	0.508（1956～2015年）	1.48（1956～2015年）	0.466（1956～2015年）	0.946（1950～2015年）	0.134（1951～2015年）	0.069（1950～2015年）

数据来源：《长江泥沙公报》（2017年）

长江流域2017年全年期评价河长70908.8km。按《地表水环境质量标准》（GB 3838—2002）评价，水质为Ⅰ、Ⅱ类水的河长为44598.0km，占62.9%；水质为Ⅲ类水的河长为14895.6km，占21.0%；水质为Ⅳ类水的河长为6226.3km，占8.8%；水质为Ⅴ类水的河长为2192.0km，占3.1%；水质为劣Ⅴ类水的河长为2996.9km，占4.2%。总体上，全年期水质劣于Ⅲ类水的河长占总评价河长的16.1%，主要超标项目为氨氮、总磷、化学需氧量、五日生化需氧量和高锰酸盐指数等。各水资源二级区符合或优于Ⅲ类水的河长比例由高至低依次为金沙江石鼓以上（100%）、宜宾至宜昌（100%）、嘉陵江（99.1%）、洞庭湖水系（97.9%）、鄱阳湖水系（97.6%）、宜昌至湖口（92.6%）、汉江（86.9%）、金沙江石鼓以下（83.6%）、岷江沱江（80.6%）、乌江（78.5%）、湖口以下干流（55.1%）、太湖水系（33.1%）（水利部长江水利委员会，2018）。

2.1.3 岸前水深、航道等级、陆域条件特征

2.1.3.1 长江干流岸线资源岸前水深条件

长江干流岸线资源岸前水深评估中，新济洲以下的离岸距离为300m，新济洲至葛洲坝的离岸距离为200m，葛洲坝以上的离岸距离为100m（图2-3）。

长江干流深水岸线、中深水岸线和浅水岸线长度分别为3422.8km、871.7km和3614.3km，占比分别为43.3%、11.0%和45.7%（表2-4）。从长度来看，除重庆以外，湖北、江苏、安徽深水岸线长度较长，分别达854.0km、443.6km、336.1km；宜昌、荆州、南京、芜湖深水岸线长度达100km以上，芜湖、镇江、铜陵、九江

等城市深水岸线长度达 80km 以上。从结构来看，除重庆以外，一般省份深水岸线比例在 30%～40%，其中湖北、江苏深水岸线比例较高，分别达 39.4%和 37.4%；而不同城市深水岸线比例差异较大，其中除恩施、重庆位于三峡库区深水岸线比例较高以外，无锡、扬州、常州、宜昌、芜湖、南京、马鞍山、泰州深水岸线比例高于 40%，其中无锡、扬州、常州、宜昌深水岸线比例高于 60%，可见长江干流深水岸线主要分布在南京以下江段、皖江段、荆江段及三峡库区（图 2-4）。

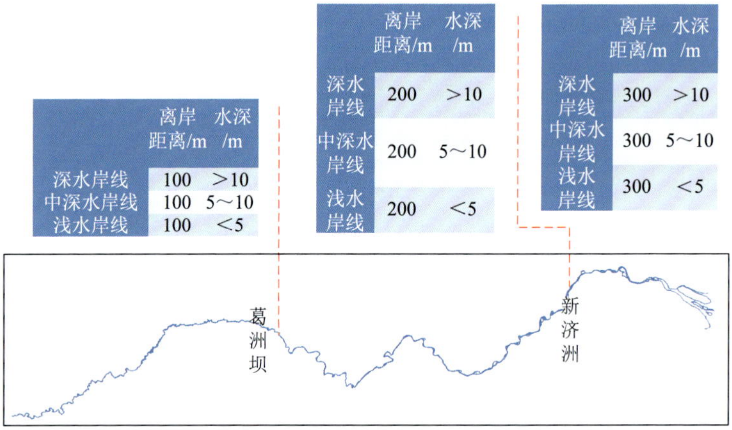

图 2-3　长江干流岸线资源岸前水深评估示意图

表 2-4　长江干流岸线资源岸前水深条件

省份	岸线长度/km			岸线比例/%		
	深水岸线	中深水岸线	浅水岸线	深水岸线	中深水岸线	浅水岸线
四川	34.8	94.0	369.3	7.0	18.9	74.1
重庆	1644.1	57.4	340.5	80.5	2.8	16.7
湖北	854.0	266.3	1047.0	39.4	12.3	48.3
湖南	28.2	31.0	96.7	18.1	19.9	62.0
江西	82.0	48.0	116.6	33.3	19.5	47.3
安徽	336.1	159.9	620.7	30.1	14.3	55.6
江苏	443.6	215.1	526.2	37.4	18.2	44.4
上海	0	0	497.3	0	0	100.0
合计	3422.8	871.7	3614.3	43.3	11.0	45.7

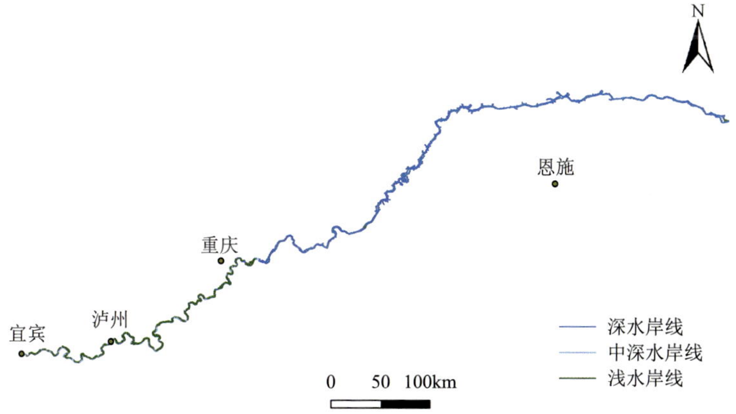

(a) 长江干流岸线资源岸前水深（宜宾—宜昌段）

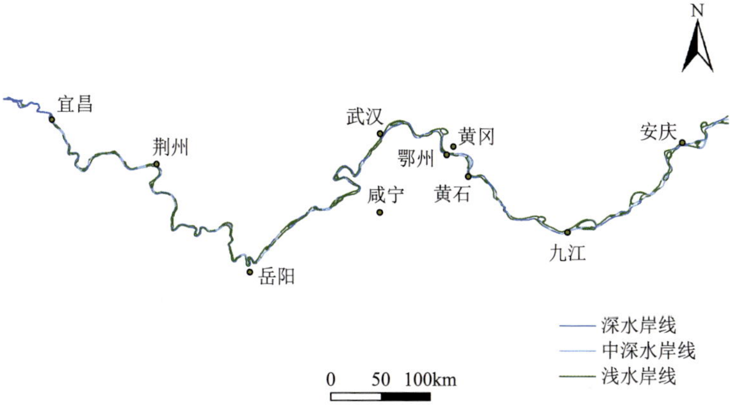

(b) 长江干流岸线资源岸前水深（宜昌—安庆段）

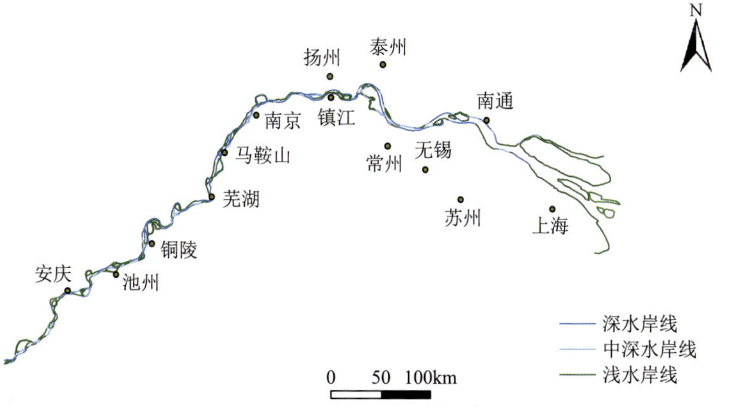

(c) 长江干流岸线资源岸前水深（安庆—上海段）

图 2-4 长江干流岸线资源岸前水深分布图

2.1.3.2　长江干流岸线资源陆域条件

长江干流岸线资源陆域条件评估结合地形图和遥感影像，陆域纵深大于 2km 的陆域条件等级划分为Ⅰ级（陆域纵深宽）、0.5～2km 划分为Ⅱ级（陆域纵深较宽）、小于 0.5km 划分为Ⅲ级（陆域纵深窄）（图 2-5）。

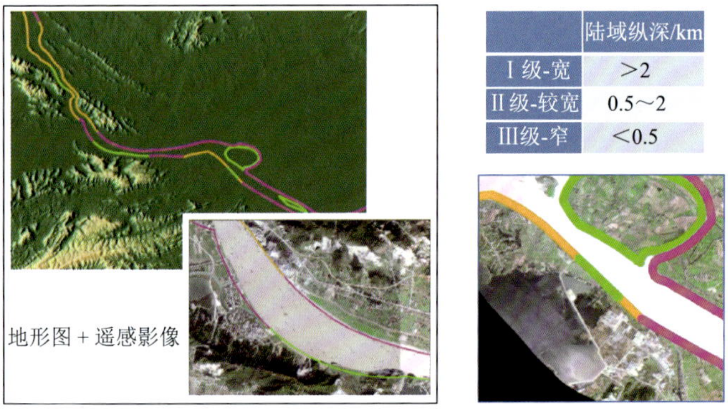

图 2-5　长江干流岸线资源陆域条件评估示意图

长江干流陆域纵深宽、陆域纵深较宽和陆域纵深窄的岸线长度分别为 683.5km、3334.3km 和 3891.0km，占比分别为 8.6%、42.2%和 49.2%（表 2-5）。从长度来看，湖北岸线陆域纵深条件较好，达 1401.5km，其次是江苏和安徽，陆域纵深较宽和宽的岸线长度达 600km 以上。荆州、上海、武汉、镇江、黄冈、芜湖、宜昌、南京、南通、安庆陆域纵深条件较好（陆域纵深较宽以上）岸线长度达 160km 以上，岳阳、九江、苏州、咸宁、池州、铜陵等城市达 100km 以上。从结构来看，陆域纵深条件较好（陆域纵深较宽以上）的岸线比例较高的省份分布在湖南、江苏、上海、湖北、安徽等中下游省份，而四川、重庆等上游省份的岸线后方陆域条件较差，其中重庆近 12.8%；而不同城市差异较大，常州、无锡、扬州岸线后方陆域条件皆为较好，岳阳、武汉、苏州、芜湖、荆州、南通比例高于 80%，可见长江干流岸线资源陆域条件较好的岸带主要分布在南京以下江段及中游部分岸带（图 2-6）。

表 2-5　长江干流岸线资源陆域条件

省份	岸线长度/km			岸线比例/%		
	陆域纵深宽	陆域纵深较宽	陆域纵深窄	陆域纵深宽	陆域纵深较宽	陆域纵深窄
四川	89.8	51.1	357.2	18.0	10.3	71.7

续表

省份	岸线长度/km			岸线比例/%		
	陆域纵深宽	陆域纵深较宽	陆域纵深窄	陆域纵深宽	陆域纵深较宽	陆域纵深窄
重庆	135.6	127.2	1779.2	6.6	6.2	87.1
湖北	261.2	1140.3	765.8	12.1	52.6	35.3
湖南	61.0	75.9	19.0	39.1	48.7	12.2
江西	40.5	90.5	115.6	16.4	36.7	46.9
安徽	92.2	577.4	447.1	8.3	51.7	40.0
江苏	3.2	890.5	291.2	0.3	75.2	24.6
上海	0.0	381.4	115.9	0.0	76.7	23.3
合计	683.5	3334.3	3891.0	8.6	42.2	49.2

注：岸线比例使用了四舍五入计数保留法

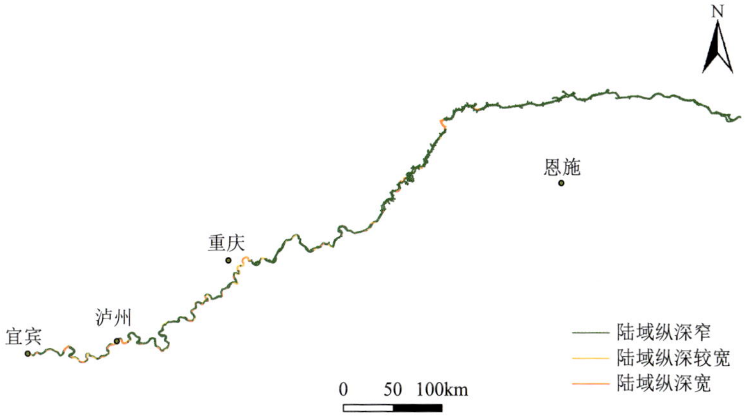

(a) 长江干流岸线资源陆域条件（宜宾—宜昌段）

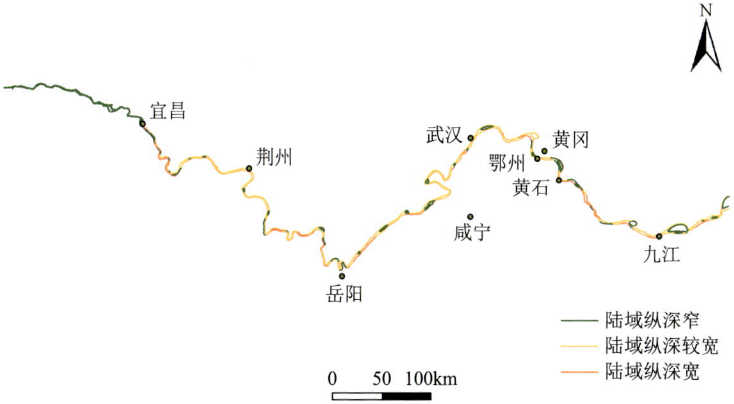

(b) 长江干流岸线资源陆域条件（宜昌—九江段）

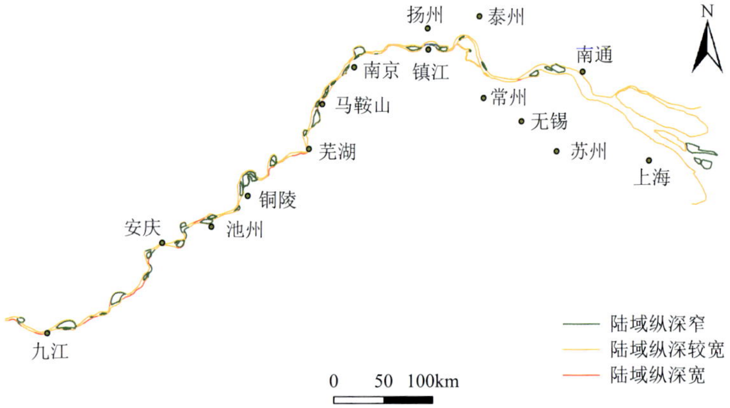

(c) 长江干流岸线资源陆域条件（九江—上海段）

图 2-6　长江干流岸线资源陆域条件

2.1.3.3　重要支流岸线资源岸前水深

参考《内河通航标准》(GB 50139—2014)，航道等级分为三级、四级及四级以下，具体标准见表 2-6。

表 2-6　内河航道等级分类标准

航道等级	是否通航	通航船舶吨级	备注
三级航道	可通航	1000t	航道尺度的最低标准为水深 3.2m，底宽 45m。根据《内河通航标准》(GB 50139—2014)，新建的桥梁采用一跨过河，桥梁净空高度不小于 7m
四级航道	可通航	500t	航道尺度的最低标准为水深 2.5m，底宽 40m
四级以下航道	可通航	500t 以下	

长江重要支流航道等级分布如图 2-7 和表 2-7 所示。岷江，乐山—宜宾段为三级航道，松潘—乐山段为四级以下航道；嘉陵江，广元—合川段为四级航道，合川—重庆段为三级航道；乌江，乌江渡—涪陵段为四级航道，毕节—乌江渡段为四级以下航道；湘江，松柏—城陵矶段为三级航道，永州—松柏段为四级以下航道；汉江，安康—丹江口段为四级航道，丹江口—汉口段为三级航道；赣江，赣州—湖口段为三级航道，瑞金—赣州段为四级以下航道。

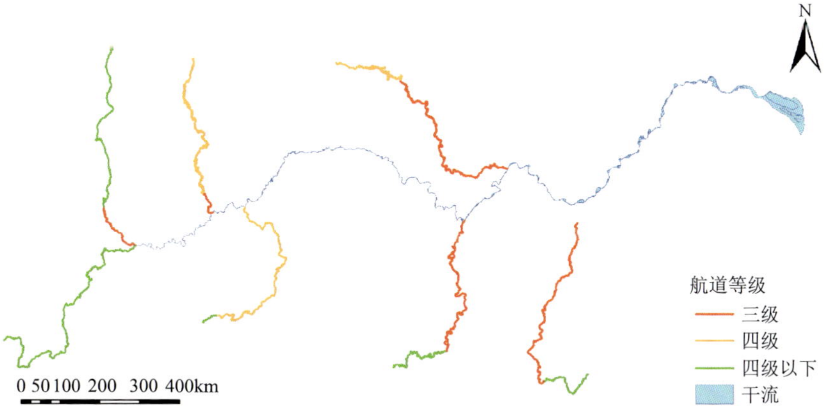

图 2-7 长江重要支流航道等级空间分布

注：各支流上游测算终点分别为日东水库（赣江）、永州萍岛（湘江）、丹江口水库（汉江）、广元丁家坝站（嘉陵江）、乌江渡（乌江）、紫坪铺（岷江）、雅砻江口（金沙江）；下游测算终点为岷江、嘉陵江、乌江、汉江与长江干流交汇处；考虑到洞庭湖东岸岸线港口工业等开发利用程度较高，将其纳入湘江岸线研究范畴；考虑到鄱阳湖岸线整体开发程度不高，未将其纳入赣江岸线研究范畴；洞庭湖、鄱阳湖等长江经济带重点湖泊岸线另行研究。支流部分下同

表 2-7 长江重要支流航道等级布局表

支流	起讫点	里程/km	航道等级
岷江	乐山—宜宾	162	三级
	松潘—乐山	567	四级以下
嘉陵江	广元—合川	603	四级
	合川—重庆	95	三级
乌江	乌江渡—涪陵	594	四级
	毕节—乌江渡	164	四级以下
湘江	松柏—城陵矶	497	三级
	永州—松柏	340	四级以下
汉江	安康—丹江口	352	四级
	丹江口—汉口	617	三级
赣江	赣州—湖口	606	三级
	瑞金—赣州	195	四级以下

资料来源：《全国内河航道与港口布局规划》

2.1.3.4 重要支流岸线资源岸线稳定性

通过对支流岸线的遥感影像的色调、阴影、纹理等直接解译标志进行目视解

译，可以较好地勾绘出长江经济带内滑坡、泥石流、崩塌等几种典型山地地质灾害的分布区域和范围，进而进行地质灾害易发等级的赋值和分区，获取岸线地质灾害易发等级信息。

长江7条重要支流的地质灾害易发等级如图2-8所示，地质灾害易发等级为0、1、2、3 的岸带长度为 750.15km、2645.70km、3734.01km、4361.37km，分别占支流岸线总长度的 6.53%、23.02%、32.49%、37.95%[①]（表 2-8）。在空间分布上，地质灾害易发等级整体呈现西部高于东部，南部高于北部的特征，金沙江有91.21%的岸带位于地质灾害易发等级为 3 的区域，乌江更是达到了 99.51%。对于各支流而言，上游较中下游易发生地质灾害，汉江、湘江和赣江所有地质灾害高等级岸带均分布在上中游（图 2-8）。

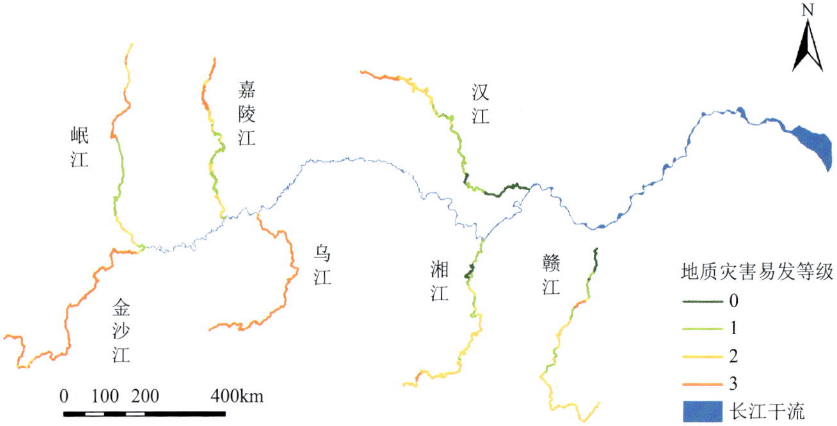

图 2-8 长江重要支流地质灾害易发等级空间分布

注：考虑到鄱阳湖岸线整体开发程度不高，未将其纳入赣江岸线研究范畴

表 2-8 长江重要支流地质灾害易发等级长度统计（km）

地质灾害易发等级	赣江	汉江	嘉陵江	金沙江	岷江	乌江	湘江
0	168.90	463.19	0	0	0	0	118.06
1	375.97	664.87	665.93	32.95	558.51	0	347.47
2	980.00	455.71	565.22	119.04	453.87	7.52	1152.65
3	76.40	295.95	402.34	1577.15	445.07	1508.89	55.57
合计	1601.27	1879.72	1633.49	1729.14	1457.45	1516.41	1673.75

① 占比使用四舍五入计数保留法，故加和不为 100%。

2.1.3.5 重要支流岸线资源陆域条件

基本地貌形态类型是反映地貌最基本内外营力过程（内营力基本过程为构造上升、沉降及其强度，外营力基本过程是侵蚀、搬运和堆积）所形成的基本地貌形态。结合长江经济带特点，借鉴《中华人民共和国地貌图集（1∶100 万）》的地貌形态类型区分方法，重要支流岸线后方陆域基本地貌类型根据 7 种基本地貌形态及其低、中、高 3 种地貌海拔等级组合成 19 个基本地貌形态类型（表 2-9）。

表 2-9 长江重要支流基本地貌形态类型

起伏度	低海拔（<1000m）	中海拔（1000～3500m）	高海拔（3500～5000m）
平原（一般<30m）	低海拔平原	中海拔平原	高海拔平原
台地（一般>30m）	低海拔台地	中海拔台地	高海拔台地
丘陵（<200m）	低海拔丘陵	中海拔丘陵	高海拔丘陵
小起伏山地（200～500m）	低海拔小起伏山地	中海拔小起伏山地	高海拔小起伏山地
中起伏山地（500～1000m）	低海拔中起伏山地	中海拔中起伏山地	高海拔中起伏山地
大起伏山地（1000～2500m）	—	中海拔大起伏山地	高海拔大起伏山地
极大起伏山地（>2500m）	—	中海拔极大起伏山地	高海拔极大起伏山地

资料来源：《中华人民共和国地貌图集（1∶100 万）》（2009 年）

长江 7 条重要支流后方陆域条件不适宜岸线开发的岸带比例为 37.9%；适宜岸线开发的岸带比例为 62.1%（其中，较适宜的岸带为 29.6%）（表 2-10）。陆域条件最好的支流为赣江和湘江，陆域条件最差的支流为乌江（图 2-9）。

表 2-10 长江重要支流岸线后方陆域条件的岸线比例统计（%）

陆域条件	赣江	汉江	嘉陵江	金沙江	岷江	乌江	湘江
较不适宜	4.8	15.8	24.6	91.2	30.6	99.5	3.3
适宜	61.0	24.2	34.6	6.9	31.1	0.5	68.9
较适宜	34.2	60.0	40.8	1.9	38.3	0.0	27.8

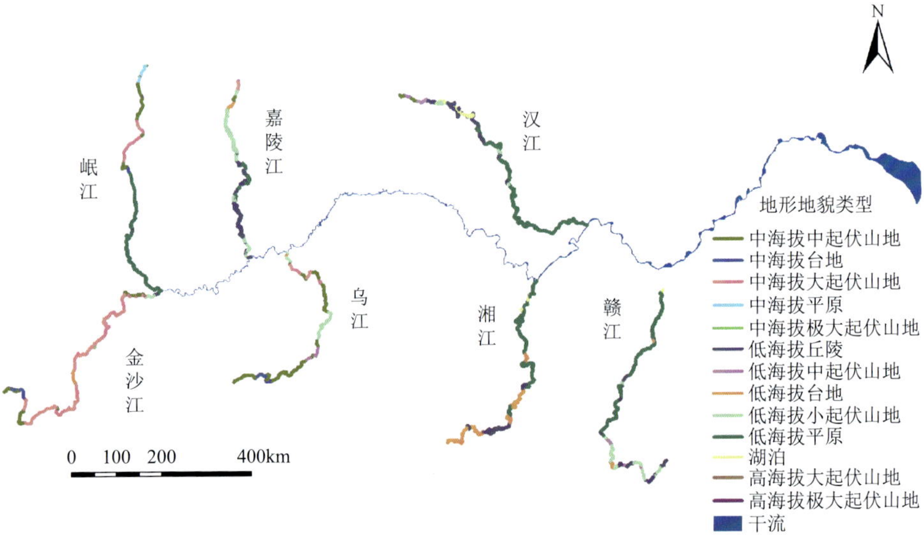

图 2-9　长江重要支流岸线后陆域条件空间分布

注：考虑到鄱阳湖岸线整体开发程度不高，未将其纳入赣江岸线研究范畴

2.2　岸线生态系统服务评估

2.2.1　土壤保持功能

土壤保持功能总体呈改善趋势，剧烈和极强度等级土壤侵蚀面积减少较为显著，中上游局部区域呈退化趋势。土壤侵蚀总量从 2000 年的 2613 亿 t 下降到 2010 年的 2408 亿 t，减少 7.8%；2000～2010 年，土壤侵蚀总面积没有发生变化，均为 125204km^2，但土壤侵蚀剧烈等级面积从 2000 年的 39590km^2 下降到 2010 年的 37139km^2，减少 2451km^2（6.2%），其他 5 类等级的面积均呈上升趋势。2010～2015 年，土壤侵蚀总面积虽然从 2010 年的 125204km^2 增长到 2015 年的 125407km^2，增加 203km^2（0.16%），但土壤侵蚀总量从 2010 年 2408 亿 t 下降到 2015 年的 2151 亿 t，较 2010 年减少 257 亿 t（10.7%），主要由于极强度和剧烈等级的面积分别下降 497km^2（5.3%）和 5803km^2（15.6%）。整体上，2000～2015 年土壤侵蚀总量下降 462 亿 t（17.7%），总面积增加 203km^2（0.16%）；微度、轻度、中度和强度等级的面积分别增加 5832km^2（10.0%）、1955km^2（14.7%）、956km^2（12.4%）和 203km^2（3.5%）；极强度和剧烈等级的面积分别下降 489km^2（5.6%）和 8254km^2（26.3%）。因此，虽然土壤侵蚀总面积略呈增长趋势，但土壤侵蚀总量及极强度与剧烈等级的面积均呈下降趋势，因此，研究区 2000～2015 年土壤保持功能总体呈改善趋势（图 2-10）。

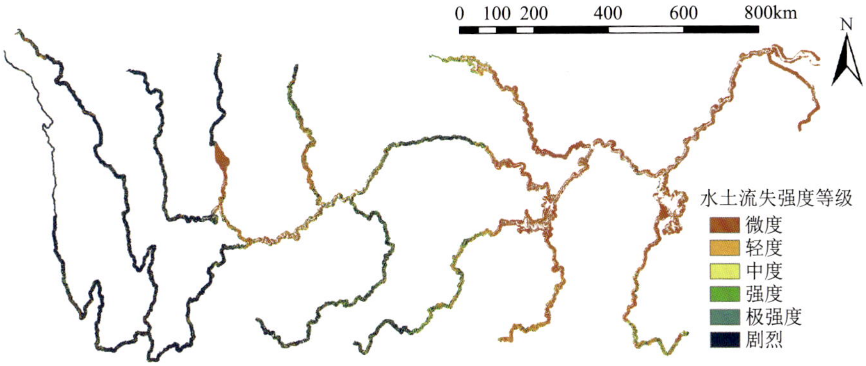

(a) 2000年水土流失强度等级分布

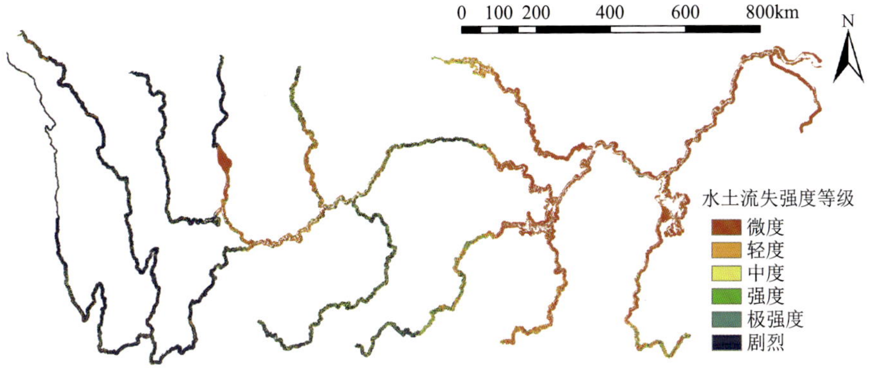

(b) 2010年水土流失强度等级分布

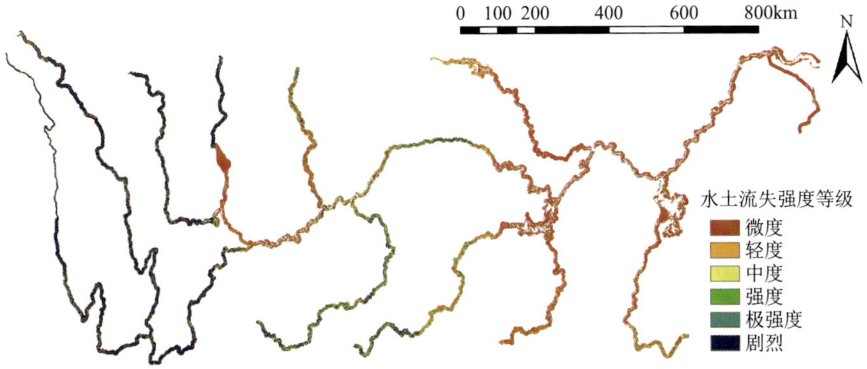

(c) 2015年水土流失强度等级分布

最大，2015 年约占总量的 24.61%。

2000～2015 年水源涵养功能增强区域主要分布在四川、湖北和湖南，其面积分别为 8194km^2、4274km^2 和 4037km^2，累计占水源涵养增强总面积的 56.0%；2000～2015 年水源涵养功能减弱区域也集中分布在四川、湖南和湖北这三个省，其面积分别为 7786km^2、3175km^2 和 3150km^2，累计占水源涵养减弱总面积的 57.8%。长江上中下游水源涵养量分布呈显著的空间差异性，分别从 2000 年的 271 亿 m^3、508 亿 m^3 和 147 亿 m^3，增长到 2015 年的 277 亿 m^3、518 亿 m^3 和 156 亿 m^3（图 2-11，表 2-12）。

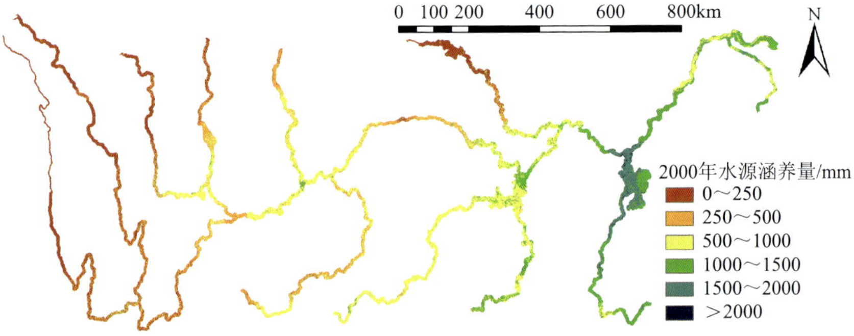

(a) 2000年水源涵养量

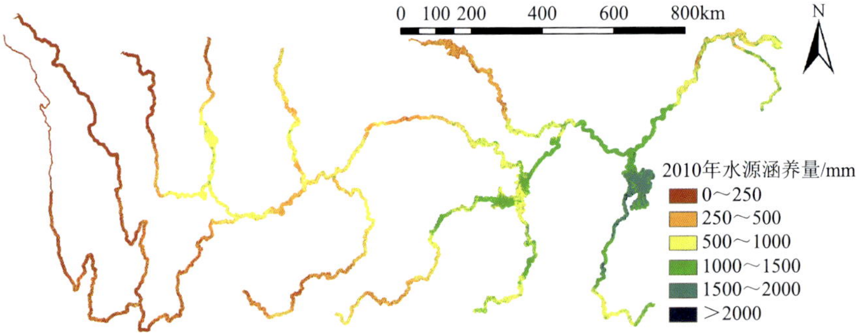

(b) 2010年水源涵养量

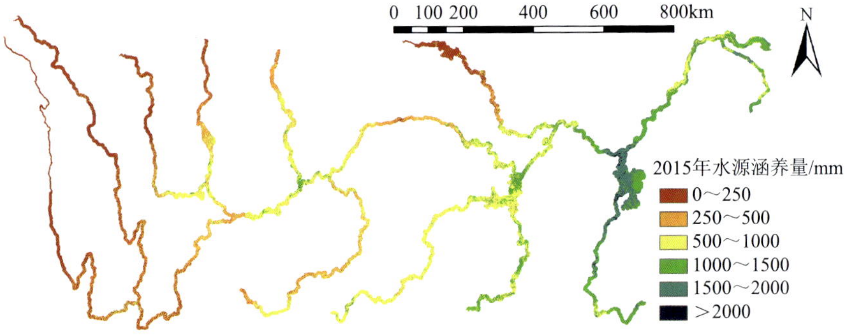

(c) 2015年水源涵养量

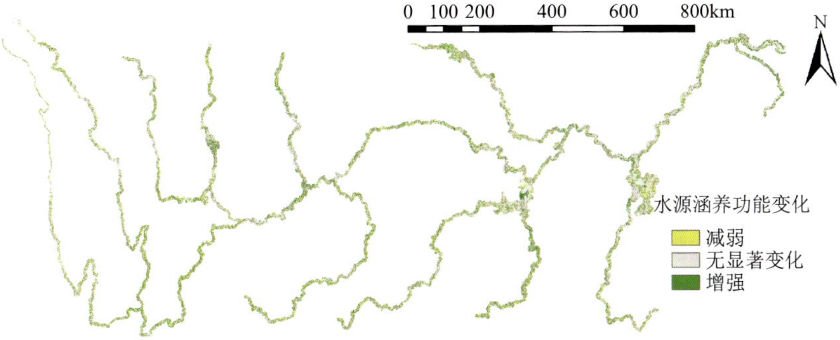

(d) 2000~2015年水源涵养功能变化

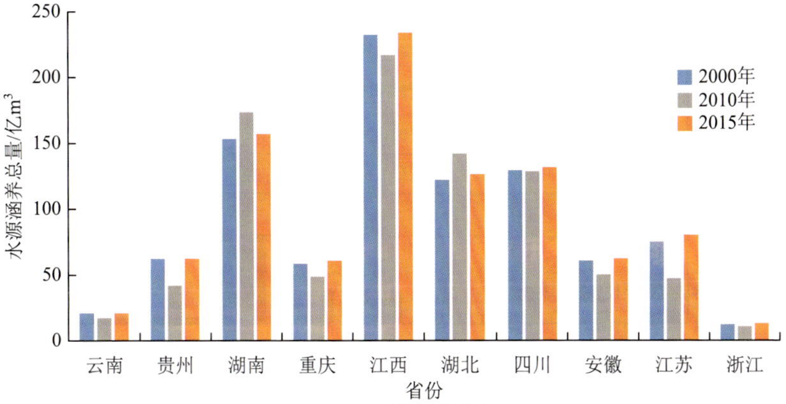

(e) 水源涵养总量

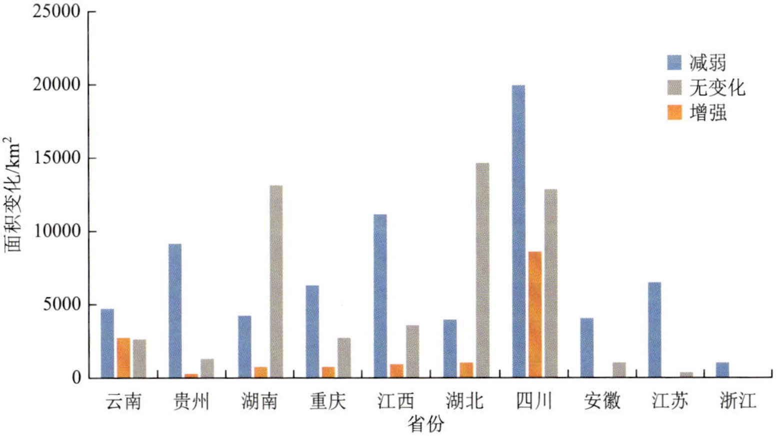

(f) 2000～2010年水源涵养面积变化

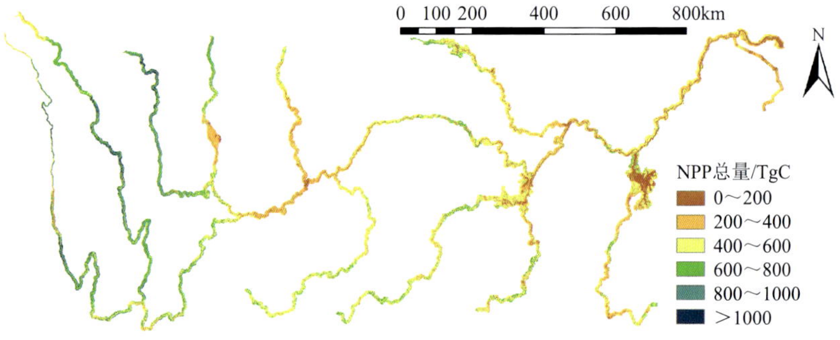

(b) 2010年NPP总量

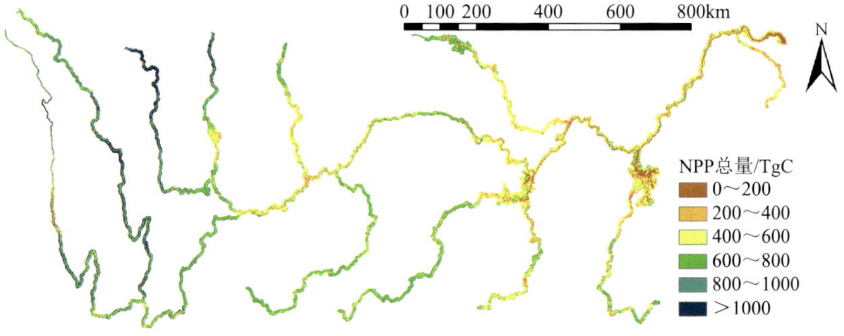

(c) 2015年NPP总量

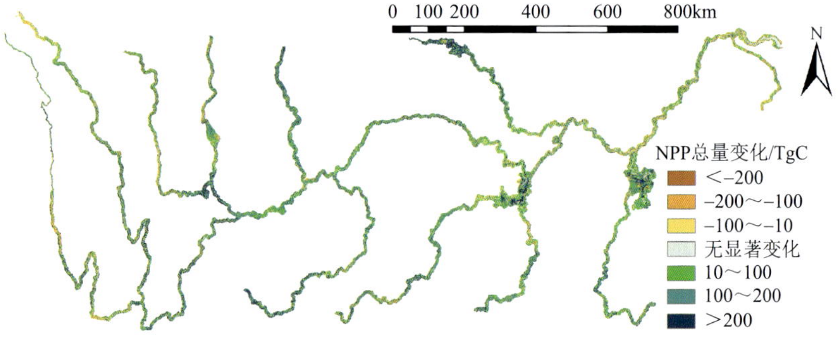

(d) 2000～2015年NPP总量变化

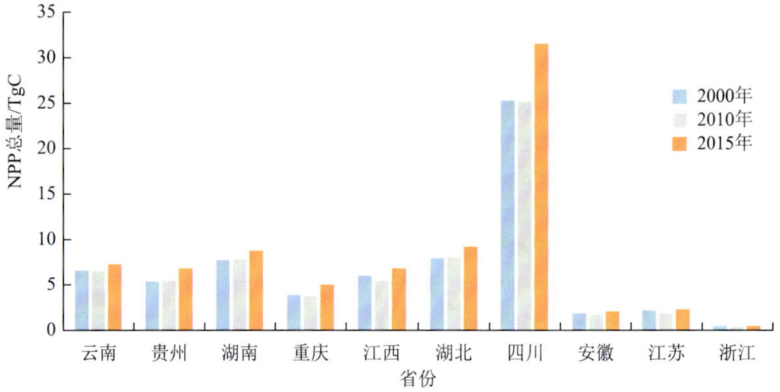

(e) NPP总量

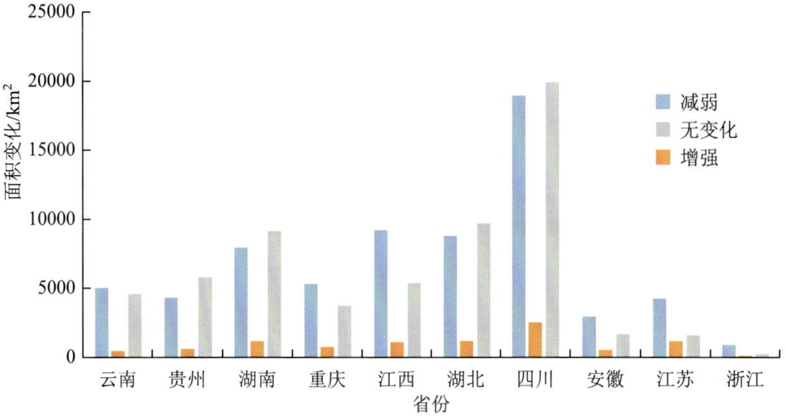

(f) 2000～2010年NPP面积变化

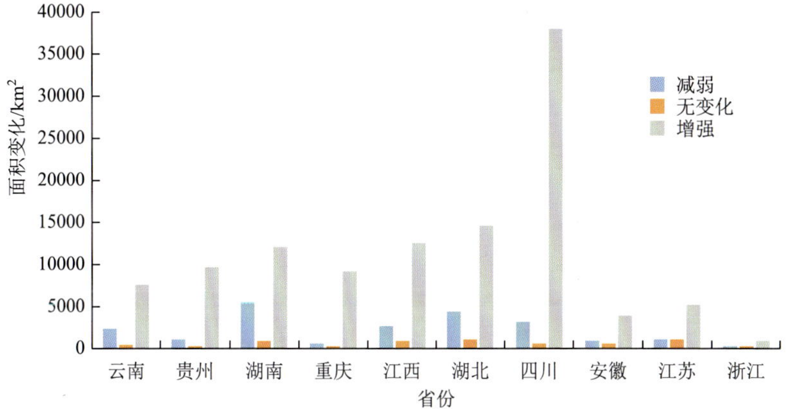

(g) 2010～2015年NPP面积变化

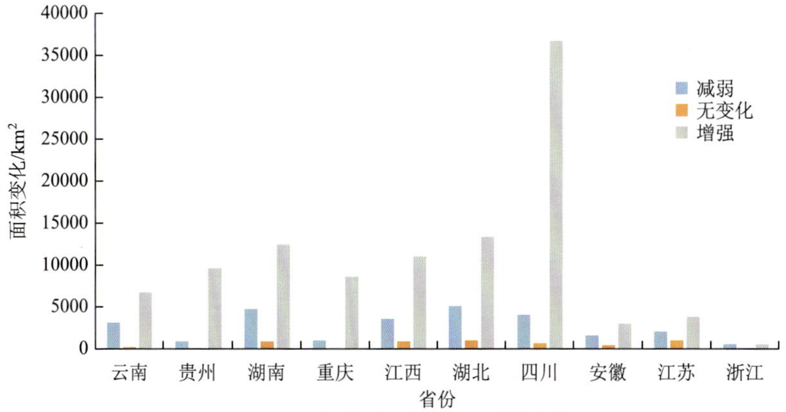

(h) 2000～2015年NPP面积变化

图 2-12 2000～2015 年 NPP 总量与面积变化

2000～2015 年固碳功能增强区域主要分布在四川、湖北、湖南和江西，其增强面积分别为 36731km^2、13412km^2、12482km^2 和 11080km^2，累计占固碳增强总面积的 69.6%；2000～2015 年固碳功能减弱区域也集中分布在湖北、湖南、四川、江西和云南，其减弱面积分别为 5128km^2、4713km^2、4046km^2、3636km^2 和 3084km^2，累计占固碳减弱总面积的 76.8%。长江上中下游 NPP 总量分布呈显著的空间差异性，上游和下游 NPP 总量分别从 2000 年的 41.2 TgC 和 4.6 TgC，增长到 2015 年的 50.8 TgC 和 4.9 TgC，分别增长了 9.6 TgC（23.3%）和 0.3 TgC（6.5%）；而中游 NPP 总量从 2000 年的 21.8TgC 减少到 2015 年的 20.9TgC，减少了 0.9TgC（4.1%）；上游地区 NPP 总量占长江经济带 NPP 总量的 60.9%～63.2%。

2.2.4 水环境与水生态整体状况

长江干流水质总体稳定，支流与湖库水质下降显著；水域湿地面积呈萎缩趋势，水生生物多样性有所下降。长江干流水质总体稳定，但支流与湖库水质下降显著，面临较高的富营养化风险，污染突发事件频发。长江经济带废污水排放量（工业废水和生活污水）从 2005 年的 296.34 亿 t 增加到 2015 年的 356.7 亿 t，增长了 20.4%，排污主要集中在太湖水系、洞庭湖水系、湖口以下干流、鄱阳湖水系、宜昌至湖口、岷沱江和汉江，占流域废污水排放量的 86.6%。长江流域全年期水质符合和优于Ⅲ类水的河长占比从 2006 年的 66.7%增加到 2015 年的 78.8%；16 个国控断面中 11 个的水质呈好转趋势，5 个国控断面水质呈下降趋势（四川泸州沱江二桥、湖北丹江口胡家岭、江西九江河西水厂、安徽安庆皖河口、江苏南京林山），其中下游江苏南京林山监测断面（安徽—江苏跨省断面）Ⅲ类水质占比从 3.8%升高到 13.5%，溶解氧、高锰酸盐指数和氨氮浓度分别从 2005 年的 7.16mg/L、1.82mg/L 和 0.10mg/L 升高到 2015 年的 7.73mg/L、2.28mg/L 和 0.27mg/L。

长江支流与湖库水质下降显著：60 个湖泊和 254 座水库中，全年水质Ⅰ～Ⅲ类的湖泊和水库分别占 16.7%和 74.8%；84.6%的湖泊和 38.6%的水库呈中、轻度富营养状态；60 个湖泊评价水面面积 10939.2km^2，水质符合Ⅰ～Ⅲ类标准的水面面积为 2042.1km^2，占评价总面积的 18.7%；Ⅳ类 7036.5km^2，占 64.3%；Ⅴ类 1342.7km^2，占 12.3%；劣Ⅴ类占 517.9km^2，占 4.7%。2015 年 9 个湖泊富营养化状态相比 2014 年进一步加剧。主要超标项目为总磷、氨氮、五日生化需氧量和高锰酸盐指数等。其中，处于长江经济带内的淡水湖（鄱阳湖、洞庭湖、太湖、洪泽湖和巢湖）都面临着富营养化的风险，太湖、洪泽湖和巢湖尤为严重，其中太湖劣于Ⅲ类标准的水面占 81.2%。

水域与湿地面积呈萎缩趋势，导致水生生物栖息地萎缩和水生生物多样性有所下降。遥感影像解译表明，长江经济带水域面积从 2000 年的 15676.6km^2 下降到2010年的15146.8km^2，减少529.8km^2（3.4%）。另据中国湿地数据库统计表明，长江经济带湿地总面积从2000年的18688km^{2}萎缩到2008年的15824km^2。据调查表明，“四大家鱼”等经济鱼类的鱼卵和鱼苗大幅减少，三峡蓄水后2004～2010年“四大家鱼”平均产卵规模仅为1981年的21.8%；库区特有鱼类较蓄水前减少51.1%，特有鱼类优势度下降35.3%～99.9%；长江中下游近几十年江湖阻隔和河湖滩地围垦，导致河湖鱼类、水生植物及底栖动物等水生生物种类和数量明显减少。太湖、洪湖和滇池的鱼类分别从20世纪50～60年代的101种、100种和44种减少至2010年左右的60种、50种和20种。部分珍稀物种濒临灭绝，长江江豚数量从1984～1991年的2700头，减少到2006年的1800头，2012年进一步下降到1040头；中华鲟从20世纪70年代初的10000尾减少到1983～1984年的2156尾（葛洲坝截流初期），2016年降至48尾。

2.3　自然岸线保有特征

自然岸线是水体和陆地的接壤地带，水陆交互界面为天然质地（砂质、淤泥、基岩等），无大规模开发活动，水流流态受人工干扰较小，其河流岸线维持自然状态，有利于形成多样的河流地貌、水流状态，从而形成多样化的生物栖息地；另外，自然岸线本身是联系陆地和水生生态系统的纽带，是两者进行物质、能量、信息交换的生态过渡带，因此自然岸线对维护长江水生动物生长、长江滨江湿地保护具有重要作用，对修复长江生态具有重大意义。《长江经济带生态环境保护规划》明确提出到2020年长江干支流自然岸线保有率大于64.6%。根据遥感影像解译结果，2017年长江经济带重点岸线共计29075km，其中自然岸线总长20490km，自然岸线保有率为70.6%（邹辉等，2019）。

2.3.1　长江干流自然岸线资源现状

长江干流（宜宾三江口以下）7908.8km，自然岸线5068.5km，自然岸线保有率64.1%。从自然岸线长度来看，湖北及重庆的自然岸线长度最长，分别为1501.9km及1348.9km，湖南自然岸线长度最短，为129.2km。从自然岸线保有率来看，湖南自然岸线保有率最高，为82.9%，安徽、四川、湖北及重庆4省份自然岸线保有率也高于总体平均水平；江苏、上海及江西自然岸线保有率偏低，分别为40.8%、49.9%及61.2%（表2-14）。从沿江城市来看，江苏沿江城市自然岸线保有率较低，其中无锡几乎已无自然岸线，常州、苏州自然岸线保有率也低于20%。中上游城市除武汉、黄石以外皆高于60%；可见从城市角度来看，自然岸线保有率问题主要集中在江苏沿江城市及中上游部分城市（图 2-13）。

表 2-14　长江干流岸线自然岸线现状表

省份	干流岸线总长/km	自然岸线				
		合计/km	自然交互岸线/km	硬质交互岸线/km	小幅干扰岸线/km	自然岸线保有率/%
四川	498.1	348.9	346.2	—	2.7	70.0
重庆	2042	1348.9	1337.4	11.5	—	66.1
湖北	2167.3	1501.9	961.6	403.8	136.5	69.3
湖南	155.9	129.2	70.4	54.8	4.0	82.9
江西	246.6	150.9	67.3	51.6	32.0	61.2
安徽	1116.7	857.0	487.1	258.7	111.2	76.7
江苏	1184.9	483.3	126.9	213.9	142.5	40.8
上海	497.3	248.4	118.9	121.7	7.8	49.9
合计	7908.8	5068.5	3515.8	1116	436.7	64.1

图 2-13　各城市长江自然岸线保有率

从自然岸线结构来看，长江干流自然岸线以自然交互岸线为主，长度为 3515.8km，占自然岸线总长的 69.4%，主要分布在重庆、湖北；硬质交互岸线长度为 1116km，占自然岸线总长的 22.0%，主要分布在湖北、安徽；小幅人工干扰岸线长度为 436.7km，占自然岸线总长的 8.6%，主要分布在江苏、湖北。各省份自然岸线结构存在一定差异，四川、重庆自然交互岸线比重接近 100%，湖北、湖南与安徽 3 省份自然交互岸线占比均超过 50%，江西、江苏与上海 3 省份的自然岸线则以硬质交互岸线与小幅干扰岸线为主（图 2-14）。

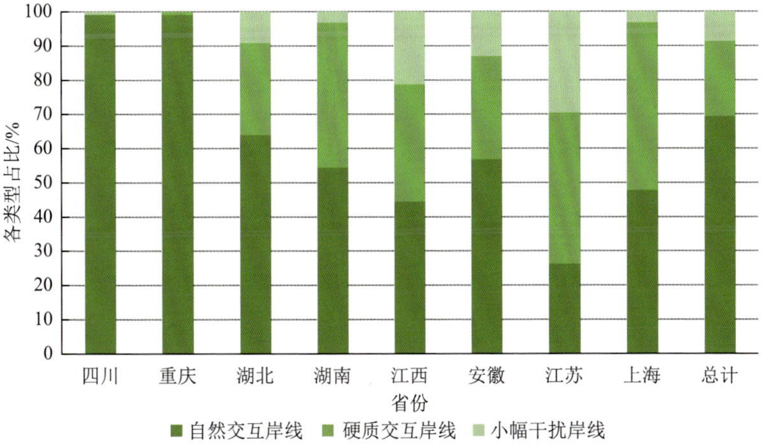

图 2-14 沿江各省长江干流自然岸线结构

2.3.2 长江重要支流自然岸线现状

长江 7 条重要支流自然岸线保有率为 80.93%，整体高于干流，其中自然保有率最高的支流为乌江，最低的为赣江。长江重要支流的自然岸线共 9299.8km，自然岸线保有率为 80.93%，高于干流的 64.1%。其中，乌江的自然岸线保有率最高，达到 94.48%，自然岸线长度为 1432.63km；其次是金沙江、汉江和嘉陵江，自然岸线保有率分别为 87.89%、83.26%和 80.68%，自然岸线长度分别为 1519.69km、1565.00km、1317.95km。自然岸线保有率最低的支流为赣江、岷江和湘江，自然岸线保有率分别为 72.63%、72.76%和 74.15%，均低于平均值，自然岸线长度分别为 1162.97km、1060.45km、1241.13km（表 2-15）。

表 2-15 长江 7 条重要支流自然岸线类型统计

支流	重要支流总长/km	自然岸线				
		合计/km	自然交互岸线/km	硬质交互岸线/km	小幅干扰岸线/km	自然岸线保有率/%
赣江	1601.27	1162.97	613.73	64.66	484.58	72.63
湘江	1673.75	1241.13	447.02	11.54	782.57	74.15
汉江	1879.72	1565.00	891.54	56.11	617.35	83.26
嘉陵江	1633.49	1317.95	442.43	41.21	834.31	80.68
乌江	1516.41	1432.63	1152.26	11.97	268.40	94.48
岷江	1457.45	1060.45	741.14	103.11	216.20	72.76
金沙江	1729.14	1519.67	1070.88	131.15	317.64	87.89
合计	11491.23	9299.8	5359	419.75	3521.05	80.93

长江重要支流自然岸线中以自然交互岸线为主。长江重要支流自然岸线中自然交互岸线长度最长，为 5359km，占重要支流岸线总长的 46.64%；小幅干扰岸线长 3521.05km，占重要支流岸线总长的 30.64%，硬质交互岸线最短，长度为 419.75km，仅占重要支流岸线总长的 3.65%（图 2-15）。

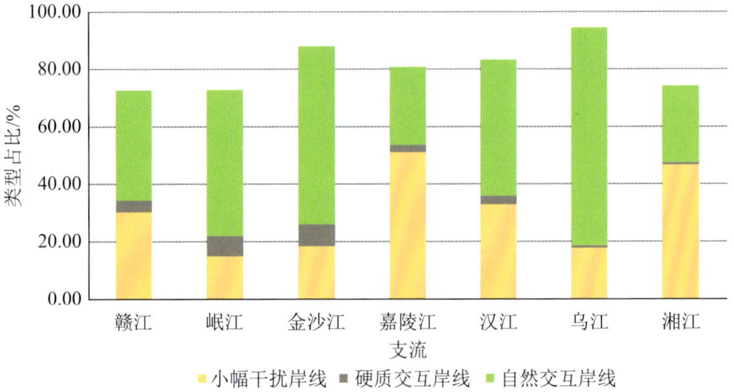

图 2-15　长江重要支流自然岸线类型占比

各重要支流自然岸线类型存在一定差异。湘江和嘉陵江的小幅干扰岸线占比最高，分别为 46.76%和 51.08%，岷江（14.83%）和乌江（17.70%）占比最低，均在 20%以下；岷江和金沙江的硬质交互岸线占比最高，均在 7%以上，其中有 88.59%和 85.71%为沿江公路岸线，嘉陵江硬质交互岸线中更是有高达 91.02%的岸带属于沿江公路；自然交互岸线保有率最高的支流为乌江（75.99%），其次是金沙江（61.93%）（图 2-15）。

3 长江滨岸带水域水环境调查与评估

长江经济带是我国极为重要的农业、牧业、林业与渔业生产基地。区域内河网纵横，大小湖泊与水库分布密集，水资源丰富，在涵养水源、调蓄洪水、调节气候、净化环境和保持生物多样性方面发挥着巨大作用，对促进该地区社会经济发展与工农业生产起到了巨大的推动与保障作用。然而 20 世纪 80 年代以来，随着现代工农业及城市化的快速发展，大量的氮磷等污染物排入水体，汇聚长江，由此导致的水污染与水体富营养化，以及水资源短缺等问题引起了人们的普遍关注。然而当前对长江沿岸带湿地，特别是具有重要保护意义的滨岸带湿地的生态系统结构与演变及其关键驱动因素关注较少。因此，开展长江滨岸带水环境与湿地生态过程研究，尤其是受人为活动干扰强烈且具有国家战略保护意义的长江经济带滨江湿地及其关键影响因素研究极为重要。

3.1 长江滨岸带水环境调查与评估

3.1.1 长江滨岸带丰水期水质总体时空变化趋势

长江滨岸带水质总体以Ⅲ类水质为主，Ⅳ～Ⅴ类水质多出现在下游江段及大型城市岸带，氮磷营养盐浓度增高是水质下降的主要原因，从空间上水质从上游至下游总体呈下降趋势。长江上游至下游，水体的理化性质、营养物质、有机污染指数、重金属浓度因地理位置、功能分区等因素而不同。

对平水期和丰水期各采样点的数据进行分析显示，两期的悬浮物浓度在入海口处都较高，其他点位分布较为稳定，仅在部分点位出现较高值；叶绿素 a 浓度在平水期时比在丰水期时高（图 3-1）；高锰酸盐指数、总有机碳浓度在平水期时较低，从上游到下游均呈增加的趋势（图 3-2）。

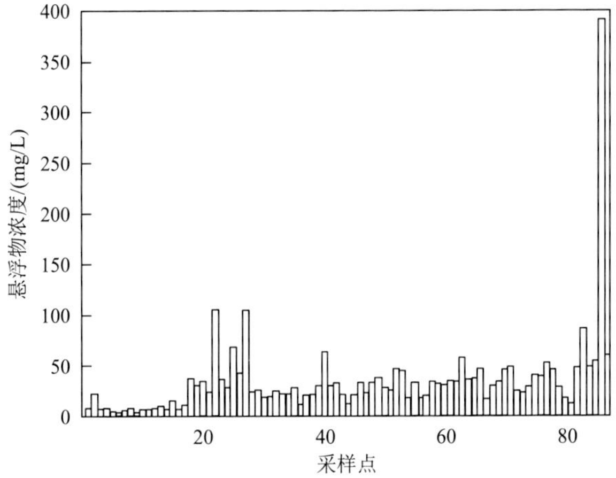

(a) 平水期各采样点悬浮物浓度

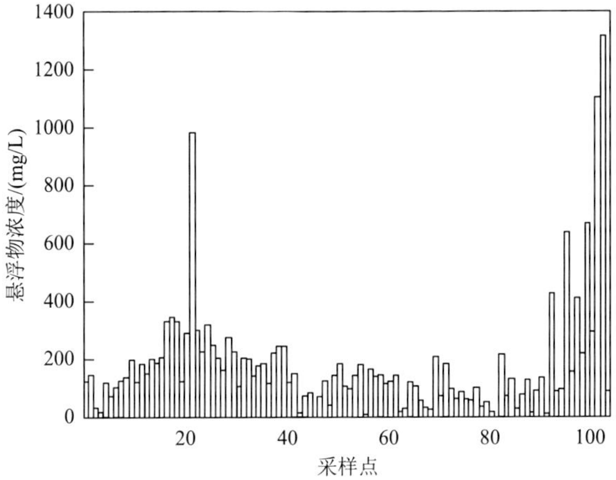

(b) 丰水期各采样点悬浮物浓度

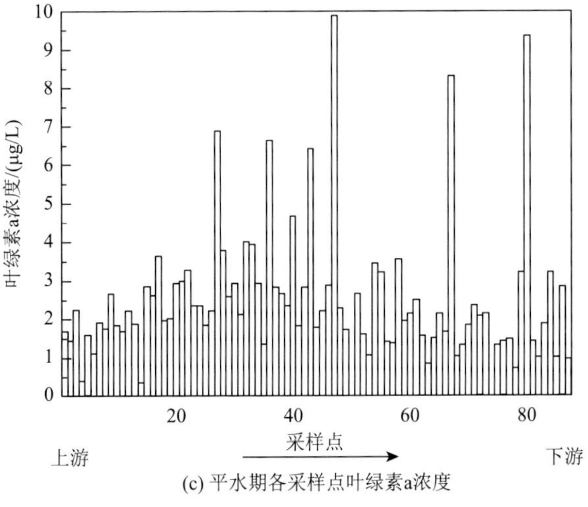

(c) 平水期各采样点叶绿素a浓度

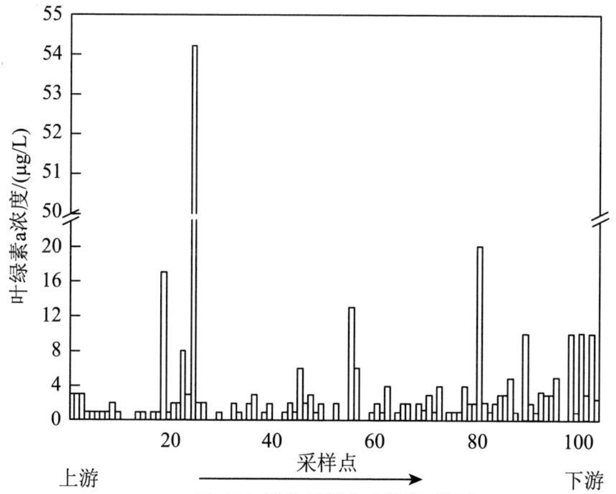

(d) 丰水期各采样点叶绿素a浓度

图 3-1 平水期与丰水期长江滨岸带水体悬浮物和叶绿素 a 空间变化特征

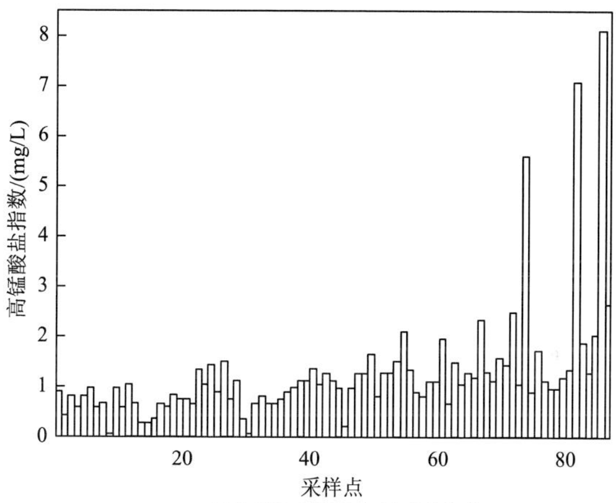

(a) 平水期各采样点高锰酸盐指数

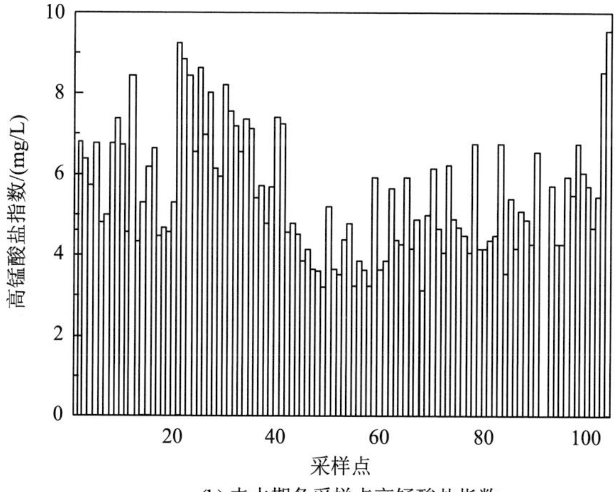

(b) 丰水期各采样点高锰酸盐指数

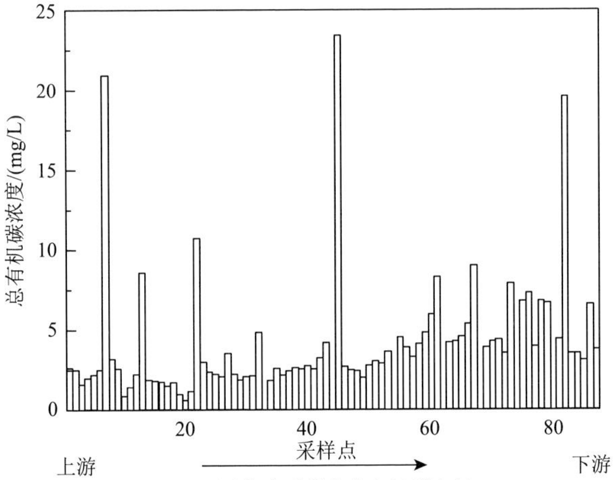

(c) 平水期各采样点总有机碳浓度

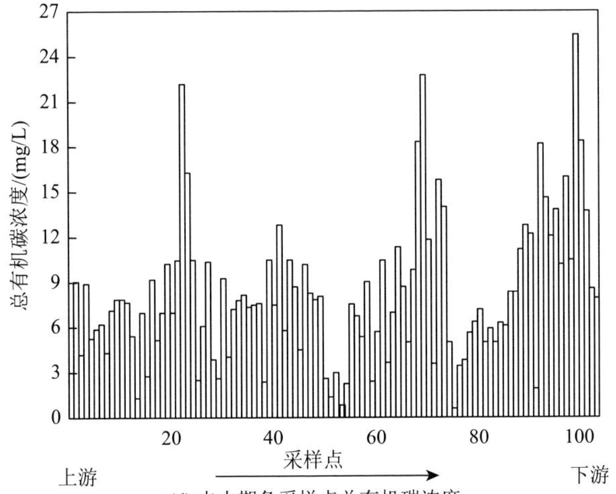

(d) 丰水期各采样点总有机碳浓度

图 3-2 平水期与丰水期长江滨岸带水体有机污染指标空间变化特征

长江滨岸带水体中营养物质的时空变化特征见图 3-3。总体上，总氮浓度在平水期和丰水期分布稳定，丰水期比平水期高 1.78mg/L；总磷浓度在平水期入海口处大幅度上升，丰水期从上游至下游呈下降趋势，丰水期比平水期高 1.75 倍。平水期与丰水期的硝态氮、氨氮、磷酸盐浓度没有明显差异，亚硝态氮浓度在平水期时呈现先上升后下降的趋势，在丰水期呈上升趋势。丰水期时湖北宜都处的采样点（12 号点位）位于一个排放源附近，该点位营养盐浓度显著高于其他点位。

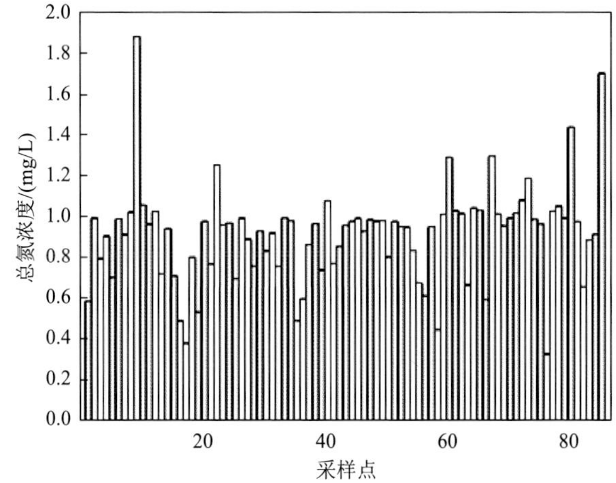

(a) 平水期各采样点总氮浓度

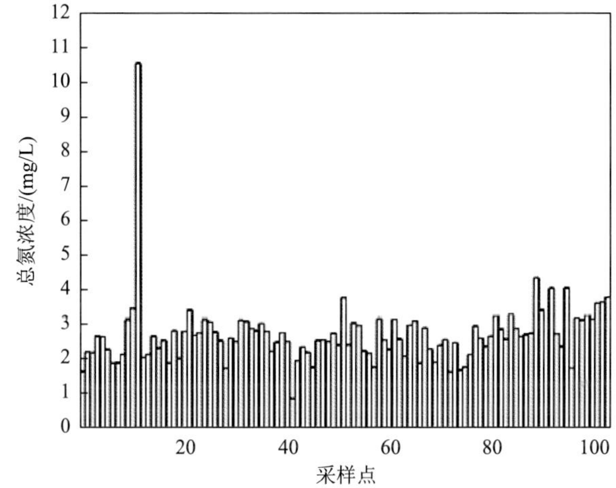

(b) 丰水期各采样点总氮浓度

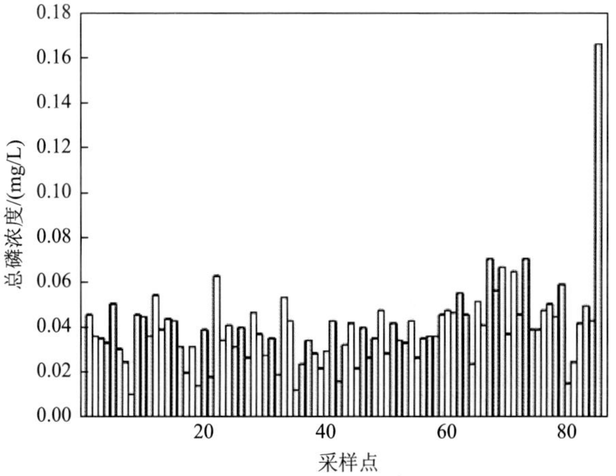

(c) 平水期各采样点总磷浓度

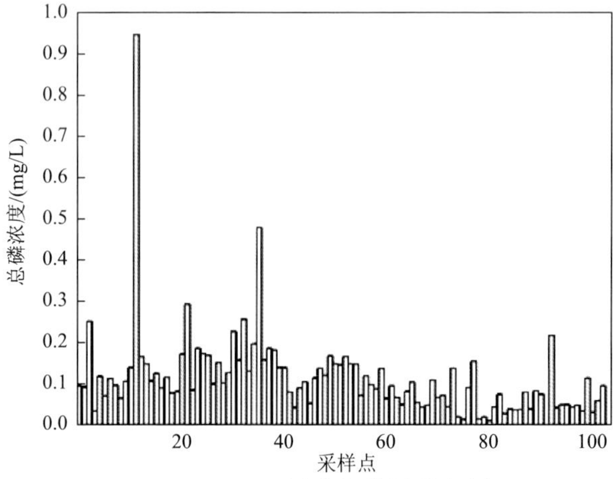

(d) 丰水期各采样点总磷浓度

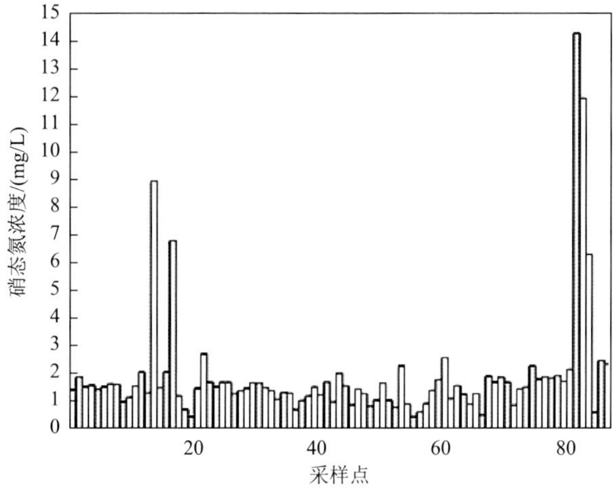

(e) 平水期各采样点硝态氮浓度

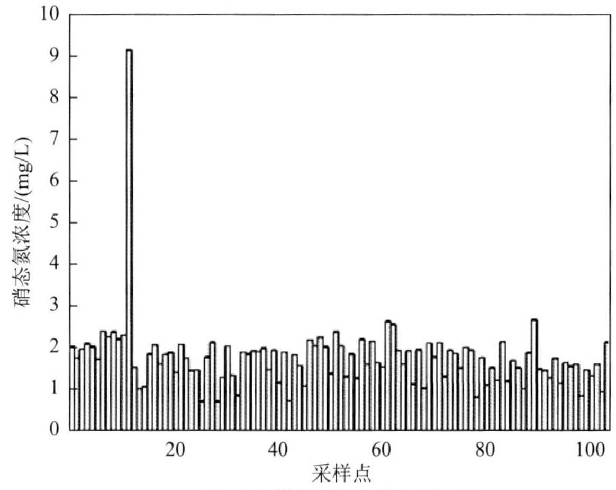

(f) 丰水期各采样点硝态氮浓度

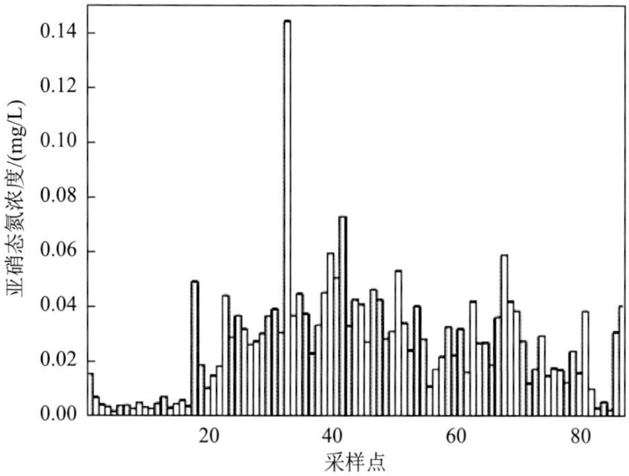

(g) 平水期各采样点亚硝态氮浓度

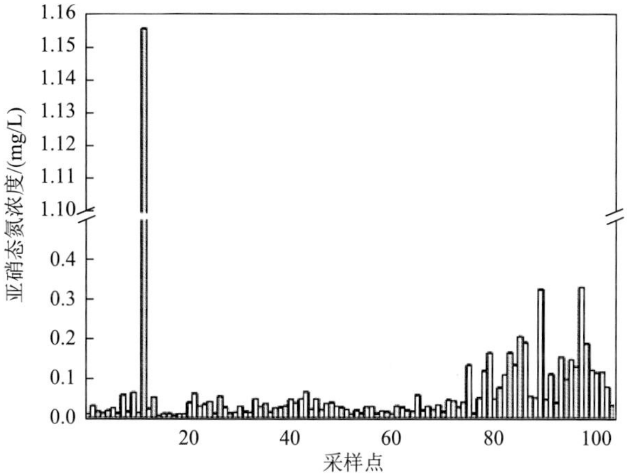

(h) 丰水期各采样点亚硝态氮浓度

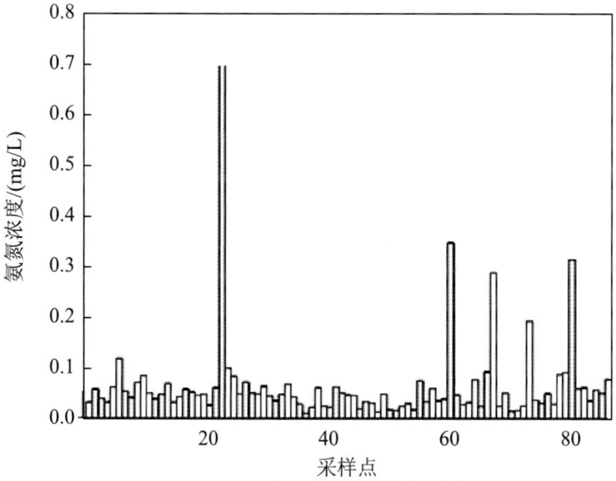

(i) 平水期各采样点氨氮浓度

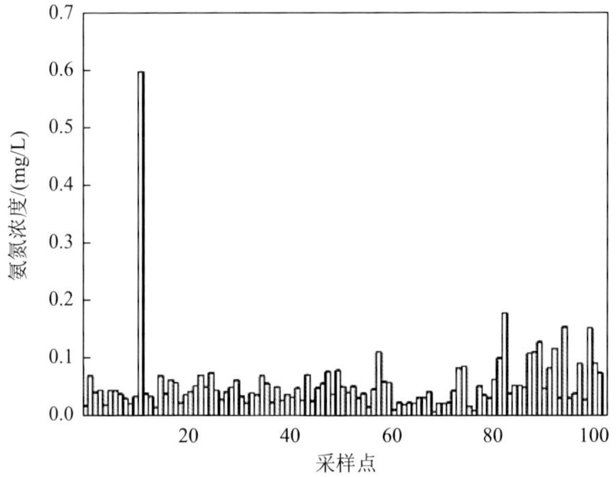

(j) 丰水期各采样点氨氮浓度

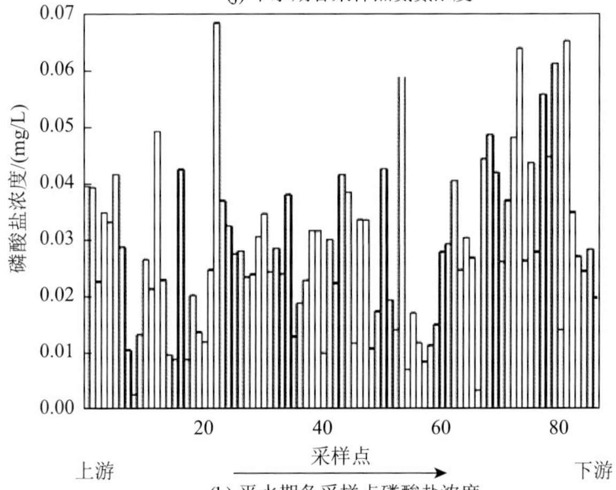

(k) 平水期各采样点磷酸盐浓度

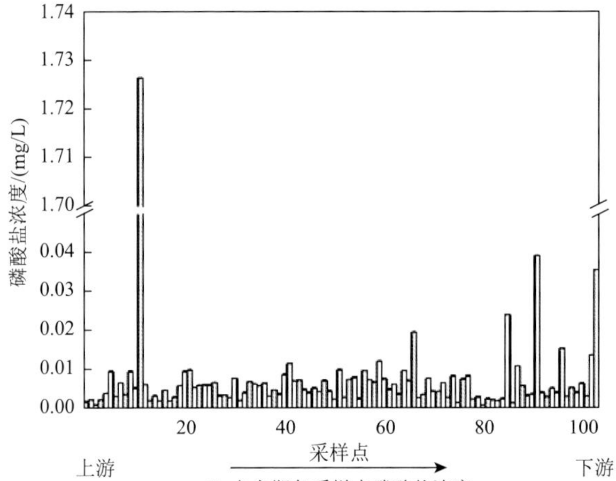

(l) 丰水期各采样点磷酸盐浓度

图 3-3　平水期与丰水期长江滨岸带水体营养物质空间变化特征

3.1.2 不同滨岸带的水质差异

针对岸线类型与水质的关系，分析平水期和丰水期不同滨岸带的水质(图 3-4～图 3-6)，发现悬浮物浓度在河口均最高；平水期河口处的总磷、硝态氮、高锰酸盐指数最高，叶绿素 a 浓度最低；城市岸带的总氮、亚硝态氮、氨氮、磷酸盐、叶绿素 a 浓度最高，硝态氮、总有机碳浓度最低。湿地岸带处的悬浮物、总磷、亚硝态氮、磷酸盐、高锰酸盐指数、总有机碳浓度最低。丰水期河口岸带的总氮、亚硝态氮、氨氮、磷酸盐浓度最高，总磷、硝态氮浓度最低；城市岸带的亚硝态氮、磷酸盐、总有机碳、叶绿素 a 浓度最低；化工园岸带的高锰酸盐指数、叶绿素 a 浓度最高。

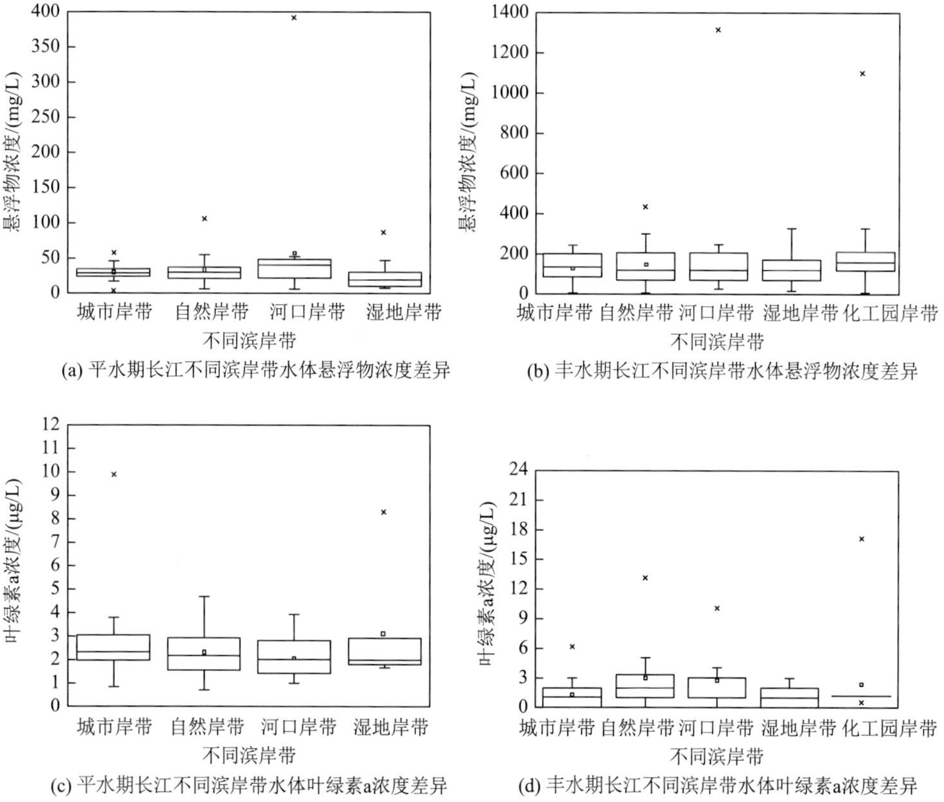

(a) 平水期长江不同滨岸带水体悬浮物浓度差异
(b) 丰水期长江不同滨岸带水体悬浮物浓度差异
(c) 平水期长江不同滨岸带水体叶绿素a浓度差异
(d) 丰水期长江不同滨岸带水体叶绿素a浓度差异

图 3-4 平水期、丰水期长江不同滨岸带水体悬浮物和叶绿素 a 浓度差异

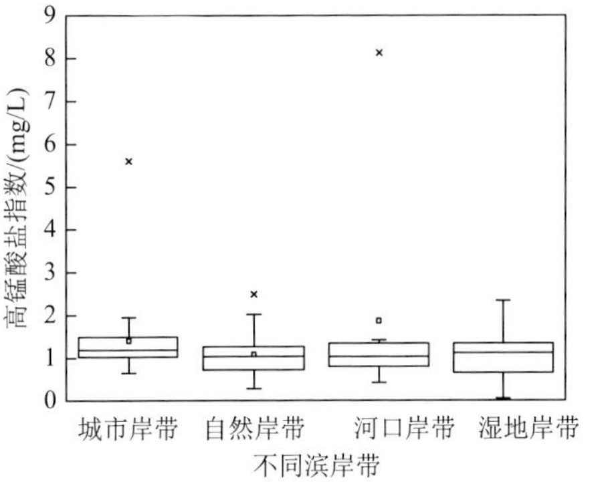

(a) 平水期长江不同滨岸带水体高锰酸盐指数差异

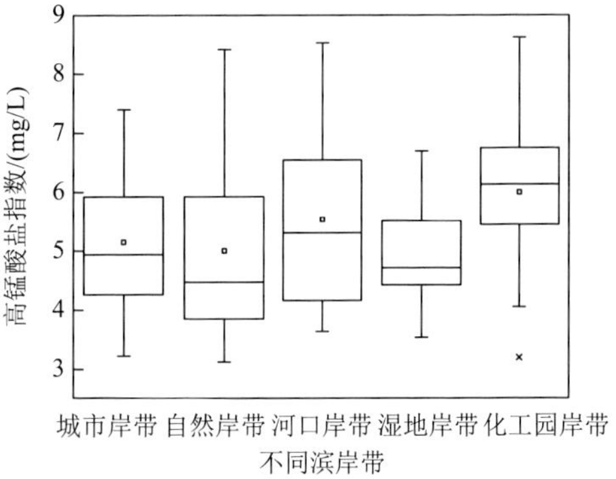

(b) 丰水期长江不同滨岸带水体高锰酸盐指数差异

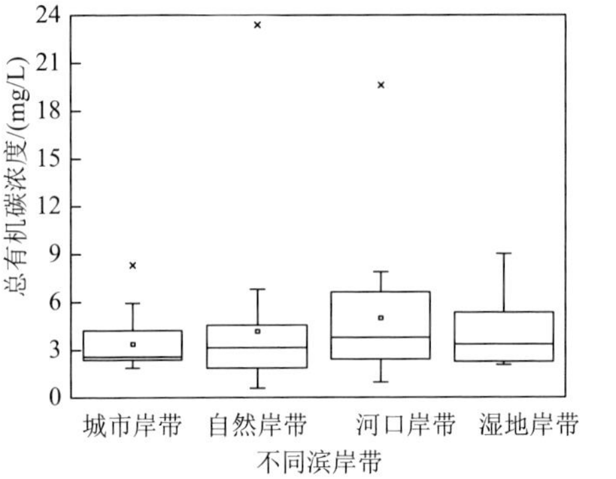

(c) 平水期长江不同滨岸带水体总有机碳浓度差异

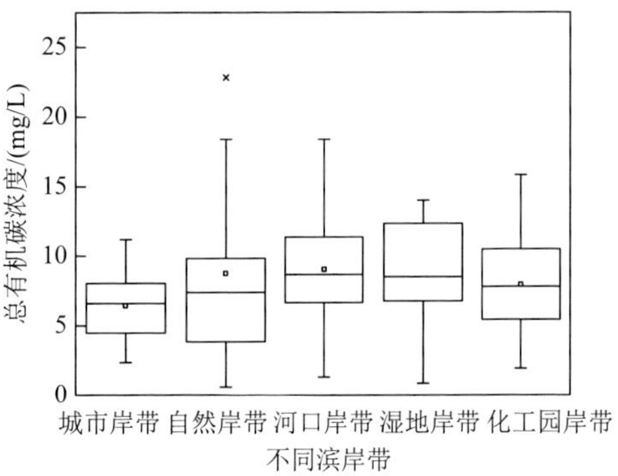

(d) 丰水期长江不同滨岸带水体总有机碳浓度差异

图 3-5　平水期、丰水期长江不同滨岸带水体有机污染指标差异

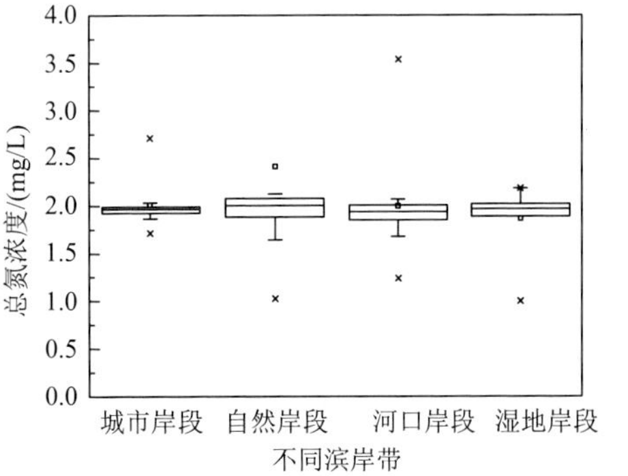

(a) 平水期长江不同滨岸带水体总氮浓度差异

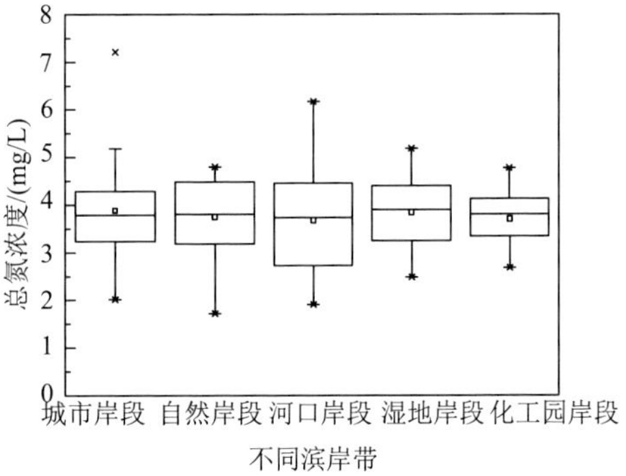

(b) 丰水期长江不同滨岸带水体总氮浓度差异

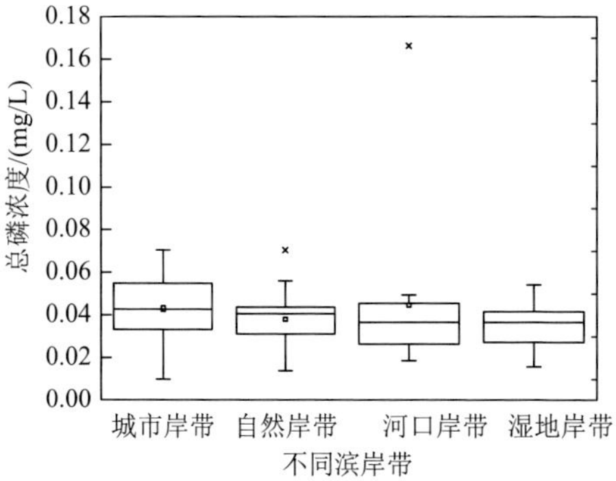

(c) 平水期长江不同滨岸带水体总磷浓度差异

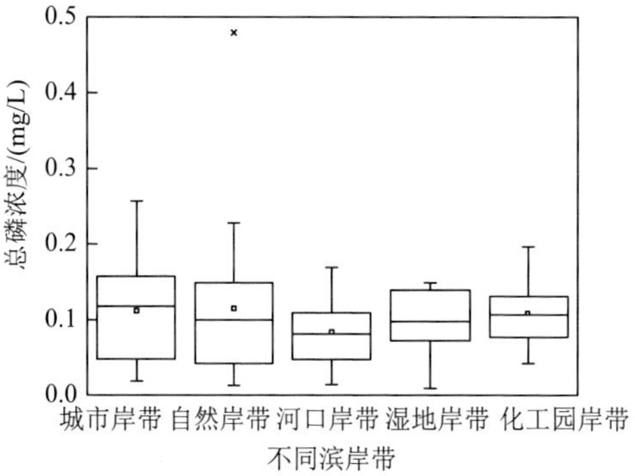

(d) 丰水期长江不同滨岸带水体总磷浓度差异

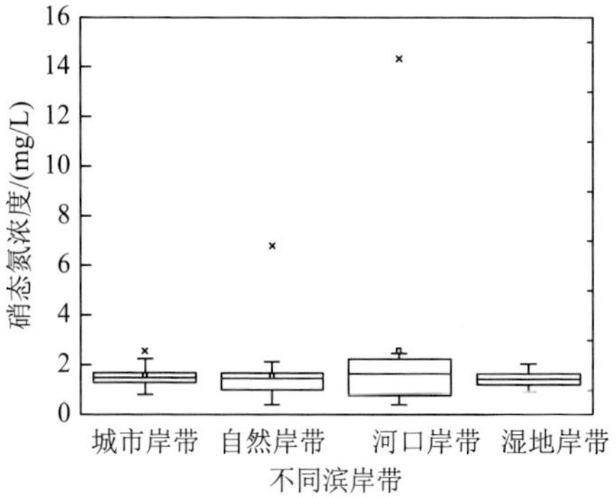

(e) 平水期长江不同滨岸带水体硝态氮浓度差异

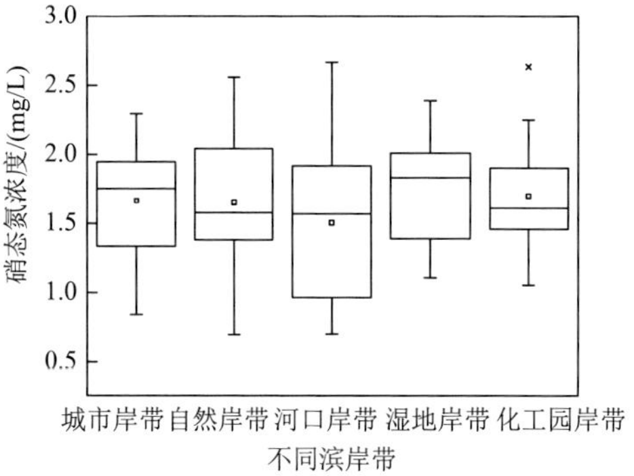

(f) 丰水期长江不同滨岸带水体硝态氮浓度差异

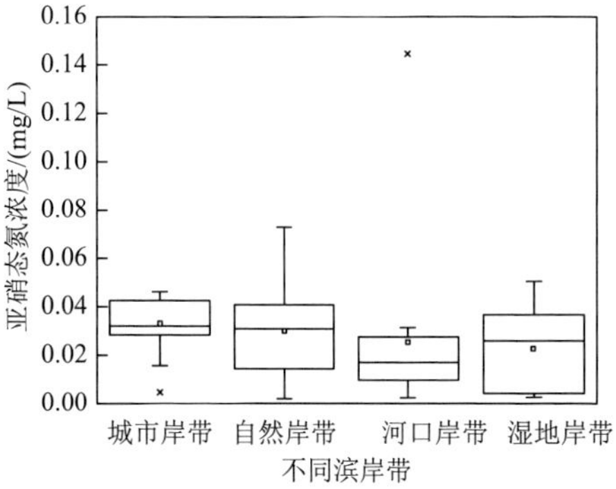

(g) 平水期长江不同滨岸带水体亚硝态氮浓度差异

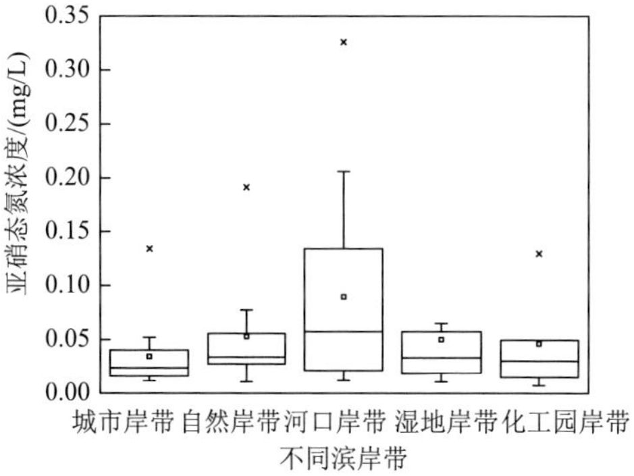

(h) 丰水期长江不同滨岸带水体亚硝态氮浓度差异

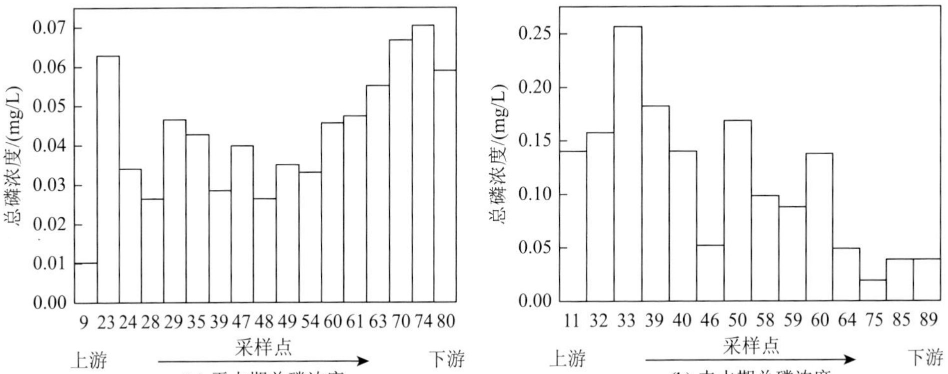

(g) 平水期总磷浓度　　(h) 丰水期总磷浓度

图 3-7　平水期、丰水期长江城市岸带水质变化

3.1.3.2　自然岸带水质空间变化

除磷酸盐外，自然岸带的丰水期污染物浓度均高于平水期。从长江上游到下游方向，高锰酸盐指数在平水期时呈上升趋势，丰水期时呈下降趋势。自然岸带的悬浮物浓度波动较大，平水期时介于 6.44～105.40mg/L，丰水期时介于 7～429mg/L。总氮浓度分布稳定，平水期浓度为（0.86±0.24）mg/L，丰水期浓度较高，达到（2.56±0.53）mg/L（图 3-8）。

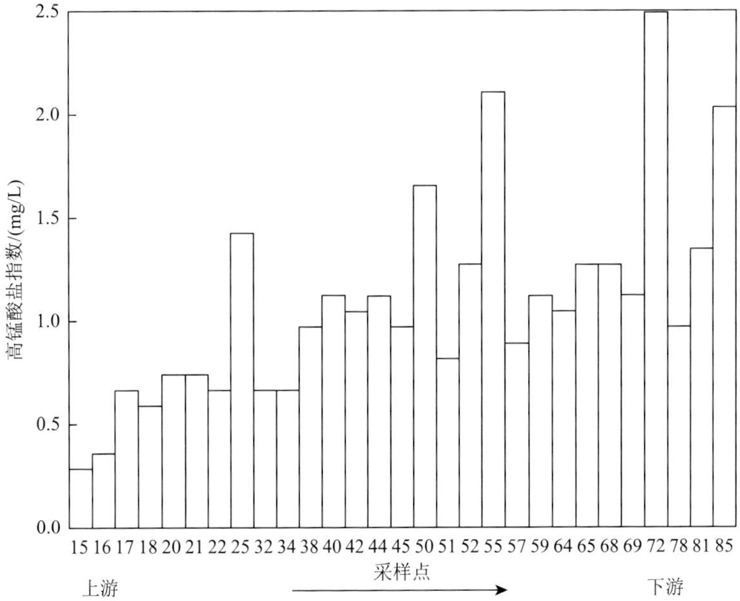

(a) 平水期高锰酸盐指数

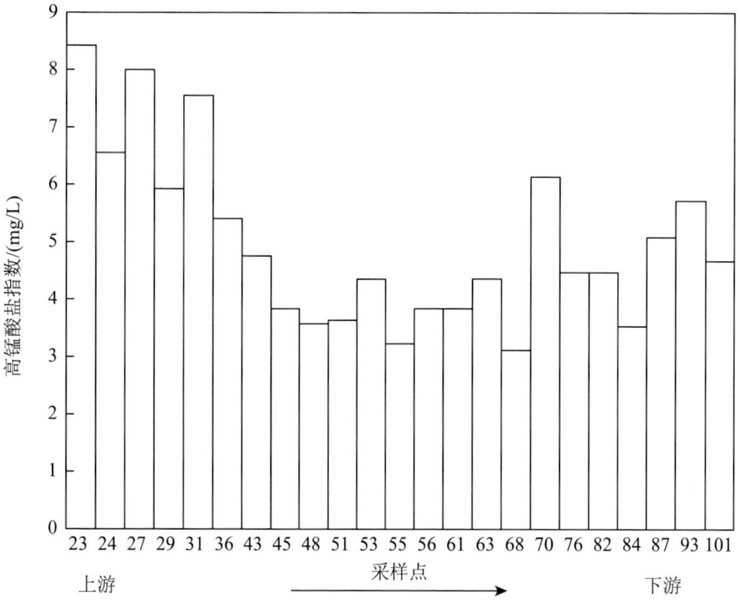

(b) 丰水期高锰酸盐指数

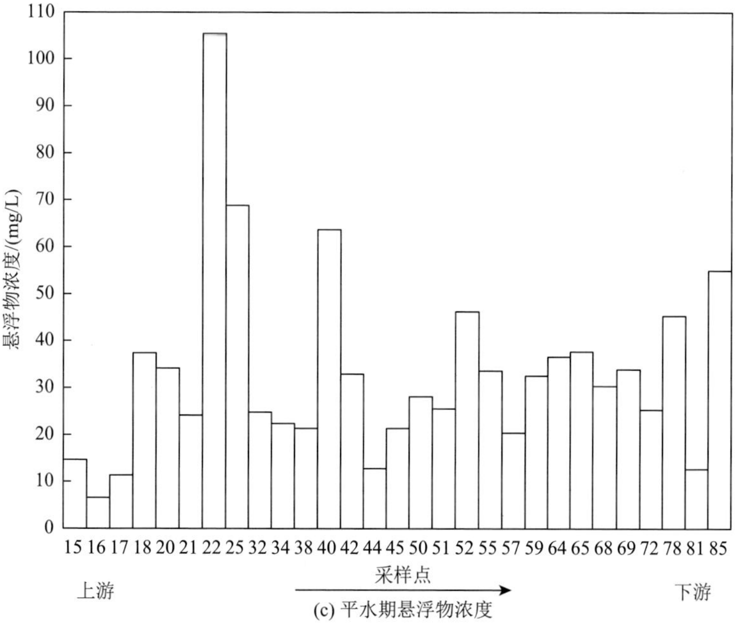

(c) 平水期悬浮物浓度

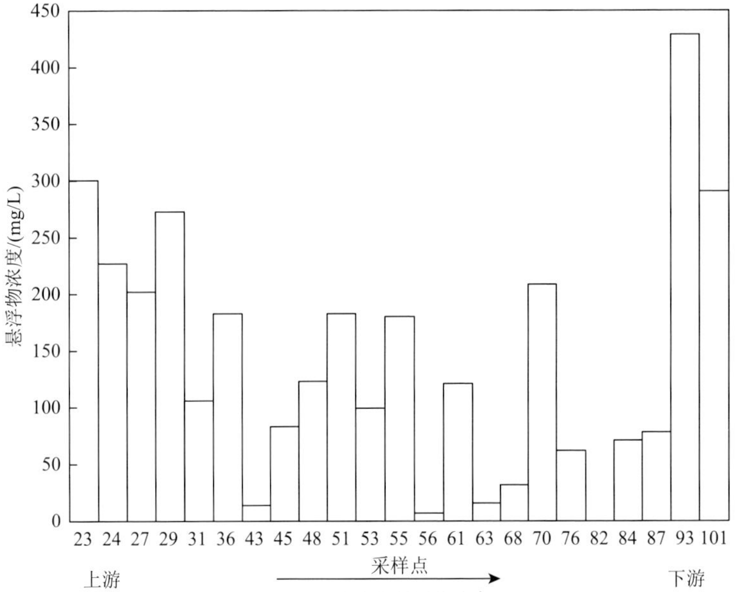

(d) 丰水期悬浮物浓度

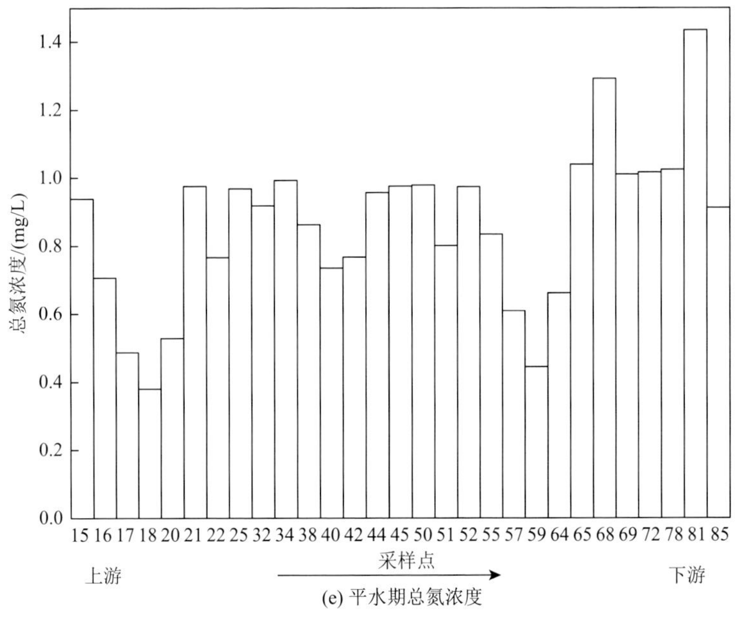

(e) 平水期总氮浓度

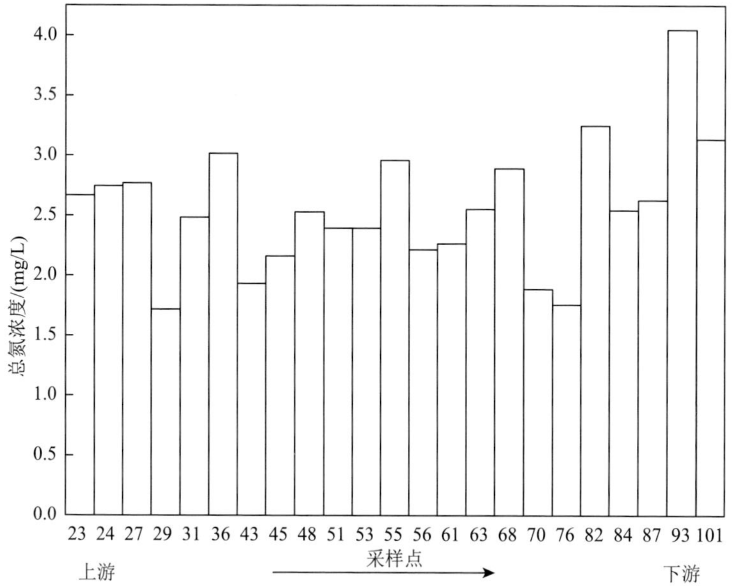

(f) 丰水期总氮浓度

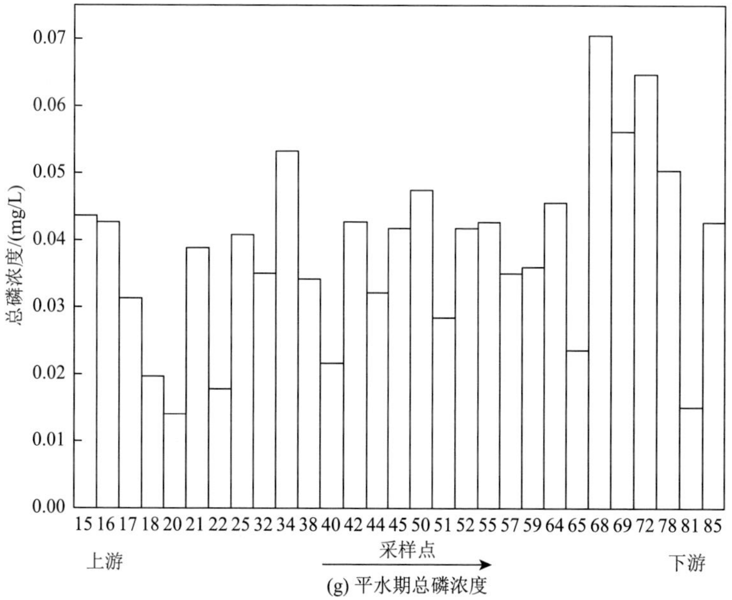

(g) 平水期总磷浓度

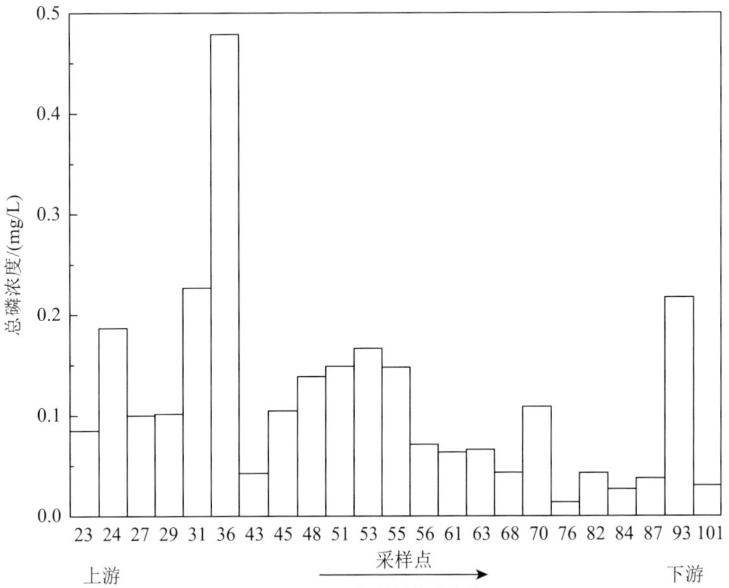

(h) 丰水期总磷浓度

图 3-8　平水期、丰水期长江自然岸带水质变化

调查显示，平水期时 80%的点位硝态氮浓度在 2mg/L 以下，湖南岳阳市洪山头处（17 号点位）浓度最高，达到 6.79mg/L，丰水期时 70%的点位在 0.5～2mg/L。从上游到下游方向，亚硝态氮浓度在平水期时呈先上升后下降的趋势，在丰水期时呈上升趋势。平水期和丰水期 90%的点位氨氮浓度均在 0.1mg/L 以下。平水期的磷酸盐浓度分布在 0.002～0.008mg/L，丰水期浓度升高，为 0.007～0.05mg/L。总有机碳浓度在平水期时分布稳定，在安徽池州秋江街道处（45 号点位）达到最高，丰水期时波动较大，介于 0.62～22.79mg/L。叶绿素 a 浓度在平水期呈下降趋势，在丰水期呈上升趋势。

3.1.3.3　河口岸带水质空间变化

河口岸带的丰水期污染物浓度均高于平水期浓度，仅硝态氮、磷酸盐浓度较低。从长江上游到下游，高锰酸盐指数在平水期呈上升趋势，在丰水期时呈先下降后上升的趋势。平水期和丰水期的悬浮物浓度均呈上升趋势。总氮浓度分布稳定，在平水期时，73%的点位浓度在 0.5～1.0mg/L；丰水期时，87%的点位浓度在 2.0～4.0mg/L。从长江上游到下游，总磷浓度在平水期呈上升趋势，在丰水期呈下降趋势（图 3-9）。调查显示，亚硝态氮浓度在平水期分布稳定，在湖北鄂州华容区河口处（26 号点位）达到最高，在丰水期呈上升趋势。氨氮浓度在平水期波动较大，介于 0.011～0.076mg/L；丰水期时呈先上升后下降的趋势。总有机碳浓度在平水期呈上升趋势，在丰水期时波动较大，介于 1.31～18.37mg/L。平水期时叶绿素 a 浓度分布稳定，均在 1.0～4.0μg/L；丰水期时 81%的点位叶绿素 a 浓度在 1.0～4.0μg/L，其中江苏江阴黄田港入江口（90 号点位）、江苏太仓璜泾镇白茆口（99 号）和上海浦东区隋唐公路码头（103 号点位）的叶绿素 a 浓度最高，达 10.04μg/L。

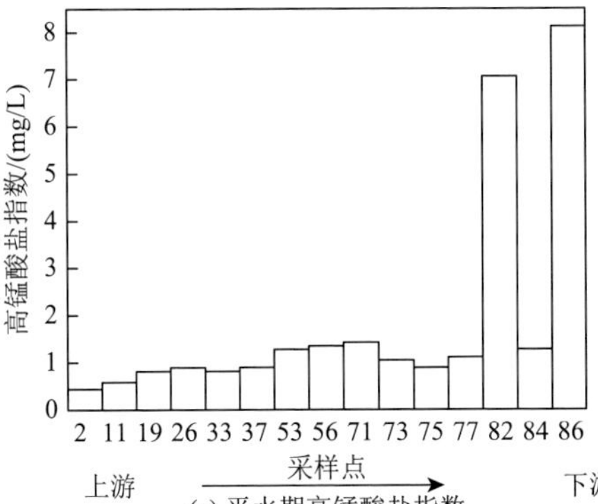

(a) 平水期高锰酸盐指数

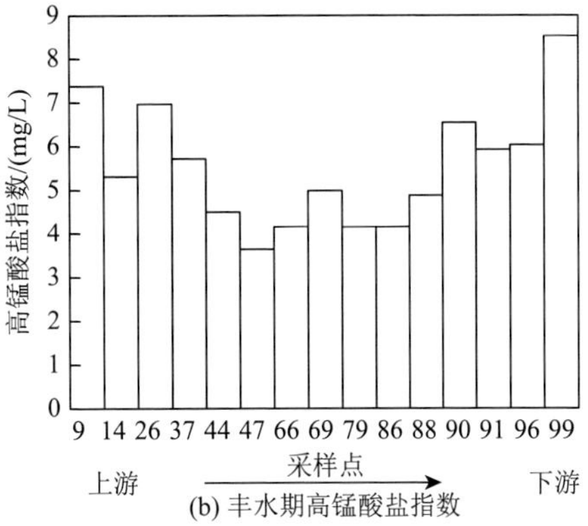

(b) 丰水期高锰酸盐指数

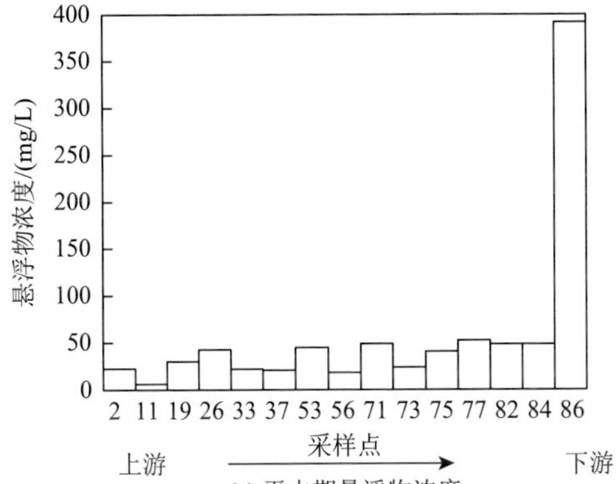

(c) 平水期悬浮物浓度

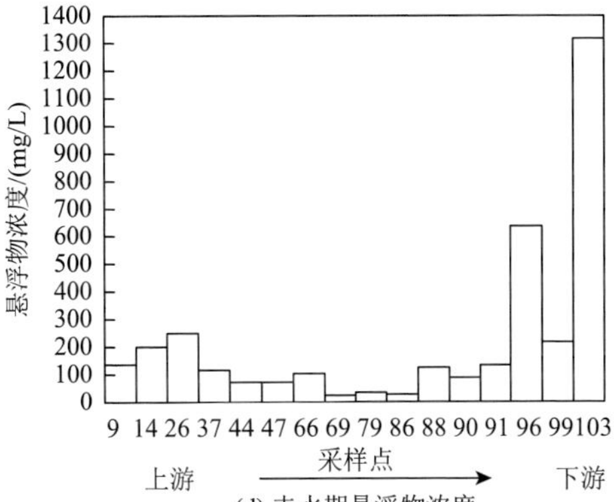

(d) 丰水期悬浮物浓度

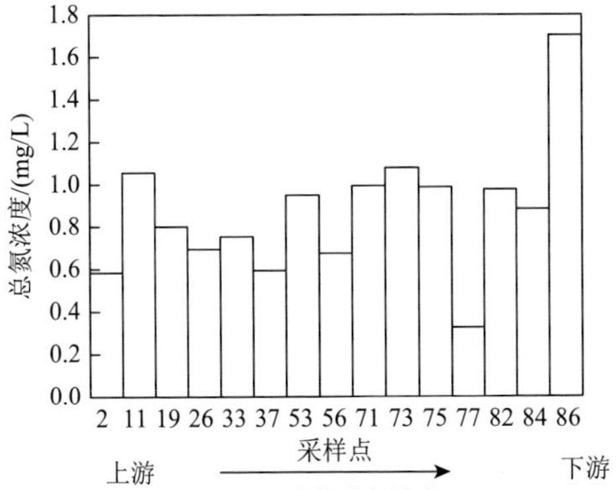

(e) 平水期总氮浓度

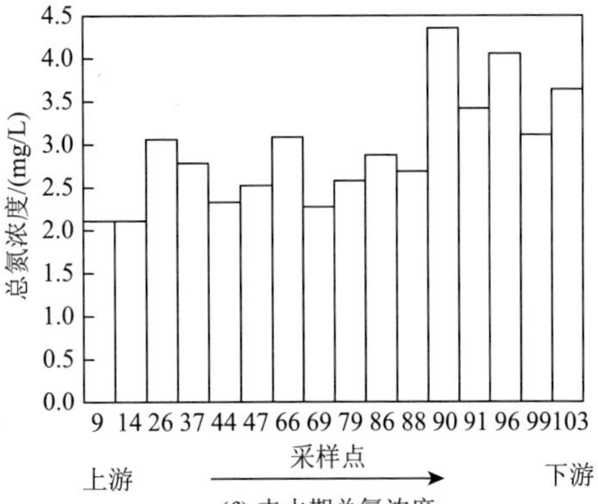

(f) 丰水期总氮浓度

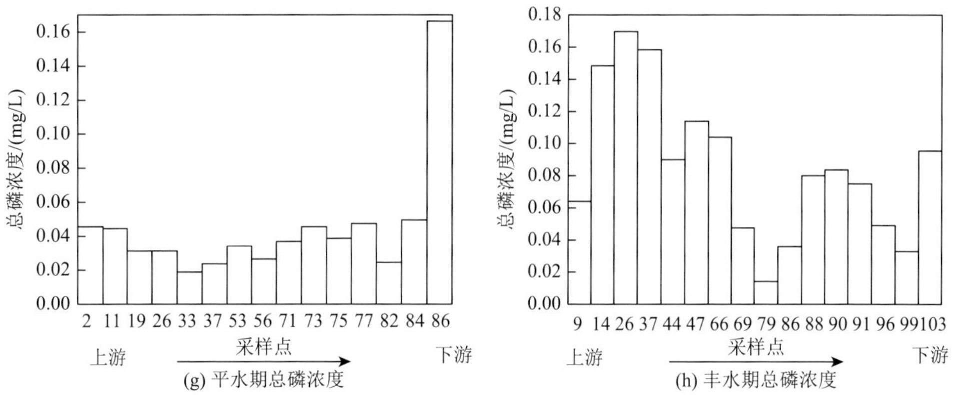

图 3-9　平水期、丰水期长江河口岸带水质变化

3.1.3.4　湿地岸带水质空间变化

湿地岸带高锰酸盐指数丰水期是平水期的 4.6 倍，在平水期高锰酸盐指数呈先下降后上升的趋势，在丰水期波动较小，92%的点位介于 4.0～6.0mg/L。从上游到下游，悬浮物浓度在平水期呈上升趋势，在丰水期呈下降趋势，在上海崇明岛湿地公园（100 号点位）处达到最高，为 666mg/L。总氮浓度在平水期为（0.89±0.16）mg/L，丰水期增加到（2.57±0.73）mg/L。丰水期总磷浓度高于平水期浓度，平水期 70%的点位介于 0.02～0.05mg/L，丰水期 80%的点位高于 0.06mg/L（图 3-10）。

硝态氮浓度在平水期分布稳定，80%的点位介于 0.5～2.0mg/L，丰水期时点位均介于 1.0～2.5mg/L。平水期亚硝态氮浓度总体上呈先上升后下降的趋势，丰水期分布较为稳定，仅在江苏镇江京江路长江岸边（80 号点位）和上海崇明岛湿地公园（100 号点位）浓度显著升高。氨氮浓度在平水期和丰水期差异不明显，平水期有 90%点位介于 0.02～0.07mg/L，丰水期的点位均介于 0.02～0.06mg/L。平水期湿地磷酸盐浓度是丰水期的 4 倍。总有机碳浓度在平水期时整体呈上升趋势，在丰水期分布波动较大，介于 0.85～25.46mg/L。叶绿素 a 浓度在平水期有 80%的点位介于 1.5～3.0μg/L，在安徽池州大渡口镇处（43 号点位）和江苏镇江滨水路附近（67 号点位）显著上升，分别达到 6.43μg/L 和 8.30μg/L。

3.1.3.5　化工园岸带水质空间变化

化工园岸带的总氮浓度［（2.58±0.53）mg/L］略低于丰水期长江平均浓度［（2.65±0.98）mg/L］，从上游到下游的方向，总磷浓度整体上呈下降趋势（图 3-11）。

调查发现，各类滨岸带中，化工园岸带的高锰酸盐指数、叶绿素 a 浓度最高，悬浮物、磷酸盐浓度较高，仅次于河口。分析结果表明，沿长江上游到下游的方向，亚硝态氮浓度呈上升趋势；硝态氮浓度分布较为稳定，94%的点位介于 1.0～2.5mg/L；氨氮浓度分布波动较大，介于 0.013～0.103mg/L；磷酸盐浓度分布较为稳定，89%的点位低于 0.01mg/L。

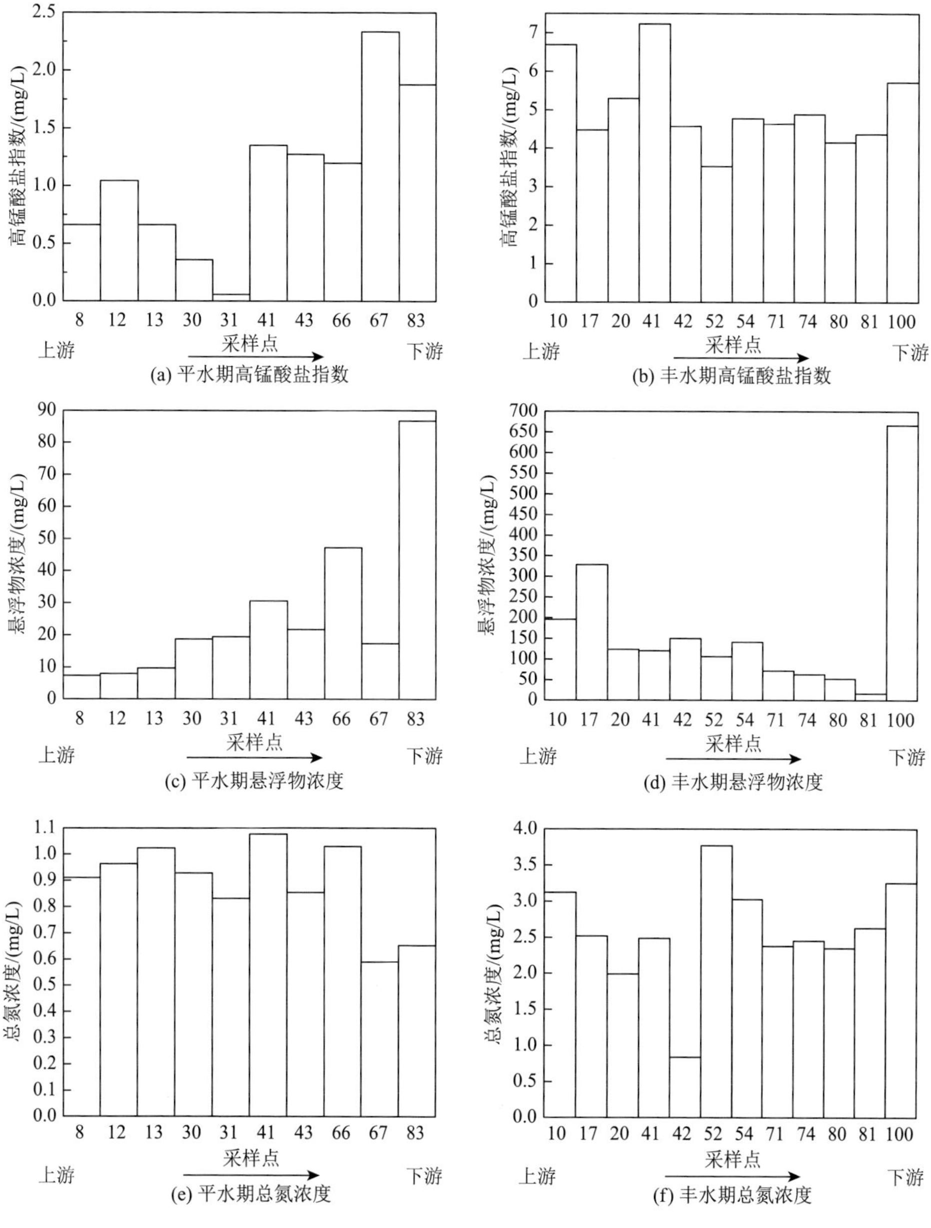

(a) 平水期高锰酸盐指数
(b) 丰水期高锰酸盐指数
(c) 平水期悬浮物浓度
(d) 丰水期悬浮物浓度
(e) 平水期总氮浓度
(f) 丰水期总氮浓度

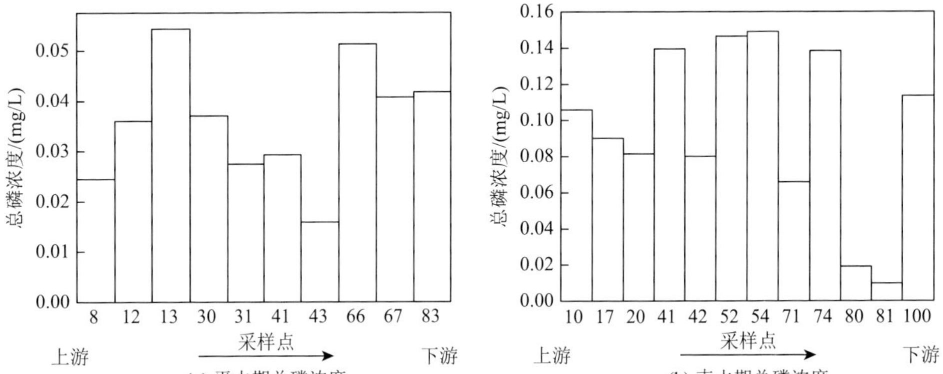

(g) 平水期总磷浓度　　(h) 丰水期总磷浓度

图 3-10　平水期、丰水期长江湿地岸带水质变化

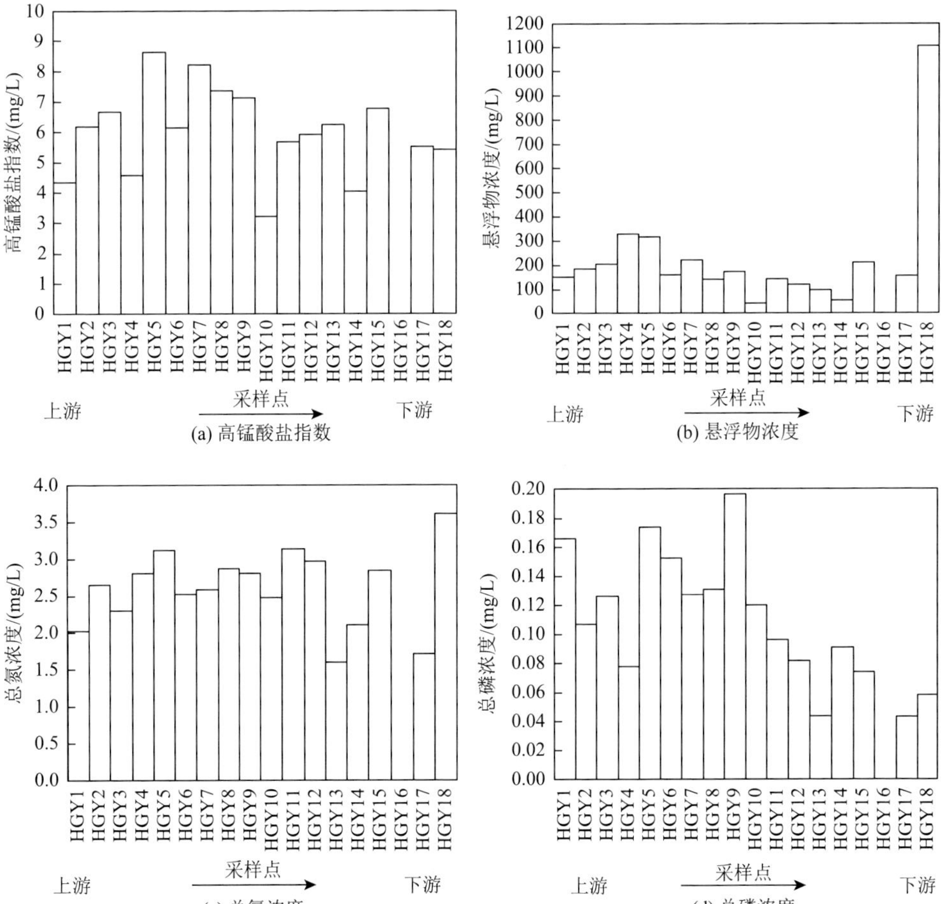

(a) 高锰酸盐指数　　(b) 悬浮物浓度

(c) 总氮浓度　　(d) 总磷浓度

图 3-11　长江化工园岸带水质变化

3.1.3.6　不同滨岸带水质评估

平水期时，在城市岸带中，67%的点位水质为III类；22%的点位水质为IV类；11%的点位水质为II类。河口岸带中，15 个点位中，有 9 个点位的水质为III类；有 5 个点位的水质为IV类；有 1 个点位的水质为II类。湿地岸带中，在长江干流湿地点位中，有 90%的点位的水质为III类，上游的 7 号点位的水质为IV类。自然岸带中，66%的点位水质为III类；27%的点位水质为IV类；II类和V类水质分别仅有 1 个点位（图 3-12）。总体而言，湿地岸带和自然岸带水质较好。

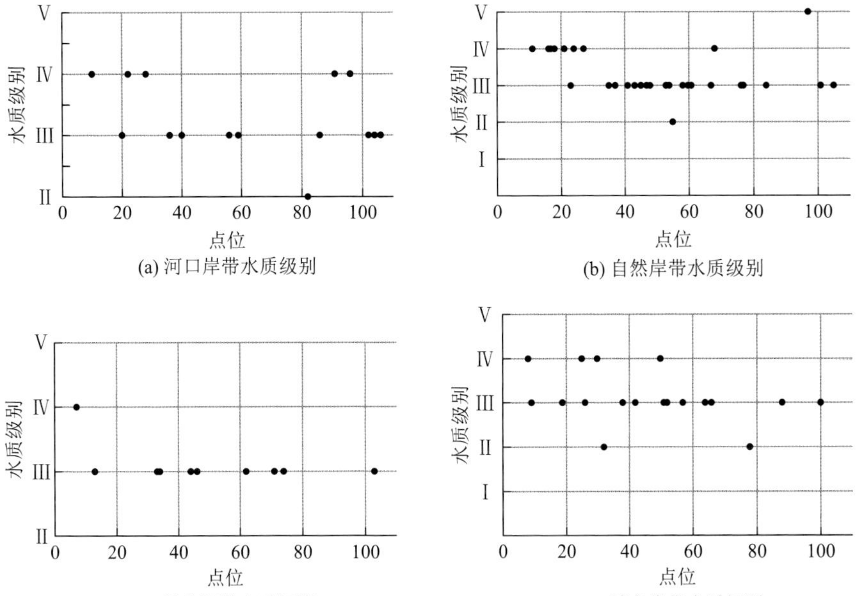

(a) 河口岸带水质级别　(b) 自然岸带水质级别
(c) 湿地岸带水质级别　(d) 城市岸带水质级别

图 3-12　平水期不同滨岸带水质评估

丰水期时，在城市岸带中，22%的点位为II类水质，57%的点位为III类水质，21%的点位为IV类水质。河口岸带中，44%的点位为II类水质，38%为III类水质，还有 18%为IV类水质。湿地岸带中，17%的点位为II类水质，58%的点位为III类水质，还有 25%的点位为IV类水质。自然岸带中，35%的点位为II类水质，48%的点位为III类水质，13%的点位为IV类水质，仅 82 号点位为劣V类。化工园岸带中，17%的点位为II类水质，61%的点位为III类水质，17%的点位为IV类水质（图 3-13）。总体而言，河口岸带和自然岸带水质较好。

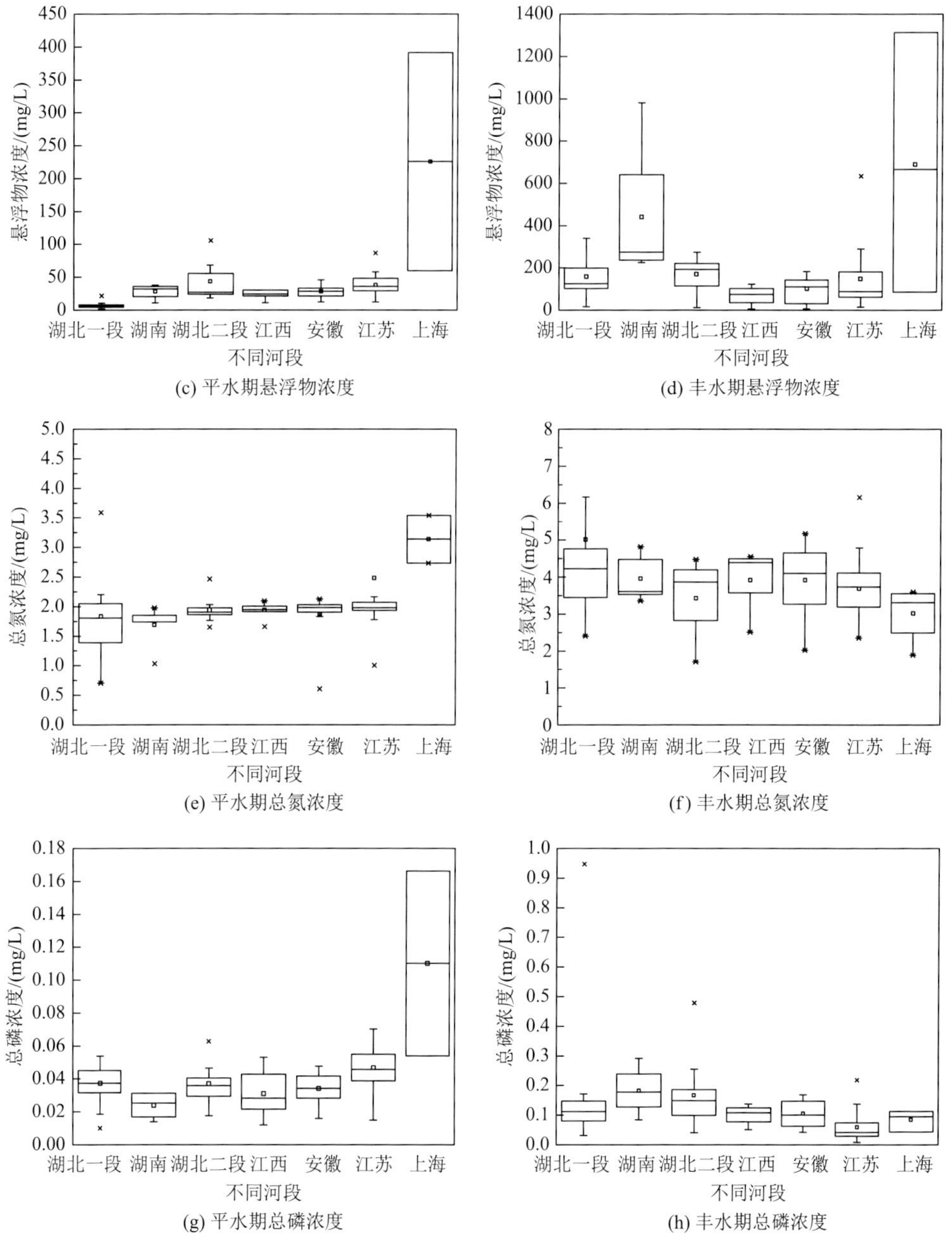

(c) 平水期悬浮物浓度　(d) 丰水期悬浮物浓度

(e) 平水期总氮浓度　(f) 丰水期总氮浓度

(g) 平水期总磷浓度　(h) 丰水期总磷浓度

图 3-14　平水期、丰水期不同河段的水质变化

3.1.5　长江滨岸带水质综合评估

水体水质综合评估方法中，内梅罗综合污染指数是常用的方法之一。内梅罗

综合污染指数越大，显示水体的污染程度越高。对长江干流各点位水质进行综合评估显示（图 3-15），从长江干流上游至下游，内梅罗综合污染指数呈缓慢上升趋势，各点位内梅罗综合污染指数为 1.22～2.67，属于轻度或中等程度污染。从扬州夹江口开始，污染指数显著上升，这与这一江段沿岸的经济高度发展相关，排放污染物多，浓度大。

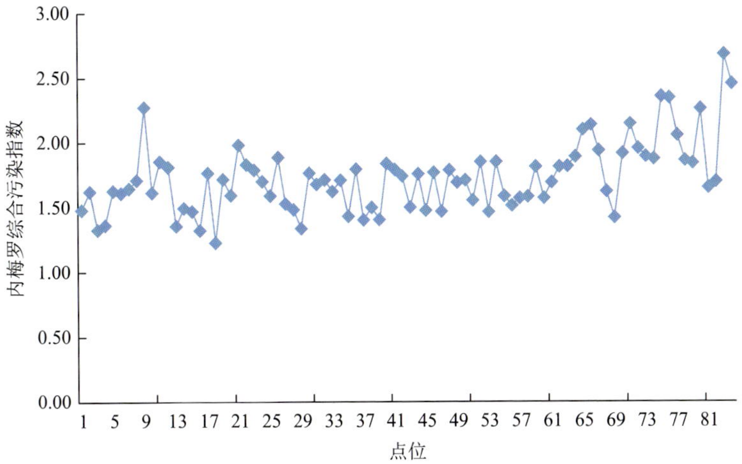

图 3-15　长江滨岸带水质内梅罗综合污染指数

调查评价结果表明，长江干流中下游滨岸带水体呈中轻度污染，各点位水体以Ⅲ类水质为主，Ⅳ～Ⅴ类水质多集中于南京以下江段，氮磷营养盐为主要超标因子。水质总体呈从上游至下游逐渐恶化的趋势，但滨岸带水体水质受岸带利用类型影响十分明显。城市岸带、港口、大型城市内河入江口等水体水质普遍劣于自然岸带。此外，长江干流滨岸带水质波动变化趋势也与沿江各省市产业布局有关，化工园岸带水体普遍面临高度重金属污染风险。长江干流密布众多饮用水水源地，滨岸带水体水质下降对沿江饮用水水源地安全已形成切实的且重大的威胁。

3.2　长江滨岸带水体浮游植物调查与评估

3.2.1　长江滨岸带水体浮游植物群落结构

在长江滨岸带布设 85 个浮游植物采样点，于 2017 年 5 月对其进行采样。现场采集混合水样 1.5L，加入 1%体积的鲁戈试剂固定，静置 48h 后，用细小虹吸管吸去上层清液，定容至 30mL，然后带回实验室在显微镜下进行种类鉴定和个数统计。计数时，将计数样品充分摇匀后，迅速吸取 0.1mL 样品到计数框中，盖上盖玻片，保证计数框内无气泡，也无样品溢出，置于光学显微镜下进行镜检。计数方法选取目镜视野法。由于大多数样点的浮游植物密度较少，在计数过程中多采用全片计数。浮游藻类的种类鉴定参照《中国淡水藻类——系统、分类及生态》和《淡水浮游生物研究方法》。由于浮游植物的比重接近于1，即1mm^{3}的细胞体积等于1mg湿重生物量，故生物量的测定可以采用体积转化法。细胞的平均体积根据物种的几何形状计算。

本次调查共鉴定浮游植物117种，隶属于7门，分别为蓝藻门、金藻门、硅藻门、隐藻门、甲藻门、裸藻门和绿藻门。其中硅藻种类最多，有52种，占总种数的44.44%；其次是绿藻（40种），占34.19%；蓝藻和裸藻分别发现10种和8种，金藻种类极少，仅发现1种（图3-16），在一定程度上指示本次调查区域的水质状况不容乐观。

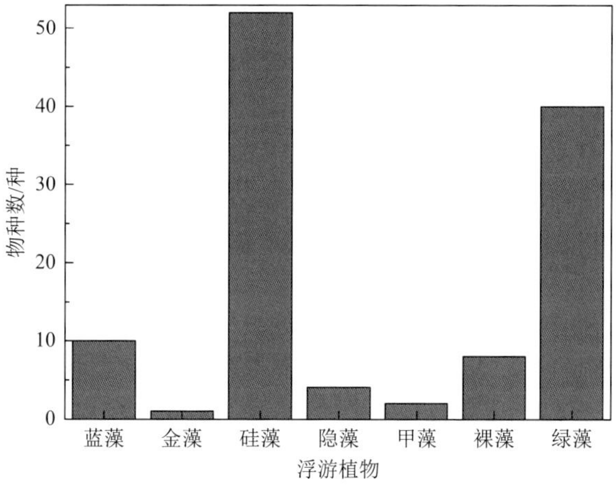

图3-16　长江滨岸带浮游植物物种数

优势种的优势度有多种方法表示，这里用两种计算公式表示一个采样点的优势度和整个区域的优势度。

对于某一个采样点的优势度可用百分比表示：

$$D = n_i/N \cdot 100\% \tag{3-1}$$

式中，D为第i种的优势度；n_i为第i种的数量；N为该点位群落中所有种的数量，数量可用个体数、密度、重量等单位表示，本节用密度表示。

对于某一区域的优势度，计算公式如下：

$$Y = \frac{n_i}{N} \cdot f_i \tag{3-2}$$

式中，n_i为第i种的数量；f_i为该种在各点位出现的频率；N为群落中所有种的数量。其中，$Y \geqslant 0.02$，则判定为该区域的优势种。

根据优势度计算公式，得出长江经济带的主要优势种有舟形藻（*Navicula* sp.）、小球藻（*Chlorella* sp.）、变异直链藻（*Melosira varians*）、啮噬隐藻（*Cryptomonas erosa*）和尖针杆藻（*Synedra acus*），优势度依次为 0.084、0.054、0.049、0.044 和 0.030。其中，3 种优势种为硅藻，表明硅藻在长江浮游植物中的优势地位，此外，隐藻也是重要组成部分。

3.2.2 长江滨岸带水体浮游植物密度与生物量

整体而言，长江滨岸带水体的浮游植物含量较低，平均密度为 3.29×10^5cells/L，平均生物量为 0.30mg/L。Jiang 等（2014）曾指出，2009 年 8 月长江河口的浮游植物密度同样处在较低水平。85 个点位中，仅 6.67%的点位密度超过 2.0×10^5cells/L，最高值为 1.26×10^7cells/L，出现在 88#（江阴临港街道长江工业园），100#（太仓浮桥镇）、77#（镇江京口区滨江路）和 48#（东至县大渡口镇）点位的浮游植物密度也较高，同时，这 4 个点位的生物量也均超过 2.0mg/L，最大值为 7.50mg/L，出现在 88#。大部分点位的密度低于 1.0×10^5cells/L，81.2%的点位生物量低于 0.1mg/L。已有研究表明：营养盐、盐度、水温和水下光照条件是影响长江河口浮游植物生存的主要因素（Jiang et al.，2015）。2017 年 5 月，长江水体的总氮浓度较低（0.93mg/L），这可能是限制浮游植物生长的重要因子。

从各门类的组成来看，在密度方面，硅藻占据优势地位，平均相对密度百分比为 50.15%，其次是隐藻，其平均相对密度百分比为 31.23%，绿藻和蓝藻的相对密度百分比也较高，平均值分别为 9.15%和 8.96%；金藻仅在 1 个点位发现，即 86#（江阴河口段）。此外，硅藻在各采样点几乎均占据主导地位，这符合硅藻适应流水的生活特性。隐藻在长江上中游所占比例较高；蓝藻相对密度百分比呈现波浪形变化，在九江境内的相对密度最高，接近 70%，其在长江下游有增长趋势（图 3-17、图 3-18）。

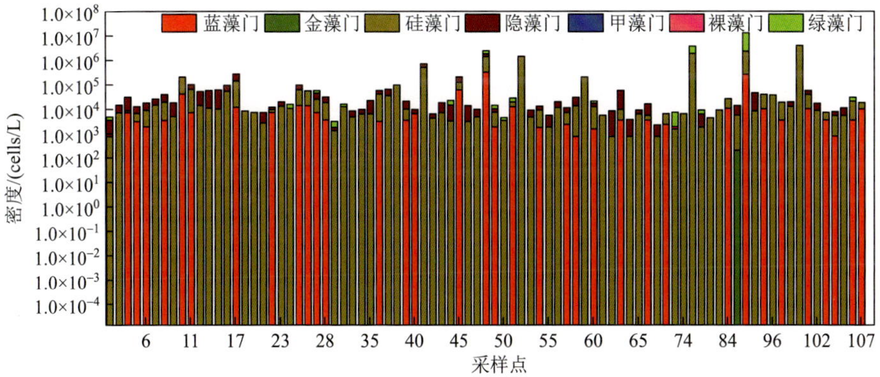

(a) 密度空间分布

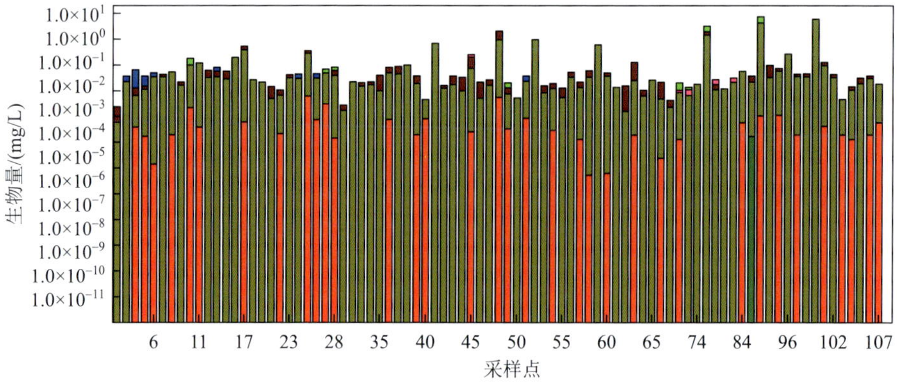

(b) 生物量空间分布

图 3-17　长江滨岸带浮游植物密度和生物量空间分布

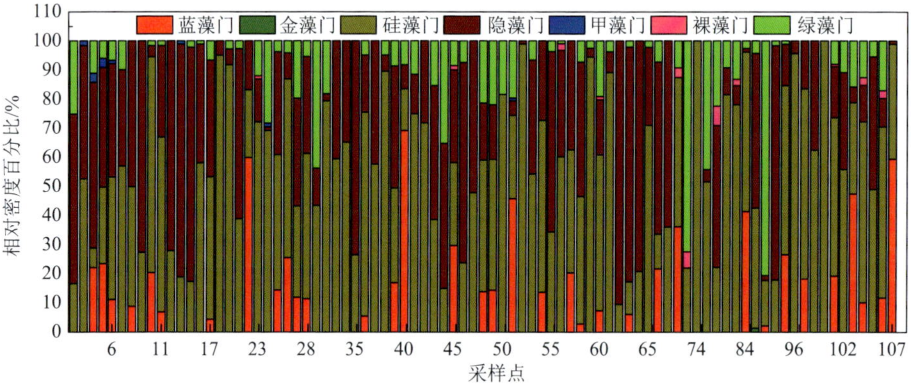

(a) 相对密度百分比分布

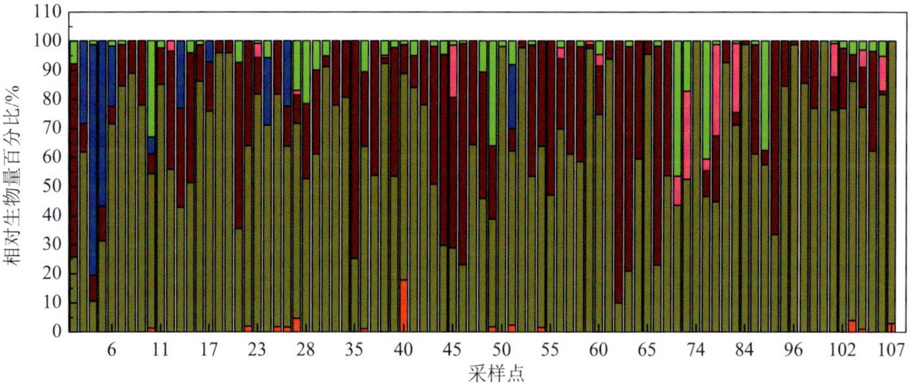

(b) 相对生物量百分比分布

图 3-18　长江滨岸带浮游植物相对密度和相对生物量百分比分布

由于单个个体较大，硅藻对生物量贡献较大，整体上65.40%的浮游植物生物量取决于硅藻；其次是隐藻，其相对生物量百分比为24.12%。在66#点位中，硅藻生物量占总生物量的50%以上［图3-18（b）］；剩余点位中生物量绝大多数由隐藻占据优势，特别是在马鞍山至南京境内。一般来说，隐藻适合有机质较高的水体，如果其密度较高，则表明该河段所受有机质污染较为严重。

3.2.3　长江滨岸带水体浮游植物多样性指数

生物群落多样性是生物群聚（population）的一个重要属性，它反映生物群落的种类与个体数量的函数关系，可用多样性指数和均匀度衡量。种类多样性指数是生物群落结构的一个重要属性的反映，可作为水质评价的生物指标。现使用Shannon-Wiener法的多样性指数计算公式：

$$H'=-\sum_{i=1}^{s} P_i \ln P_i \qquad (3\text{-}3)$$

式中，H'为多样性指数；s为种类数；$P_i=n_i/N$（n_i是第i个物种的个体数，N是全部物种的个体数）。

H'为3～4，区域为清洁区域；H'为2～3，区域为轻度污染；H'为1～2，区域为中度污染；H'<1，区域为重污染。

Margalef丰富度指数：

$$d=(S-1)/\log_2 N \qquad (3\text{-}4)$$

式中，d为丰富度；S为样品中的种类总数；N为样品中生物的总个体数。一般地，健康的环境，种类丰富度高；污染的环境，种类丰富度较低。

Pielou均匀度指数：

$$J = H' / \log_2 S \qquad (3\text{-}5)$$

各采样点的多样性空间分布如图3-19所示。从浮游植物Shannon-Wiener多样性指数来看，长江滨岸带水体均受到不同程度的污染，其中，大部分点位（71.76%）处于中度污染状态，21.18%的点位处于轻度污染状态［图3-19（a）］，而处于重污染状态的点位占总采样点位数的7.06%。长江滨岸带的浮游植物的丰富度也较低，最大值为2.17，50%以上点位的Margalef丰富度指数低于1［图3-19（b）］。在Pielou均匀度指数方面，采样点位平均值为0.50，变化范围为0.17～0.89［图3-19（c）］。

3.3.1.3 风险评估方法

水体中重金属可能经手-口途径、经皮肤接触和经呼吸吸入等三种途径危害人体，其中前两者是主要的重金属危害人类健康的途径，其摄入量可用下列公式计算：

$$\mathrm{ADD_{ingestion}} = \frac{C_\mathrm{w} \times \mathrm{IR} \times \mathrm{ABS_{GI}} \times \mathrm{EF} \times \mathrm{ED}}{\mathrm{BW} \times \mathrm{AT}} \tag{3-8}$$

$$\mathrm{ADD_{dermal}} = \frac{C_\mathrm{w} \times K_\mathrm{p} \times \mathrm{SA} \times \mathrm{ED} \times \mathrm{EF} \times \mathrm{ET} \times 10^{-3}}{\mathrm{BW} \times \mathrm{AT}} \tag{3-9}$$

式中，ADD 为人类通过直接摄入（$\mathrm{ADD_{ingestion}}$）和皮肤接触（$\mathrm{ADD_{dermal}}$）的重金属摄入量，μg/(kg·d)；BW 为体重，70kg；EF 为暴露频率，350d/a；ED 为暴露时间，30a；IR 为摄入速率，2L/d；$\mathrm{ABS_{GI}}$ 为胃肠道吸收因子；C_w 为重金属在水体中的平均浓度，μg/L；SA 为暴露皮肤面积，18000cm^2；K_p 为皮肤渗透系数，cm/h；ET 为暴露时间，0.58h/d；AT 为平均时间，10950d。

致癌风险和非致癌风险是用来决定水体中重金属的风险特征。危害系数（hazard quotient，HQ）反映了潜在非致癌风险，通过将各种暴露途径（直接摄入和皮肤接触）的摄入重金属的量与响应参考剂量(RfD)做比较而得到。危害系数的总和 HI 即为重金属的总潜在非致癌风险。HI 或者 HQ＞1 意味着重金属可能会对人体健康产生不利影响。

$$\mathrm{HQ} = \frac{\mathrm{ADD}}{\mathrm{RfD}} \tag{3-10}$$

$$\mathrm{RfD_{dermal}} = \mathrm{RfD} \times \mathrm{ABS_{GI}} \tag{3-11}$$

$$\mathrm{HI} = \sum_{i=1}^{n} \mathrm{HQ} \tag{3-12}$$

其中，RfD 来自风险评价浓度表格。

式（3-13）是用来评价水体重金属的致癌风险（cancer risk，CR）。评价值是为了说明暴露在致癌重金属下对人体一生可能产生的致癌风险。CR 在 10^{-6}～10^{-4} 时是可接受的，大于 10^{-4} 则可能产生致癌风险。

$$\mathrm{CR} = \mathrm{ADD} \times \mathrm{CSF} \tag{3-13}$$

式中，CSF 为致癌斜率因子。

3.3.2 重金属空间分布结果

3.3.2.1 丰枯水期水体重金属浓度的总体空间变化

图 3-20 显示了丰水期水体重金属浓度的空间变化（从上游至下游点位序号逐

渐增加，下同）。从上游至下游，Cr、Ni、Cd、Pb 的波动较大，其浓度分别为 0.04～5.77μg/L、0.001～3.41μg/L、0.003～1.18μg/L、0.06～29.649μg/L，而 Mn、Cu、Zn、As、Al 的波动较小，只在一些点位的浓度较高，其分别在 12 号、4 号、61 号、12 号、28 号点位得到最高值，其浓度分别为 315μg/L、107.93μg/L、373.05μg/L、10.66μg/L、988.46μg/L。

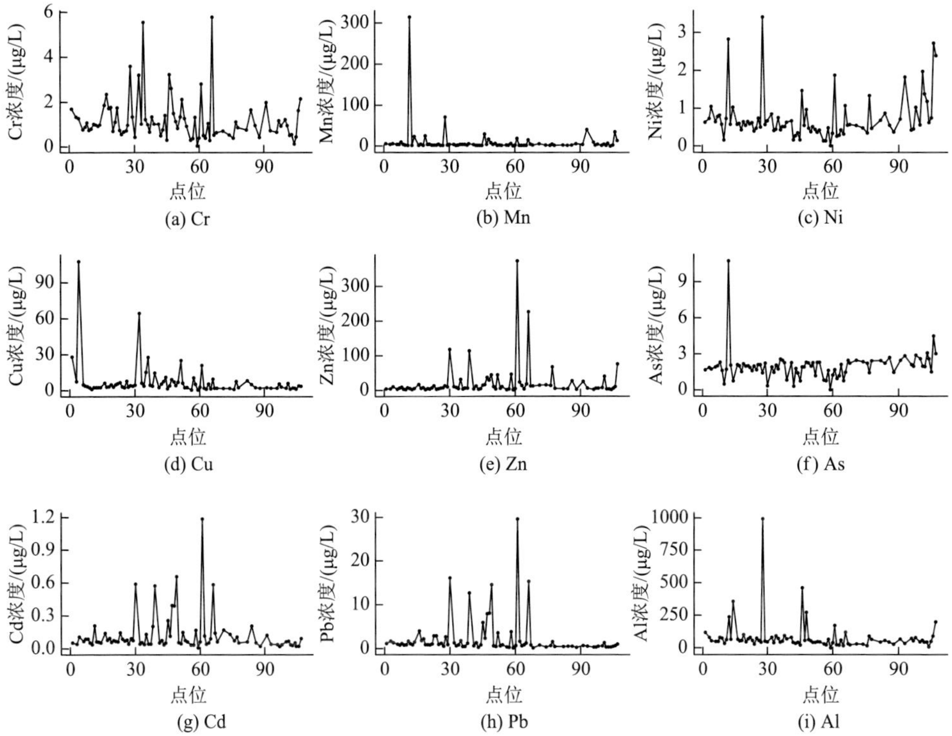

图 3-20　丰水期水体重金属浓度的空间变化

图 3-21 显示了枯水期水体重金属浓度的空间变化。从长江上游至下游，Cu、Zn 浓度波动较小，在个别点位浓度较高，分别在 38 号点位和 54 号点位取得最高浓度，为 281μg/L 和 481μg/L；Cr、As、Cd、Pb 呈较大的波动变化，其浓度分别为 0.23～4.712μg/L、0.24～4.652μg/L、0.005～0.272μg/L、0.04～12μg/L。而 As、Al 浓度整体呈从上游至下游逐渐增加的变化趋势，其最高浓度分别在 58 号点位（9.87μg/L）和 107 号点位（264μg/L）。

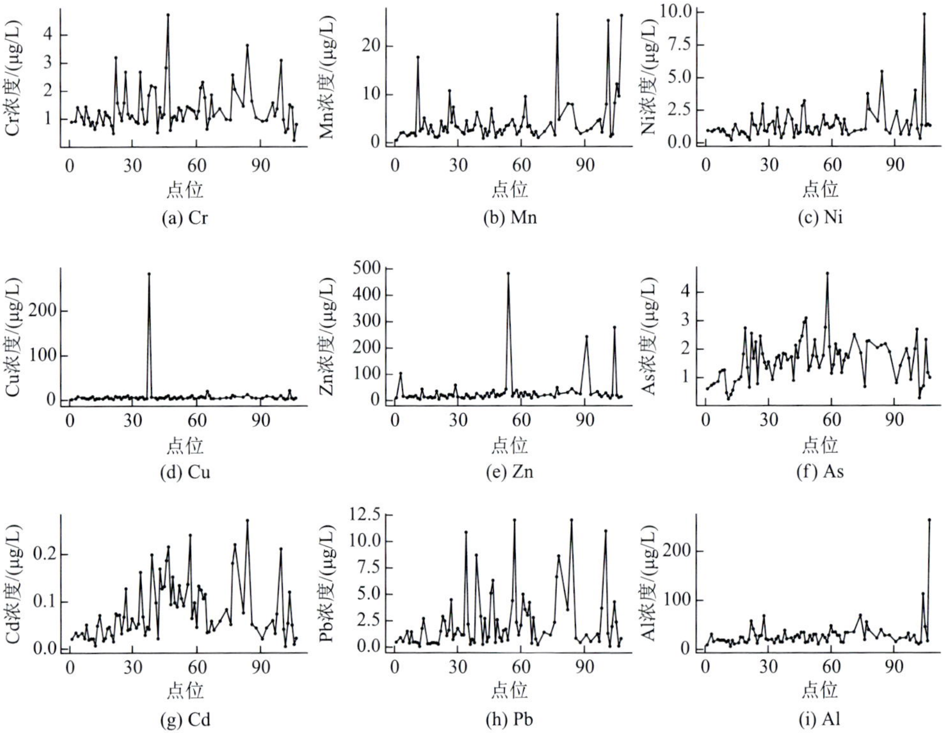

图 3-21　枯水期水体重金属浓度的空间变化

3.3.2.2　丰枯水期不同滨岸带水体重金属浓度变化

图 3-22 显示了丰水期不同滨岸带水体重金属浓度变化。Mn 浓度在自然岸带明显高于其他岸带，其浓度为 19.31μg/L。而 Cu 浓度在坝前明显高于其他岸带，其浓度为 108μg/L。Cd 和 Pb 的最高浓度均出现在人工固化岸带，最高浓度分别为 0.32μg/L 和 8.3μg/L。Zn 除了在人工固化岸带和港口的浓度（63.85μg/L 和 83.73μg/L）较高外，在入海口的浓度也较高（76.4μg/L）。Ni、As、Al 在入海口

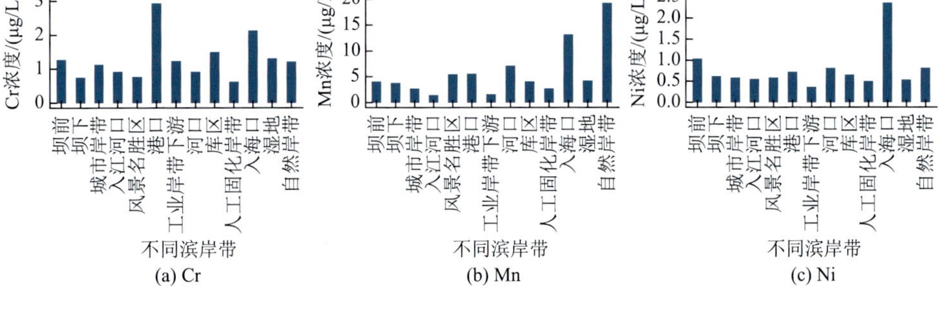

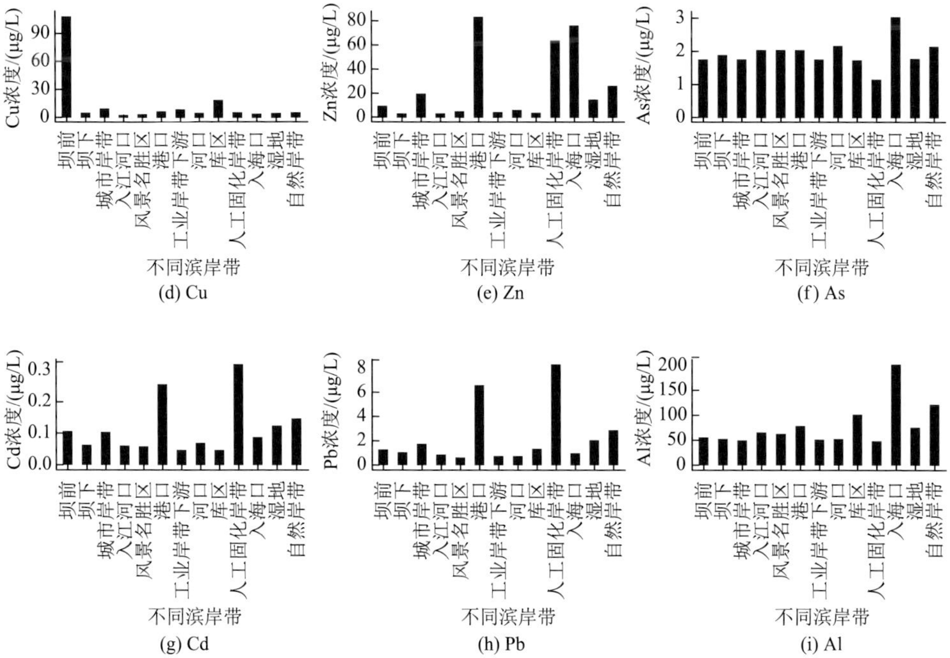

图 3-22 丰水期不同滨岸带水体重金属浓度

浓度较高，分别为 2.39μg/L、3.05μg/L、202μg/L，在不同岸带浓度变化不明显。而 Cr 在港口的浓度较高，为 2.95μg/L。

图 3-23 显示了枯水期不同滨岸带水体重金属浓度变化。Mn 和 Al 在入海口浓度明显高于其他岸带，浓度分别为 26.3μg/L 和 264μg/L。而 Cu 在自然岸带具有明显较高的浓度（15.02μg/L）。Cr、Ni、Zn、As、Cd、Pb 的浓度在不同岸带的变化差异不显著，它们分别在湿地（1.84μg/L）、湿地（2.44μg/L）、库区（57.50μg/L）、城市岸带（1.81μg/L）、工业岸带下游（0.12μg/L）和港口（4.71μg/L）具有较高的浓度。

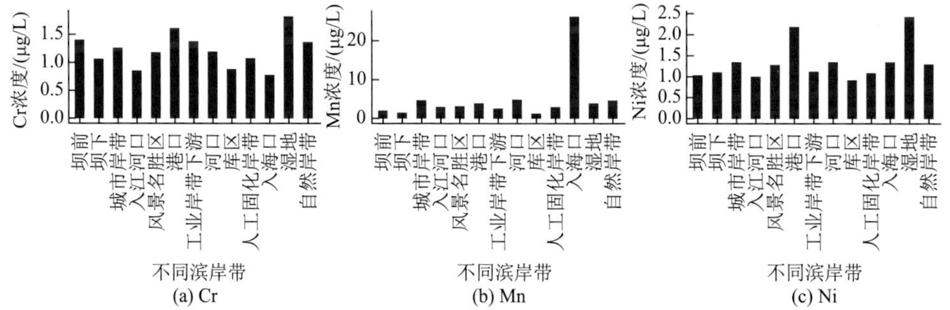

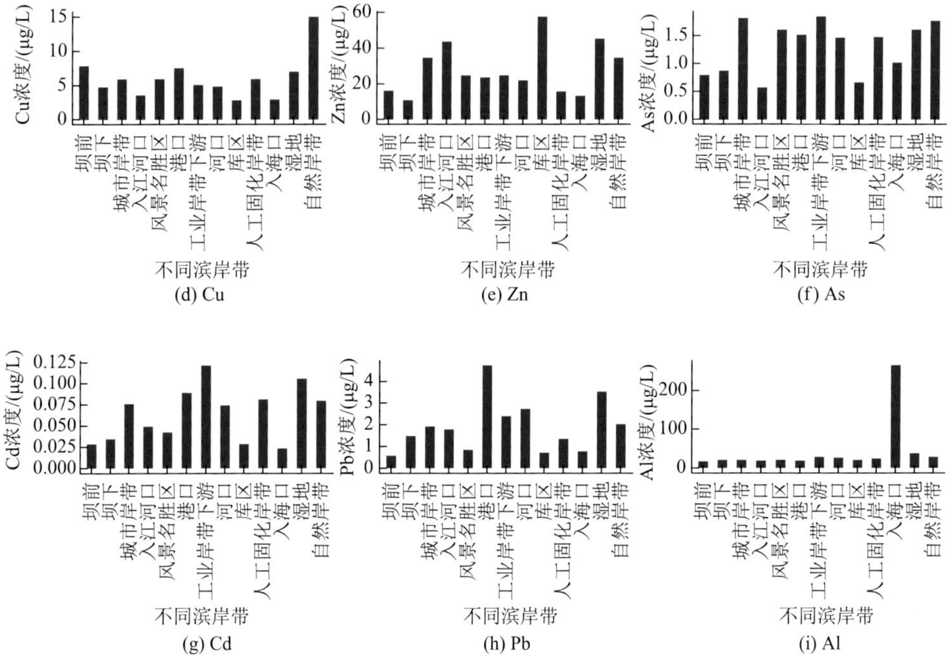

图 3-23　枯水期不同滨岸带水体重金属浓度

3.3.2.3　丰枯水期同一滨岸带水体重金属浓度空间变化

图 3-24 为丰枯水期城市岸带水体重金属浓度变化。无论丰枯水期，Mn、Cu、Zn、Cd、Pb 浓度空间变化小，在个别点位存在最高值。丰枯水期，Mn、Cu、Zn、Cd 和 Pb 的浓度最高值分别为 4.89μg/L（丰水期，58 号点位）和 25.3μg/L（枯水期，101 号点位）、64.8μg/L（丰水期，32 号点位）和 19.7μg/L（枯水期，65 号点位）、113μg/L（丰水期，39 号点位）和 243μg/L（枯水期，91 号点位）、0.569μg/L（丰水期，39 号点位）和 0.20μg/L（枯水期，39 号点位）、12.6μg/L（丰水期，39 号点位）和 8.71μg/L（枯水期，39 号点位）。丰枯水期，Ni 和 As 的浓度均总体呈上升趋势，且 Ni 浓度枯水期比丰水期较高；Cr 和 Al 浓度空间变化幅度较大，Al 浓度丰水期明显高于枯水期。丰枯水期，Cr 的浓度为 0.29～3.18μg/L（丰水期）和 1.03～25.3μg/L（枯水期），Al 的浓度为 18～80μg/L（丰水期）和 12～34μg/L（枯水期）。

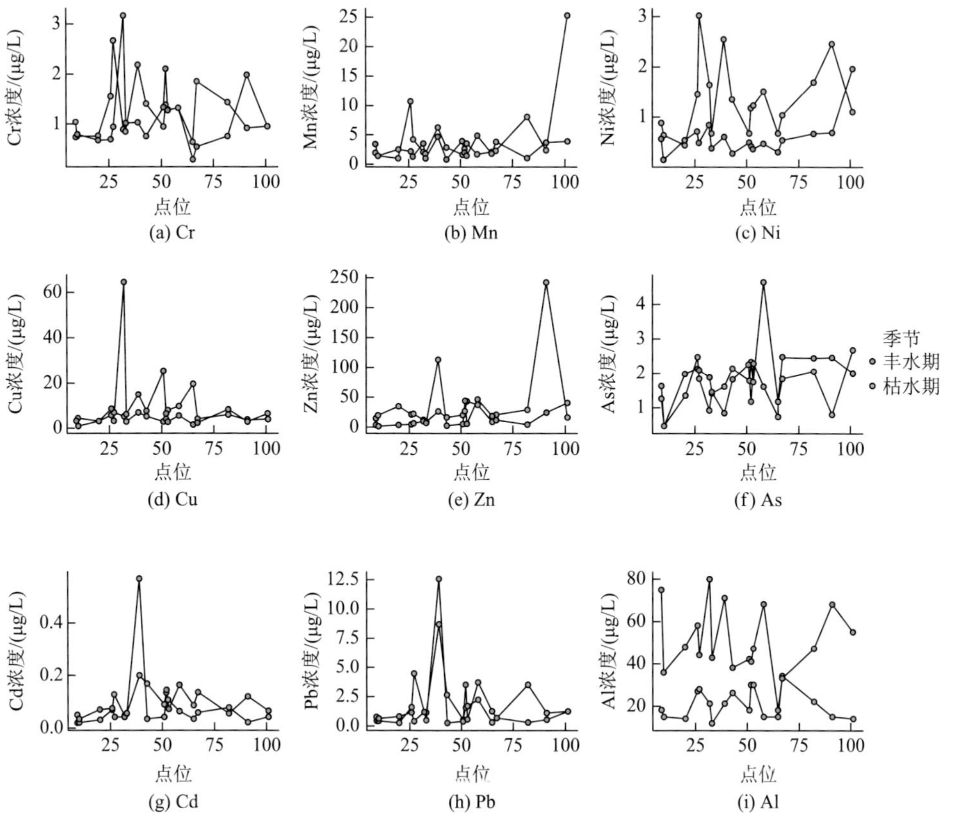

图 3-24 丰枯水期城市岸带水体重金属浓度

图 3-25 显示了丰枯水期河口岸带水体重金属浓度变化。整体上，Ni、Zn、Pb 浓度枯水期高于丰水期，且枯水期浓度波动较大，其丰枯水期最高浓度分别为 2.72μg/L（丰水期，106 号点位）和 5.5μg/L（枯水期，84 号点位）、12.7μg/L（丰水期，23 号点位）和 58.1μg/L（枯水期，29 号点位）、2.82μg/L（丰水期，23 号点位）和 12μg/L（枯水期，84 号点位）。而 Al 浓度整体上丰水期高于枯水期，其浓度分别为 21～90μg/L（丰水期）和 13～48μg/L（枯水期）。丰枯水期，Mn 浓度较为稳定，丰水期在 93 号点位（39.6μg/L）和 106 号点位（32.8μg/L）浓度显著较高，而枯水期在 11 号点位（17.8μg/L）浓度显著较高。从上游至下游，As 浓度整体呈逐渐上升趋势，丰枯水期浓度最高值分别为 4.51μg/L（丰水期，106 号点位）和 2.76μg/L（枯水期，57 号点位）。丰枯水期，Cr、Cu、Cd 浓度空间波动较大，其浓度分别为 0.35～1.66μg/L（丰水期）和 0.23～3.62μg/L（枯水期）、2.09～10.8μg/L（丰水期）和 0.91～11μg/L（枯水期）、0.015～0.207μg/L（丰水期）和 0.01～0.27μg/L（枯水期）。

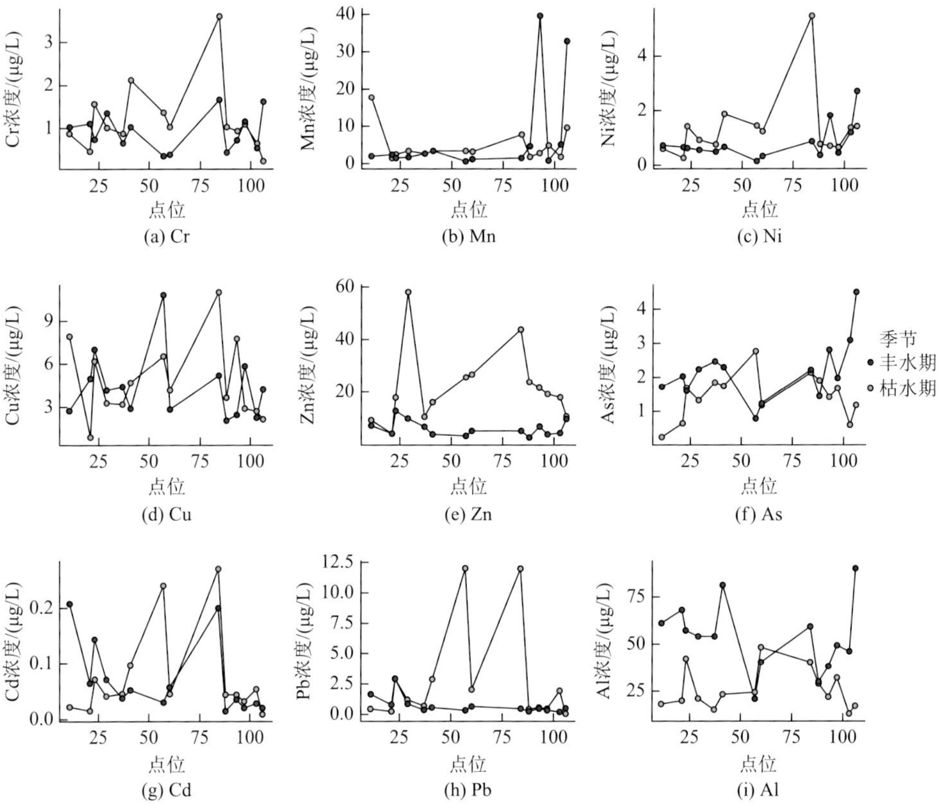

图 3-25　丰枯水期河口岸带水体重金属浓度

图 3-26 为丰枯水期湿地岸带重金属浓度变化。从上游至下游，Ni 和 As 浓度整体呈上升趋势，其在丰枯水期的最高浓度分别为 1.03μg/L（丰水期，14 号点位）和 9.87μg/L（枯水期，104 号点位）、2.62μg/L（丰水期，104 号点位）和 2.94μg/L（枯水期，47 号点位）。Zn 和 Pb 浓度枯水期大于丰水期，且枯水期浓度波动较大，丰水期浓度较为稳定，其丰枯水期浓度范围分别为 2.4～36.7μg/L（丰水期）和 12.5～277μg/L（枯水期）、0.25～7.84μg/L（丰水期）和 0.98～10.9μg/L（枯水期）。丰枯水期，Cr、Cu、Cd、Al 浓度空间波动较大，它们的浓度分别为 0.12～5.54μg/L（丰水期）和 0.96～4.71μg/L（枯水期）、1.36～15.6μg/L（丰水期）和 3.48～20.2μg/L（枯水期）、0.038～0.391μg/L（丰水期）和 0.052～0.215μg/L（枯水期）、5～358μg/L（丰水期）和 11～114μg/L（枯水期）。Mn 浓度丰枯水期较为稳定，枯水期在 104 号点位浓度较高（8.22μg/L），丰水期在 14 号点位浓度较高（22.7μg/L）。

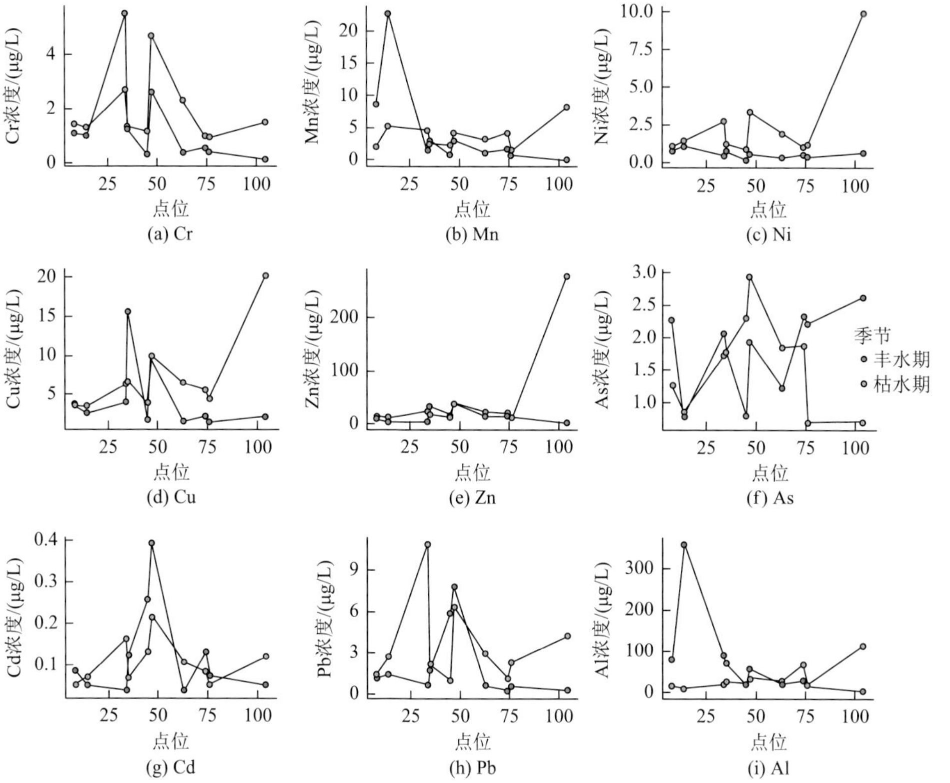

图 3-26 丰枯水期湿地岸带水体重金属浓度

图 3-27 显示了丰枯水期自然岸带水体重金属浓度变化。丰枯水期，Mn、Cu、Zn、Cd、As、Pb 浓度空间分布波动较小，在个别点位浓度较高，其丰枯水期最高浓度分别为315μg/L（丰水期12 号点位）和26.6μg/L（枯水期77 号点位）、27.9μg/L（丰水期 36 号点位）和 281μg/L（枯水期 38 号点位）、373μg/L（丰水期 61 号点位）和 481μg/L（枯水期 54 号点位）、1.18μg/L（丰水期 61 号点位）和 0.22μg/L（枯水期 78 号点位）、10.7μg/L（丰水期 12 号点位）和 3.09μg/L（枯水期 48 号点位）、29.6μg/L（丰水期 61 号点位）和 8.62μg/L（枯水期 78 号点位）。丰枯水期，Cr、Ni 浓度从上游至下游呈波动变化，其浓度分别为 0.04～3.6μg/L（丰水期）和 0.51～3.18μg/L（枯水期）、0.004～3.41μg/L（丰水期）和 0.26～3.79μg/L（枯水期）。Al 浓度丰水期整体大于枯水期，且丰水期浓度波动稍大，枯水期浓度较为稳定，其在丰水期最高浓度为 988μg/L（28 号点位）。

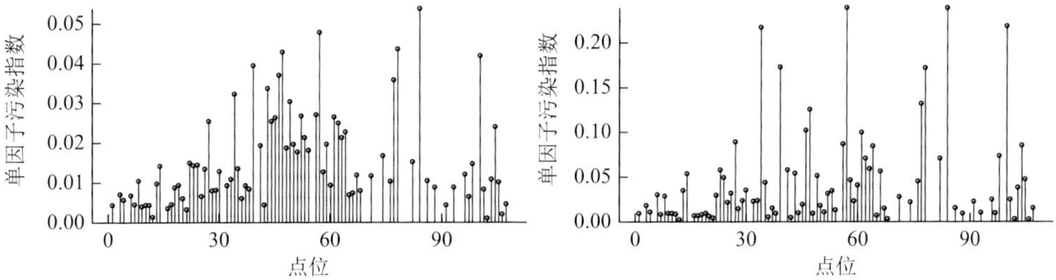

(e) Cd　　(f) Pb

图 3-29　枯水期水体重金属单因子污染指数

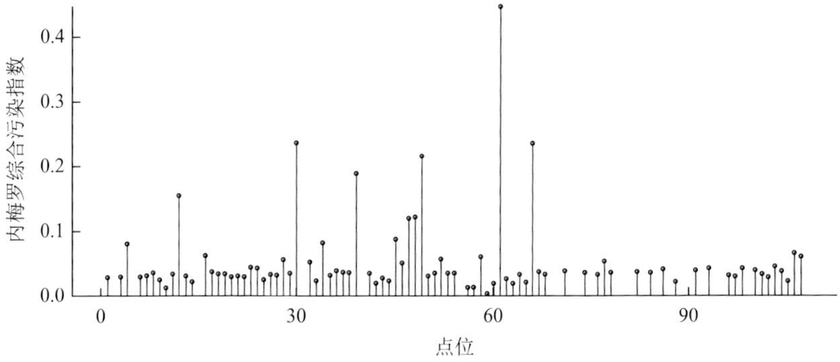

(a) 丰水期

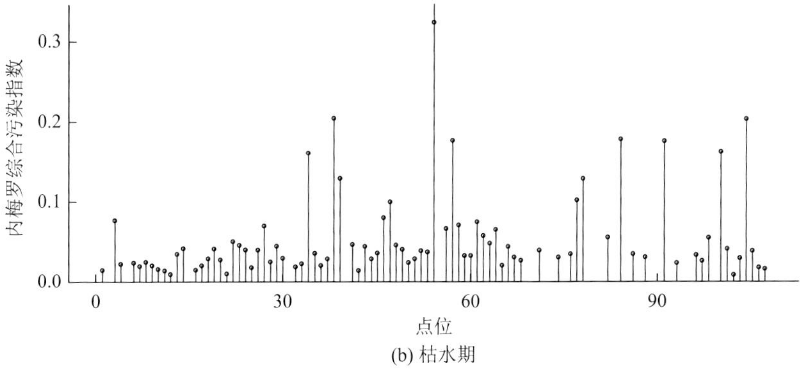

(b) 枯水期

图 3-30　丰枯水期水体重金属内梅罗综合污染指数

3）风险评价结果

图 3-31 和图 3-32 为丰枯水期水体重金属潜在非致癌风险评估结果，可以看出，所有点位重金属的 HQ 均小于 0.5，说明单个重金属对人体产生危害的可能性很小。图 3-33 显示了所有重金属的总潜在非致癌风险评估结果，除了丰水期 12 号点位 HI=1，丰枯水期所有点位的 HI 均小于 0.5，说明长江滨岸带丰枯水期水体重金属对人类产生致癌风险的可能性很小。

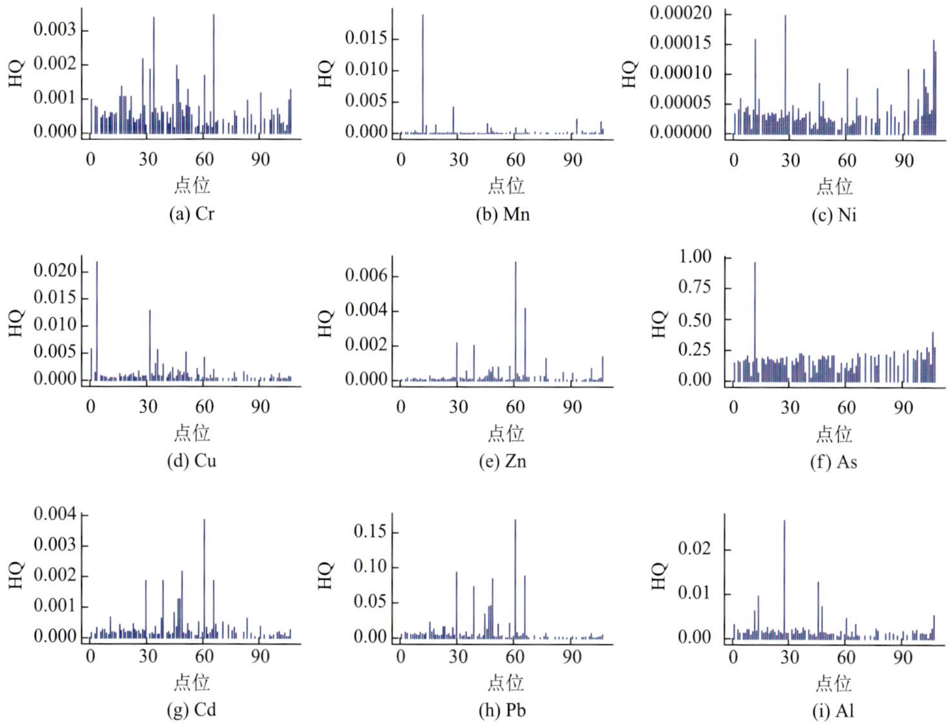

图 3-31　丰水期水体重金属潜在非致癌风险评估

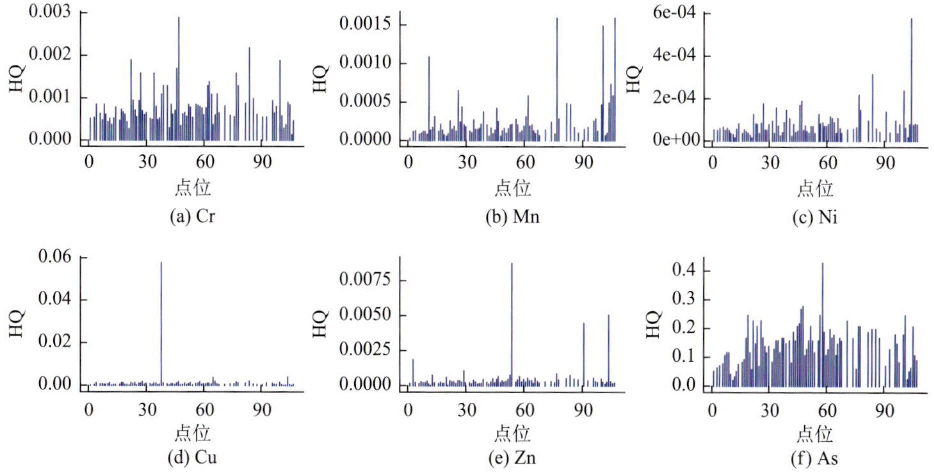

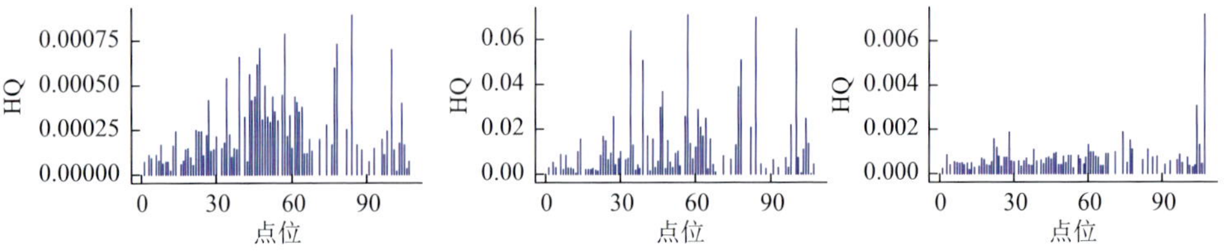

(g) Cd　(h) Pb　(i) Al

图 3-32　枯水期水体重金属潜在非致癌风险评估

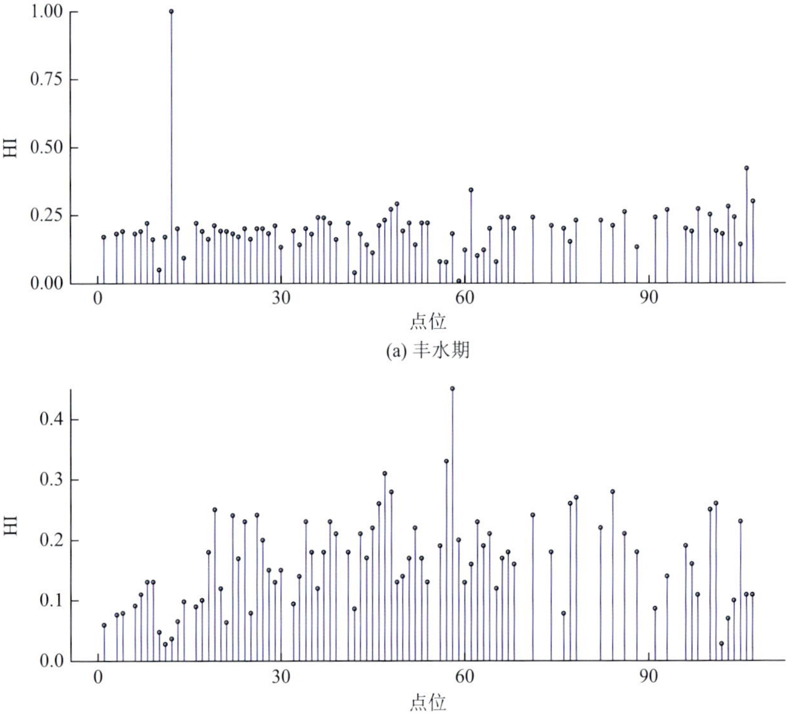

(b) 枯水期

图 3-33　丰枯水期水体重金属总潜在非致癌风险评估

图 3-34、图 3-35 为丰枯水期水体重金属致癌风险评估结果。丰枯水期，As、Cr、Cd 的 CR 均小于 10^{-4}，说明其产生致癌风险的可能性很小。但是 Pb 在很多点位的 CR 大于 10^{-4}，特别是丰水期 61 号、30 号、66 号、49 号、39 号点位，其 CR 分别为 2.59×10^{-3}、1.40×10^{-3}、1.33×10^{-3}、1.27×10^{-3}、1.10×10^{-3}，以及枯水期 57 号、84 号、100 号、34 号、39 号、78 号点位，其 CR 为 1.05×10^{-3}、1.05×10^{-3}、9.60×10^{-4}、9.54×10^{-4}、7.61×10^{-4}、7.53×10^{-4}。说明 Pb 是长江干流丰枯水期需要特别关注的重金属，其可能会对人体产生致癌风险。

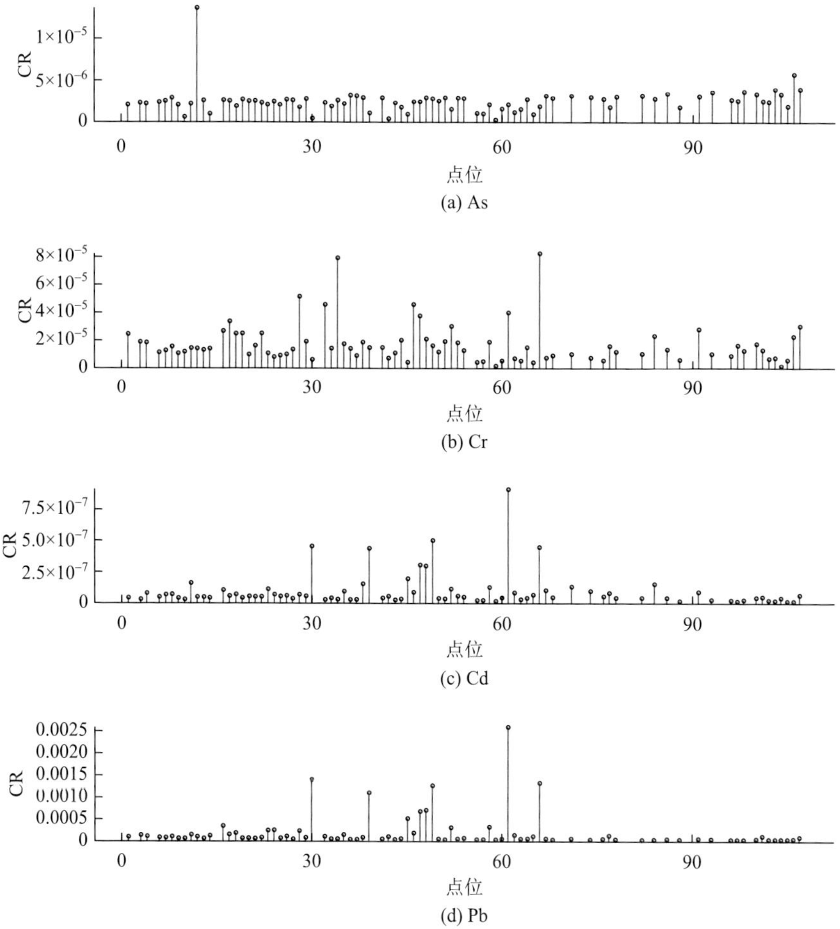

图 3-34 丰水期水体重金属致癌风险评价

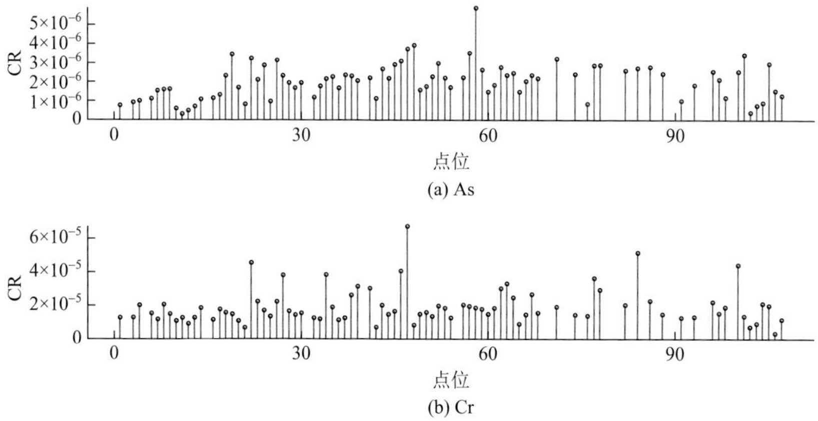

径的百分比为 3.77%～28.44%，平均值为（16.06±4.79）%；16～32μm 粒径的百分比为 3.98%～31.28%，平均值为（17.36±6.00）%；32～64μm 粒径的百分比为 0.03%～25.20%，平均值为（15.69±5.40）%；>64μm 粒径的百分比为 0～81.57%，平均值为（22.78±19.28）%。由此可见，长江中游表层沉积物中大颗粒占比显著增加，随水流方向，大颗粒悬浮物沉降现象明显，至下游区域沉积物小粒径占比增加。

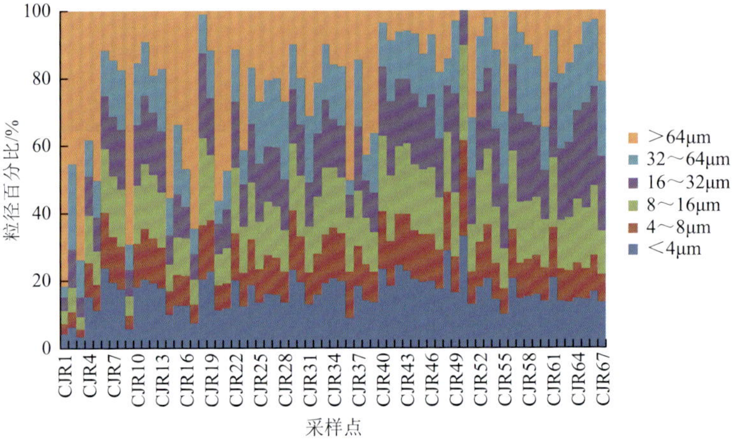

图 3-38　长江表层沉积物中粒径百分比

3.4.3 长江滨岸带表层沉积物重金属污染评估结果

3.4.3.1 污染评估方法

1）地累积指数

地累积指数（I_{geo}）是评价土壤中重金属污染程度的有效工具，其计算方法如下：

$$I_{geo} = \log_2\left(\frac{C_i}{1.5B_i}\right) \tag{3-14}$$

式中，C_i 为土壤中重金属 i 的实测浓度；B_i 为土壤中重金属 i 的地球化学背景浓度。本书中土壤背景浓度采用全国土壤背景浓度，Zn、Cr、Ni、Cu、Cd 和 Pb 背景浓度分别为 69.4mg/kg、45.9mg/kg、18.9mg/kg、20.3mg/kg、14.9mg/kg 和 32.3mg/kg。式（3-14）中常数 1.5 代表自然作用可能会对土壤产生的影响（如土壤侵蚀等）。

2）污染负荷指数

污染负荷指数（PLI）是评价土壤重金属综合污染状况的重要指标，其计算方法如下：

$$PLI = \sqrt[9]{CF_{Mn} \times CF_{Zn} \times CF_{Cr} \times CF_{Ni} \times CF_{Cu} \times CF_{As} \times CF_{Cd} \times CF_{Sb} \times CF_{Pb}} \tag{3-15}$$

式中，$CF_{重金属}$为每个重金属实测浓度与其土壤背景浓度之比，背景浓度，同I_{geo}计算所需。PLI＞1 表示土壤存在重金属污染；PLI＜1 表示土壤不存在重金属污染。

3）潜在生态风险评价指数

潜在生态风险评价指数（RI）是量化湿地土壤中重金属的生态风险程度的重要指标。首先，需要计算每个重金属的潜在生态风险因子（E_r^i）（可以反映每个重金属的潜在生态风险）和污染因子（C_f^i），其计算方法如下：

$$C_f^i = C_i / C_b^i \quad (3\text{-}16)$$

$$E_r^i = C_f^i, T_r^i \quad (3\text{-}17)$$

式中，C_i为土壤样品中重金属（i）的浓度；C_b^i和T_r^i为土壤工业前背景值和毒性响应因子。RI 反映所有重金属综合潜在生态风险，它由每个重金属的E_r^i值之和计算得出：

$$RI = \sum E_r^i \quad (3\text{-}18)$$

所有指数评估标准见表 3-3。

表 3-3　土壤污染评估标准

I_{geo}等级	污染程度	E_r^i等级	潜在生态风险	RI 等级	潜在生态风险
$I_{geo}<0$	无污染	$E_r^i<40$	低	RI＜150	低
$0\leq I_{geo}<1$	无至中度污染	$40\leq E_r^i<80$	中	150≤RI＜300	中
$1\leq I_{geo}<2$	中度污染	$80\leq E_r^i<160$	可观	300≤RI＜600	可观
$2\leq I_{geo}<3$	中度至重度污染	$160\leq E_r^i<320$	高	RI≥600	极高
$3\leq I_{geo}<4$	重度污染	$E_r^i\geq 320$	极高		
$4\leq I_{geo}<5$	重度至极度污染				
$I_{geo}\geq 5$	极度污染				

3.4.3.2　长江滨岸带表层沉积物重金属浓度空间变化

图 3-39 为长江滨岸带表层重金属浓度的空间变化趋势。从上游至下游，Zn、Cr 浓度呈波动上升的趋势。Zn 浓度最高值在 74 号点位，为 318.94mg/kg；Cr 浓度最高值在 69 号点位，为 103.06mg/kg。As 浓度呈现从上游至下游波动下降的趋势，浓度最高值在 33 号点位，为 36.99mg/kg。Cd 浓度从上游至下游呈先上升后下降的趋势，最高值在 39 号点位，为 5.52mg/kg。Cr、Pb 浓度呈波动上升下降的趋势，浓度差异

不大。Cu 浓度空间差异也不大，但在 33 号点位浓度明显较高，为 310.90mg/kg。

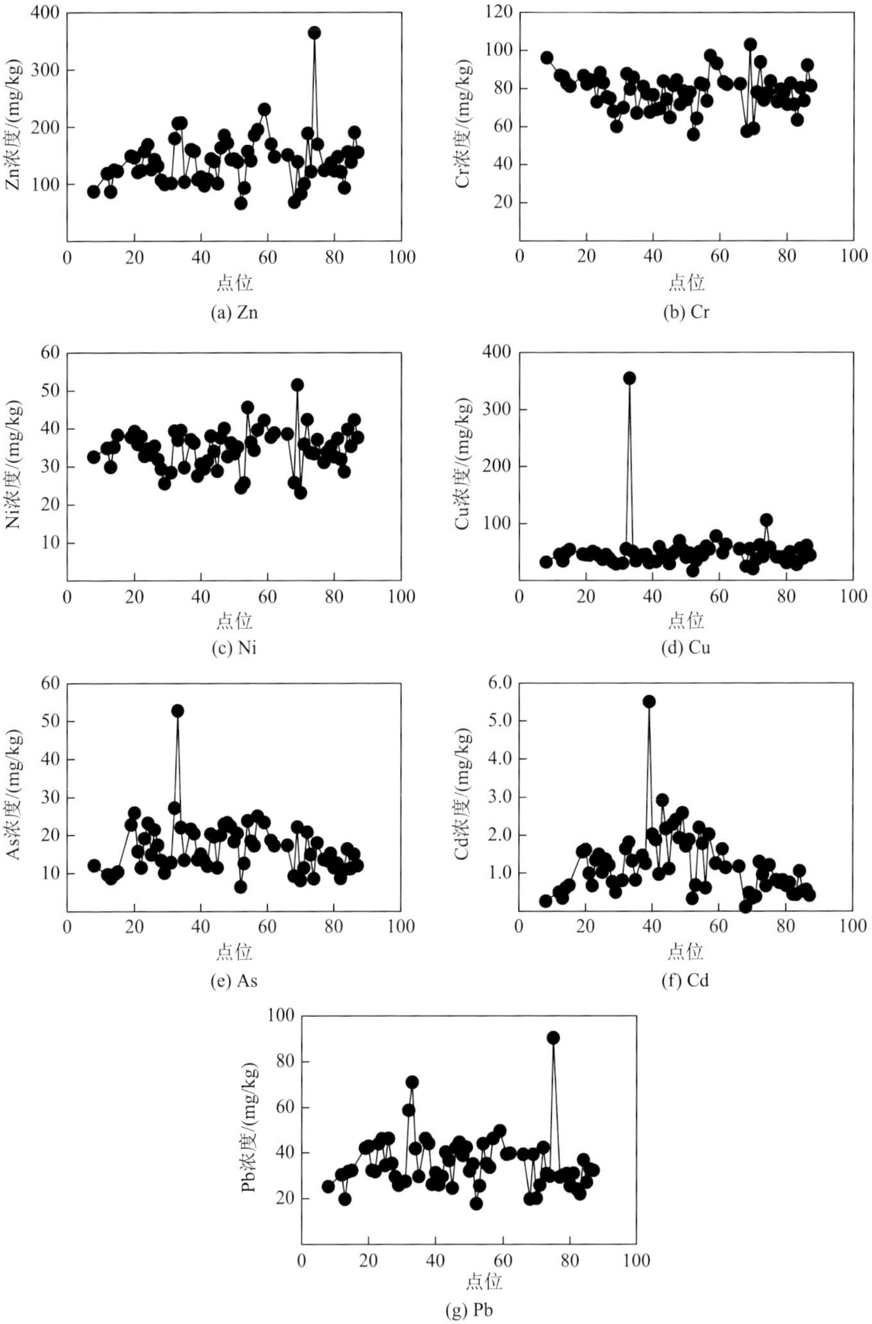

图 3-39　长江滨岸带表层沉积物重金属浓度总体空间变化

3.4.3.3 不同滨岸带表层沉积物重金属浓度

图 3-40 显示了长江滨岸带表层沉积物重金属浓度在不同滨岸带的变化。Zn、Ni、Cu、As、Pb 最低浓度均在湿地岸带，浓度分别为 95.93mg/kg、32.61mg/kg、33.94mg/kg、13.19mg/kg、28.90mg/kg。Cr、Ni 最高浓度均在港口岸带，浓度分别为 82.15mg/kg、38.84mg/kg。As、Pb、Cu 最高浓度均在河口岸带，浓度分别为 19.00mg/kg、41.25mg/kg、62.11mg/kg。

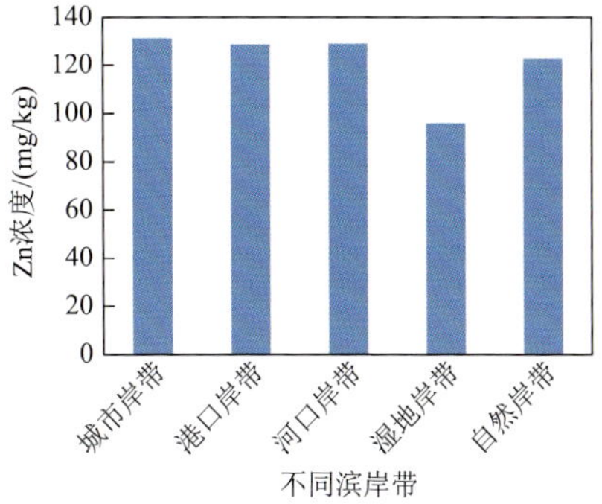

(a) Zn

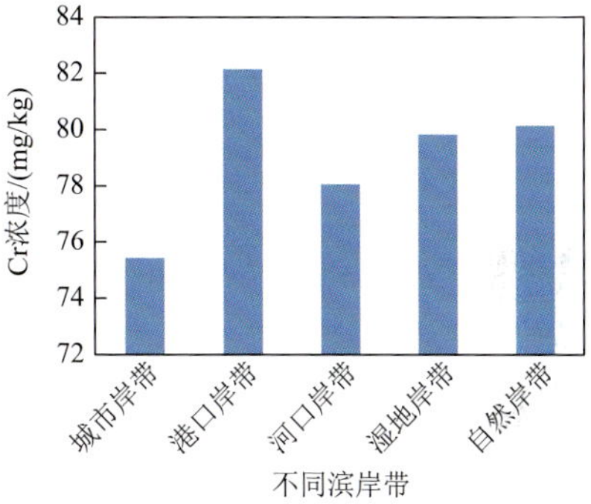

(b) Cr

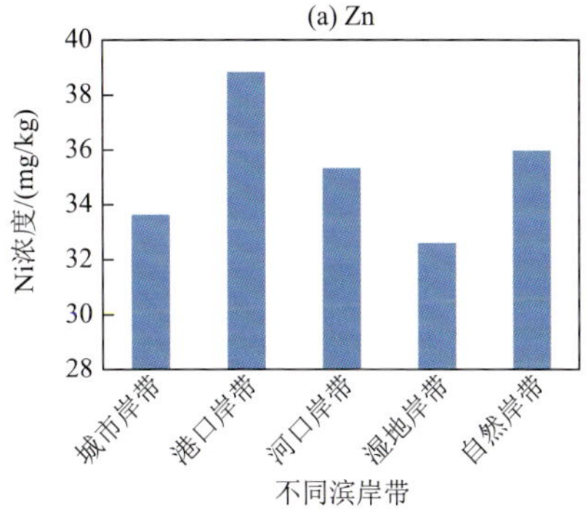

(c) Ni

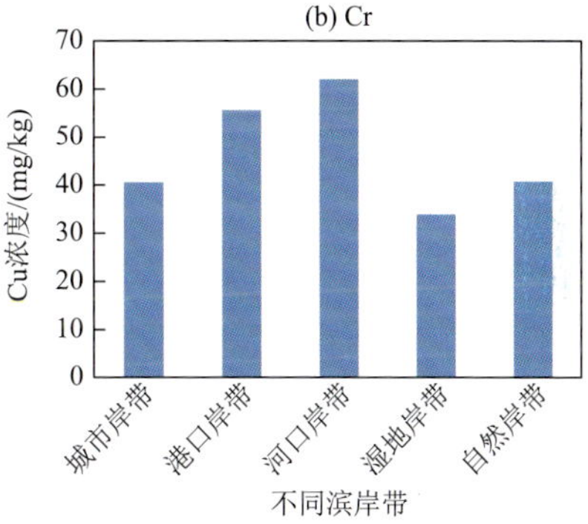

(d) Cu

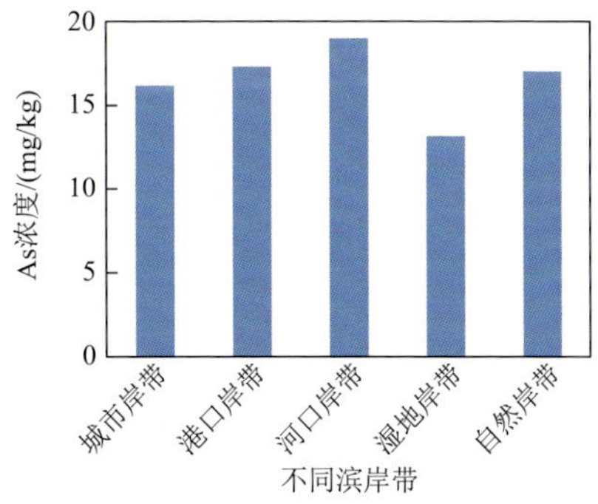

(e) As

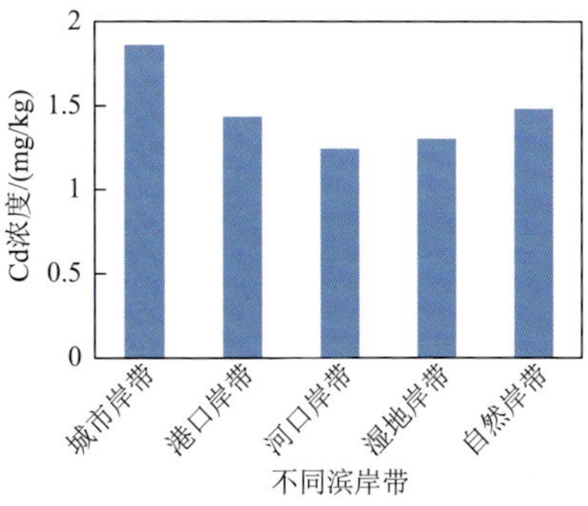

(f) Cd

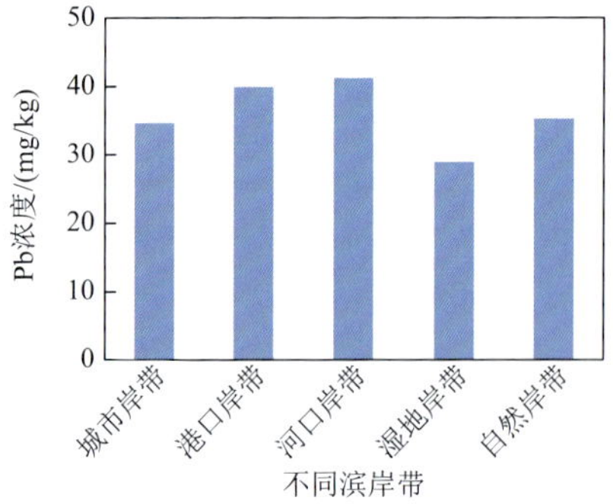

(g) Pb

图 3-40　不同滨岸带表层沉积物重金属浓度变化

3.4.3.4　同一滨岸带表层沉积物重金属浓度

图 3-41～图 3-44 显示了不同滨岸带表层沉积物重金属浓度的空间变化。自上游至下游（点位序号自上游至下游不断增加，下同），自然岸带，As、Cd、Pb 浓度呈总体下降趋势，Zn、Cr、Ni、Cu 浓度整体呈波动上升下降趋势；湿地岸带，Zn、As、Cu、Pb 浓度呈总体上升趋势，Cr 浓度整体呈下降趋势，Ni、Cu 浓度呈波动上升下降趋势，而 Cd 浓度呈先上升后下降的趋势；河口岸带，Zn、Cu、As、Cd、Pb 浓度整体呈下降趋势，Cr、Ni 浓度整体呈上升趋势；城市岸带，As、Cd、Pb 浓度整体呈下降趋势，Zn、Ni、Cu、Cr 浓度整体呈上升趋势。

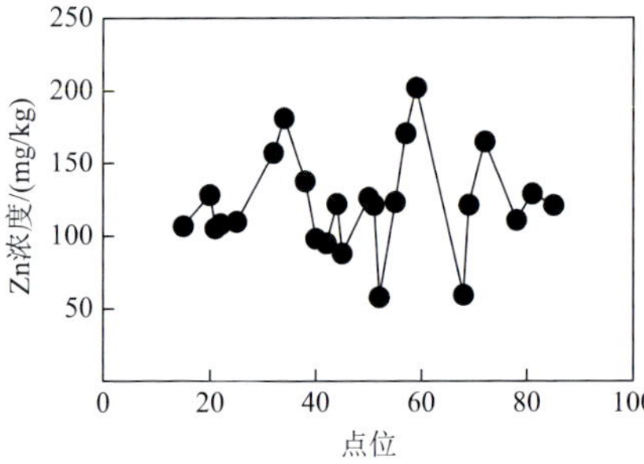

(a) Zn

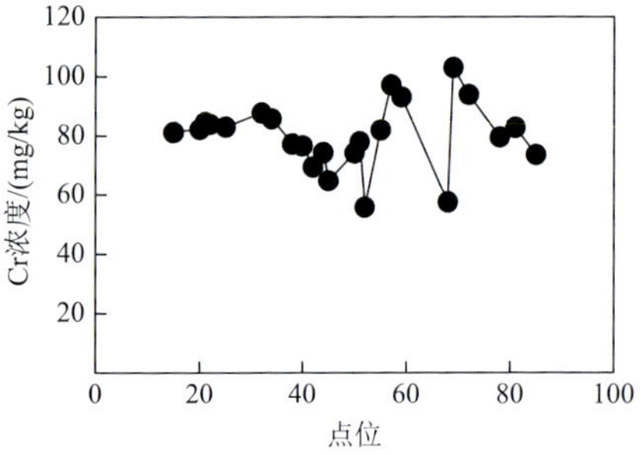

(b) Cr

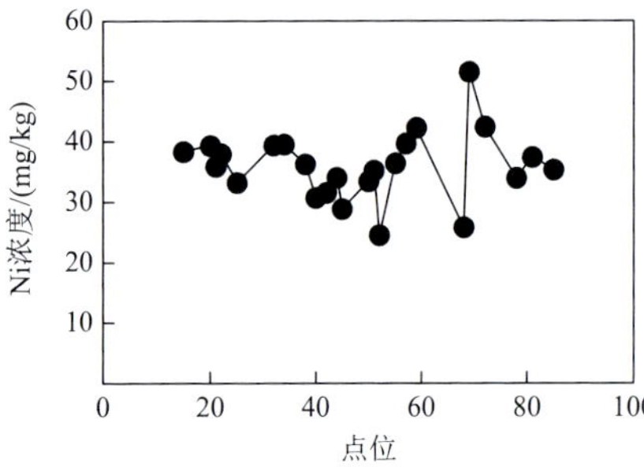

(c) Ni

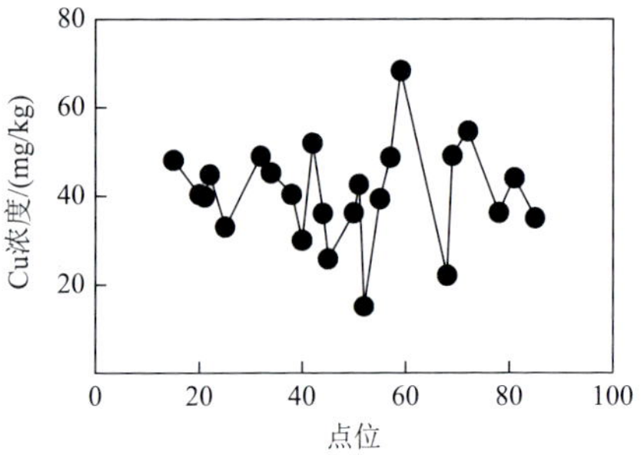

(d) Cu

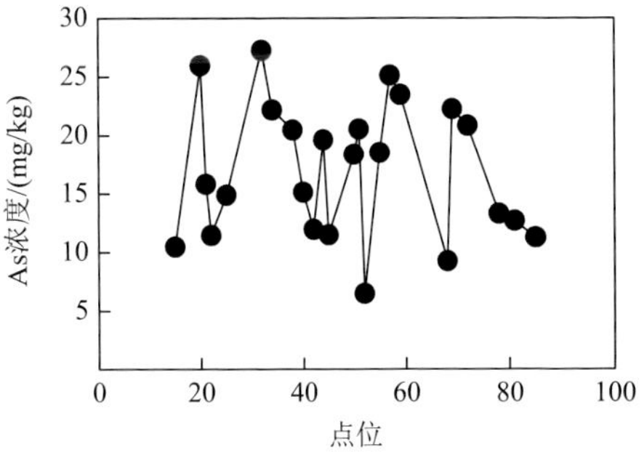

(e) As

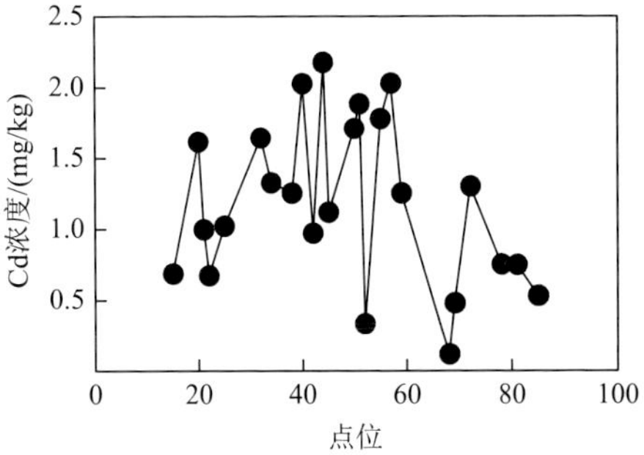

(f) Cd

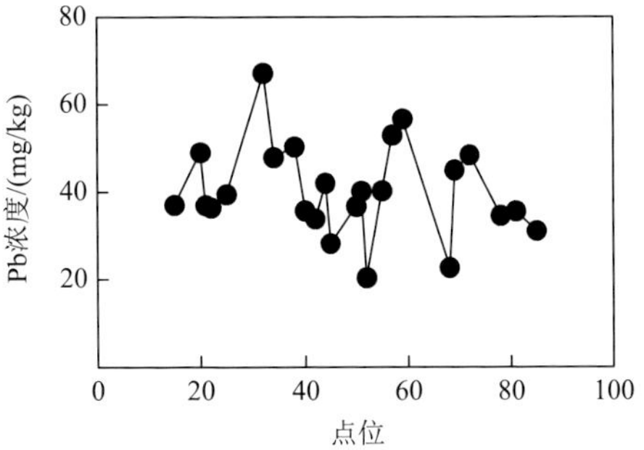

(g) Pb

图 3-41 自然岸带表层沉积物重金属浓度变化

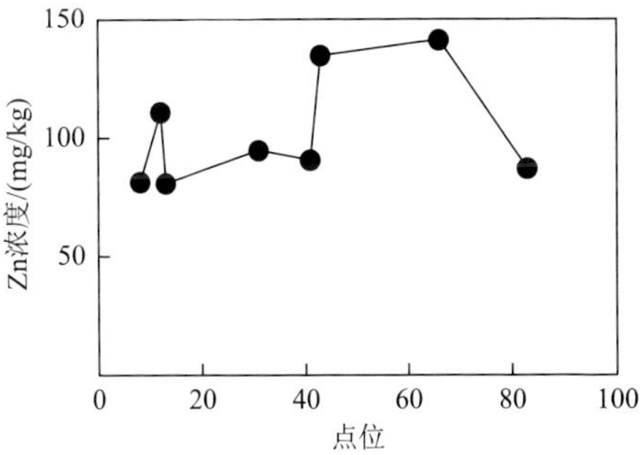

(a) Zn

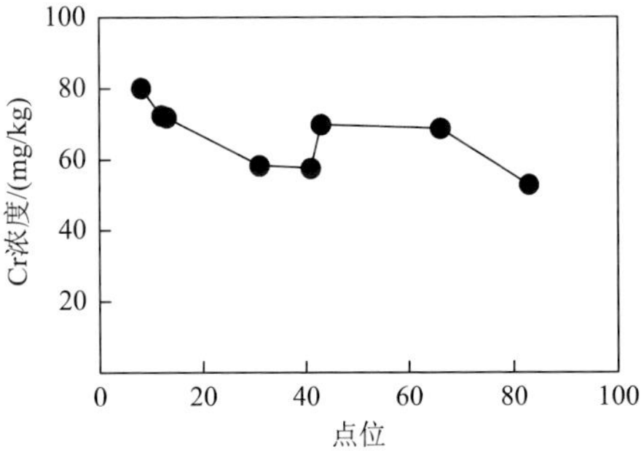

(b) Cr

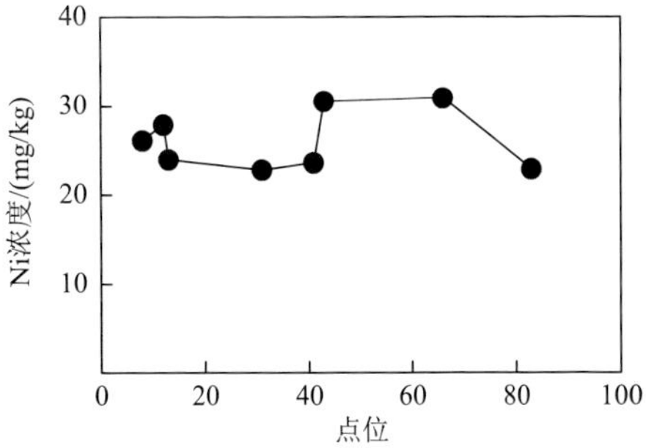

(c) Ni

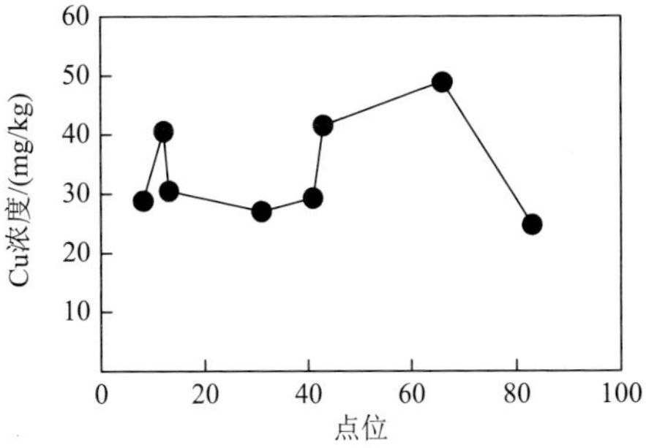

(d) Cu

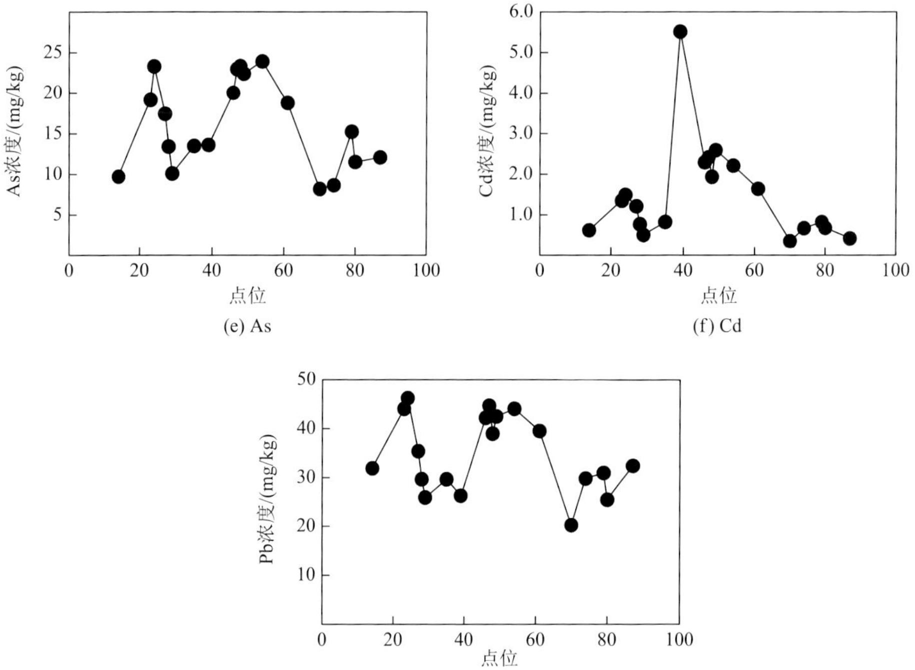

(e) As　　(f) Cd

(g) Pb

图 3-44　城市岸带表层沉积物重金属浓度变化

3.4.3.5　污染评估结果

1）地累积指数评价

图 3-45 显示了长江滨岸带表层沉积物重金属的地累积指数污染评估结果。从上游至下游，所有重金属的 I_{geo} 均整体呈波动上升下降趋势。Zn 的 I_{geo} 在 36 号、38 号、35 号、24 号等 17 个点位均小于 0，说明其处于无污染状态；在 55 号、30 号、29 号、53 号、68 号等 47 个点位均处于 0～1，说明其处于无污染至中度污染状态；在 70 号点位为 1.65，说明其处于中度污染状态。Cr 的 I_{geo} 在 65 号、53 号、4 号、68 号等 30 个点位均处于 0～1，说明其处于无污染至中度污染状态；在其他点位小于 0，说明其处于无污染状态。Ni 的 I_{geo} 在 65 号、50 号、68 号、82 号等 34 个点位均为 0～1，说明其处于无污染至中度污染状态；在其他点位小于 0，说明处于无污染状态。Cu 的 I_{geo}，在 29 号点位为 3.37，说明其处于重度污染状态；在 70 号、55 号、44 号点位处于 1～2，说明其处于中度污染状态；在 58 号、68 号、82 号等 48 个点位为 0～1，说明其处于无污染至中度污染状态；在其他点位小于 0，说明其处于无污染状态。As 的 I_{geo} 在 29 号点位为 1.94，处于中度污染状态；在 28 号、16 号、53 号等 36 个

点位为 0～1，说明其处于无污染至中度污染状态；在其他点位小于 0，说明处于无污染状态。Cd 在所有点位均存在不同程度的污染。Cd 的 I_{geo} 在 35 号点位为 5.64，说明其处于极度污染状态；在 39 号、45 号、43 号等 13 个点位为 4～5，说明其处于重度至极度污染状态；在 46 号、28 号等 23 个点位为 3～4，说明其处于重度污染状态；在其他点位处于无污染至中度污染状态。Pb 的 I_{geo} 在 71 号、29 号点位分别为 1.35 和 1.00，说明其处于中度污染状态；在 55 号、33 号等 24 个点位为 0～1，说明其处于无污染至中度污染状态；在其他点位处于无污染状态。

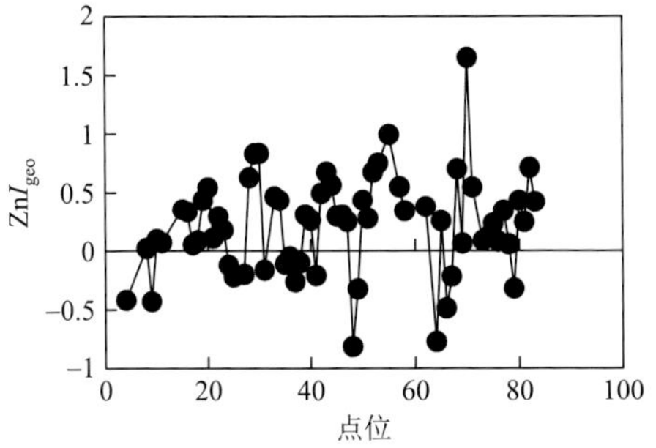

(a) Zn

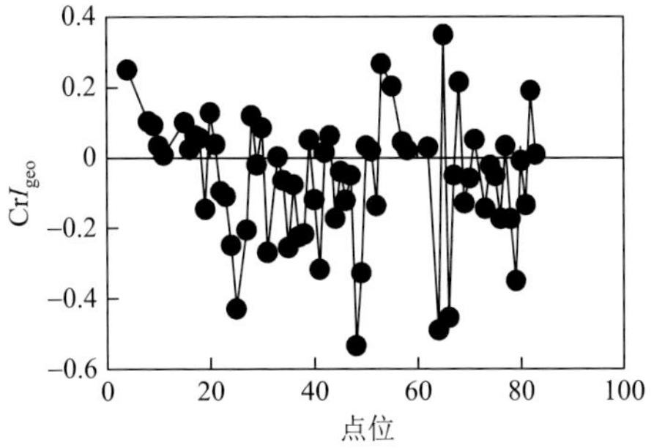

(b) Cr

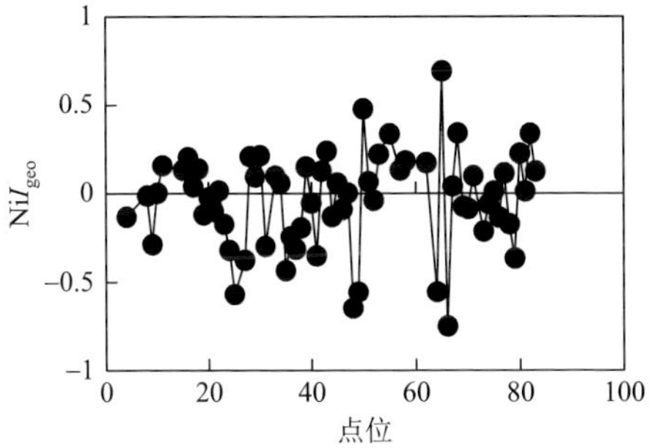

(c) Ni

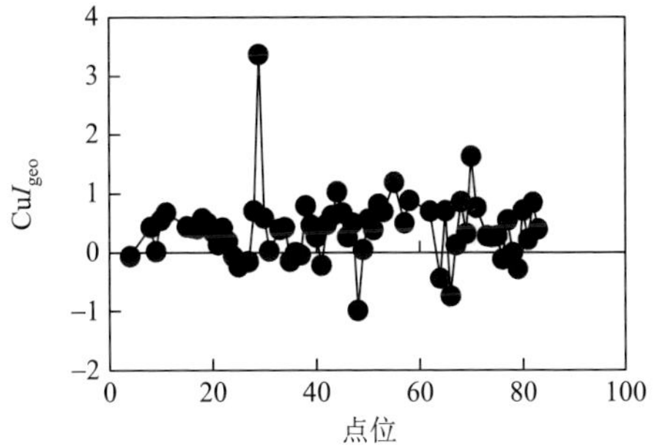

(d) Cu

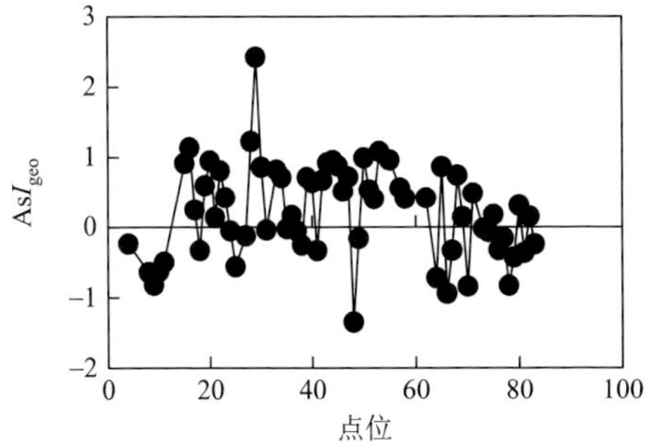

(e) As

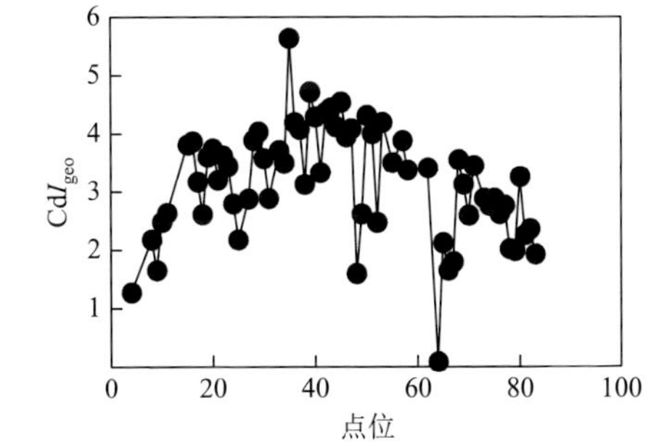

(f) Cd

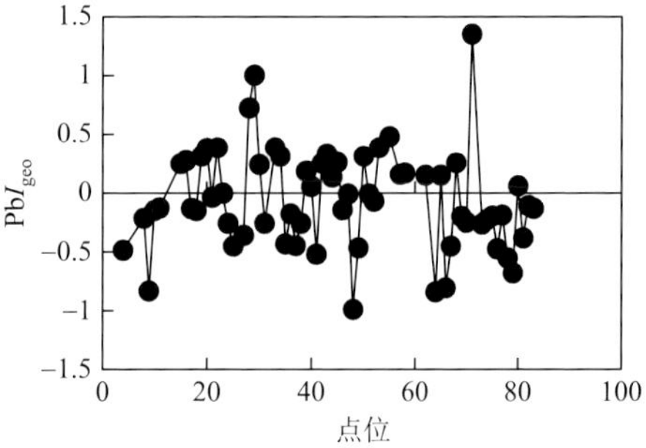

(g) Pb

图 3-45　长江滨岸带表层沉积物重金属的地累积指数评估

2）污染负荷指数评估

图 3-46 显示了长江滨岸带表层沉积物重金属的污染负荷指数评估结果。结果显示，PLI 从上游至下游呈波动上升下降的趋势。除 52 号点位外，PLI 在所有点位均大于 1，说明长江滨岸带表层沉积物存在不同程度的重金属污染。

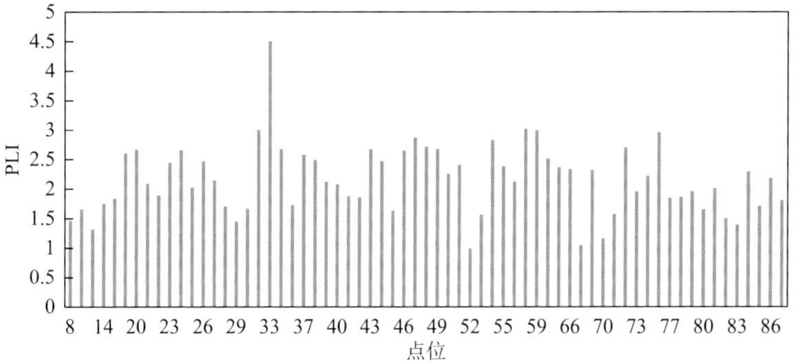

图 3-46　长江滨岸带表层沉积物重金属污染负荷指数评估

3）潜在生态风险评价指数评估

图 3-47 显示了长江滨岸带表层沉积物各重金属潜在生态风险因子。Zn、Cr、Ni、Pb 的 E_r^i 在所有点位均小于 40，不存在潜在生态风险。Cu、As 在大多数点位 E_r^i 小于 40，但其在 33 号点位 E_r^i 明显大于 40，存在中等潜在生态风险。Cd 在所有点位均存在潜在生态风险。Cd 在 68 号点位 E_r^i 为 47.89，存在中等潜在生态风险；在 8 号、52 号、13 号、70 号、71 号点位 E_r^i 为 80～160，存在可观生态风险；在其他点位 E_r^i 均较高，存在高至极高潜在生态风险。

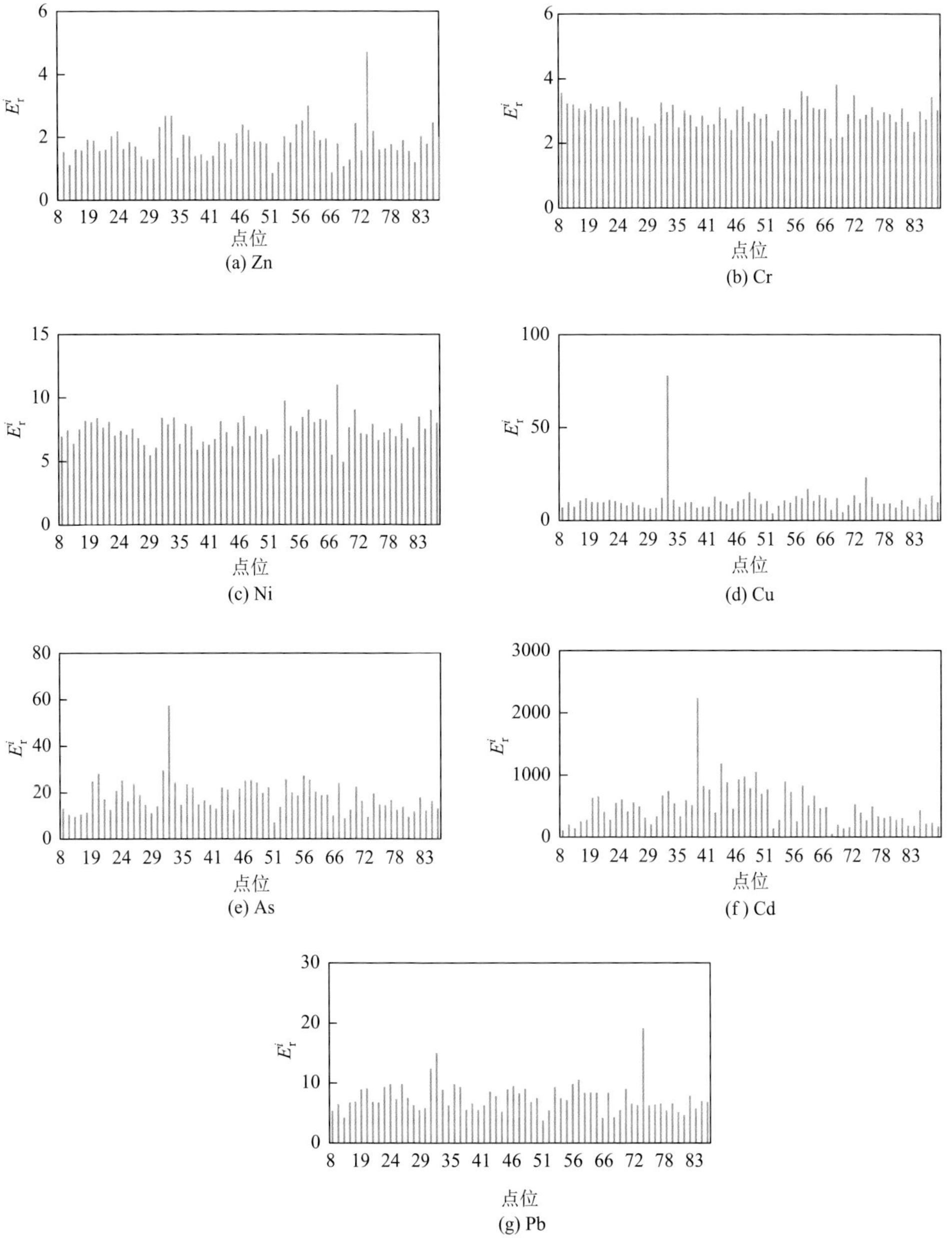

图 3-47 长江滨岸带表层沉积物重金属潜在生态风险因子

图 3-48 为长江滨岸表层沉积物重金属综合潜在生态风险 RI。结果显示，长江滨岸表层沉积物重金属 RI 呈从上游至下游先上升后下降的趋势。长江滨岸带 39 号、43 号、49 号、47 号等 27 个点位重金属 RI 明显大于 600，存在极高潜在生态

从表 3-4 中可以看出，长江干流底栖动物密度和生物量被少数种类所主导。在相对密度方面，耐污类群摇蚊科的多足摇蚊、齿斑摇蚊、隐摇蚊、软铗小摇蚊幼虫相对密度较高，分别为 22.692%、10.949%、7.707%、7.471%；多毛纲的多鳃齿吻沙蚕相对密度也较高（9.865%），其为典型的河口近海种类，在与长江存在水量交换的湖泊常有分布，如鄱阳湖、太湖等；软体动物的河蚬和方格短沟蜷在总密度中也占据一定比重，相对密度分别为 3.671%和 3.456%。在相对生物量方面，由于软体动物个体较大，铜锈环棱螺、方格短沟蜷和河蚬占据绝对优势，分别为 40.724%、25.535%和 15.851%。在出现率方面，齿斑摇蚊、多足摇蚊、隐摇蚊、团水虱科、淡水壳菜、方格短沟蜷、多鳃齿吻沙蚕的出现率较高。综合底栖动物的相对密度、相对生物量及出现率，利用优势度确定优势种类，结果表明本次调查底栖动物的优势种主要有摇蚊科的多足摇蚊、齿斑摇蚊、隐摇蚊，软体动物的河蚬、铜锈环棱螺、方格短沟蜷，以及多毛纲的多鳃齿吻沙蚕。

3.5.2 长江滨岸带底栖动物多样性

各样点底栖动物总密度为 1.1～205ind/m^2，从宜昌段至长江口未发现明显的变化趋势（图 3-49）。分析密度组成发现，摇蚊幼虫密度在大部分样点占据优势，在下游感潮河段多毛纲所占比重也较高，寡毛纲和腹足纲在部分样点也占据较高比重。就主要类群而言，总体上寡毛纲密度呈增加趋势；多毛纲仅分布于下游河段，这与多毛类的特性有关，多毛类主要为河口近海种类；摇蚊幼虫总体在感潮河段密度较低；软甲纲和腹足纲的空间变化趋势不明显；双壳纲总体上在下游河段密度较高（图 3-50）。

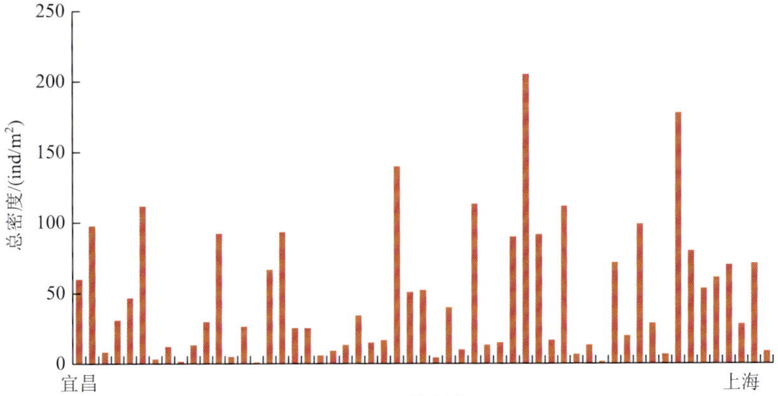

(a) 总密度

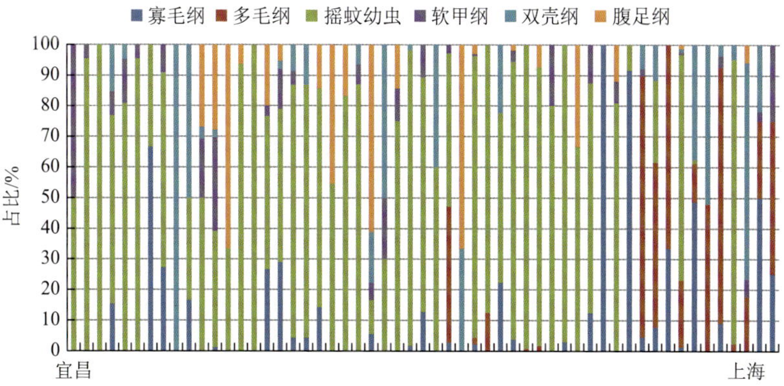

(b) 主要类群组成

图 3-49 2017 年 5 月长江滨岸带各样点底栖动物总密度和主要类群组成

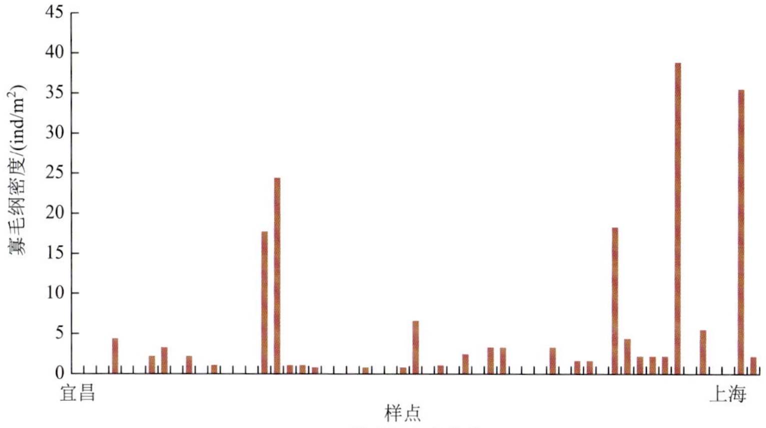

(a) 寡毛纲密度变化

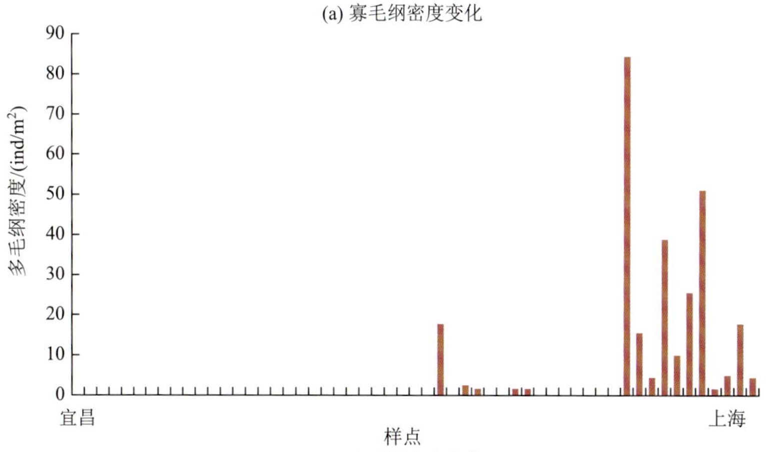

(b) 多毛纲密度变化

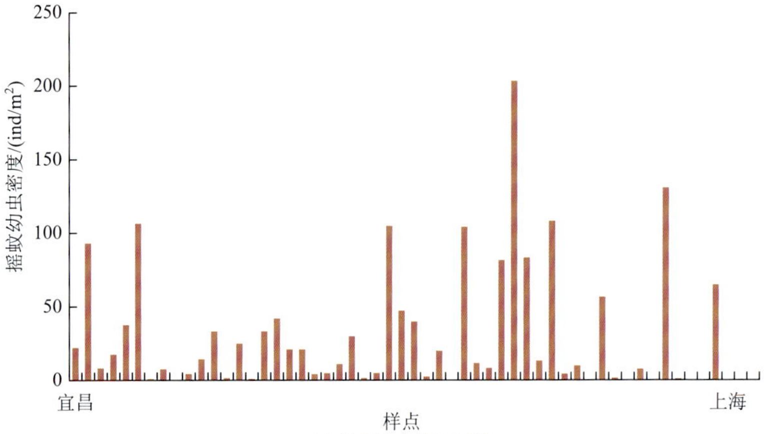

(c) 摇蚊幼虫密度变化

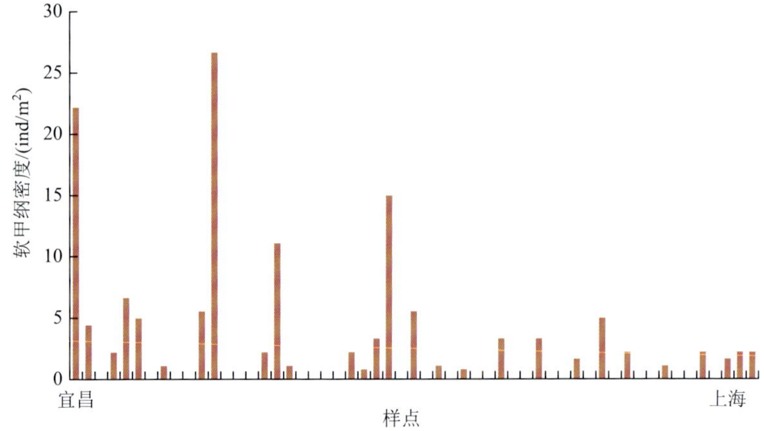

(d) 软甲纲密度变化

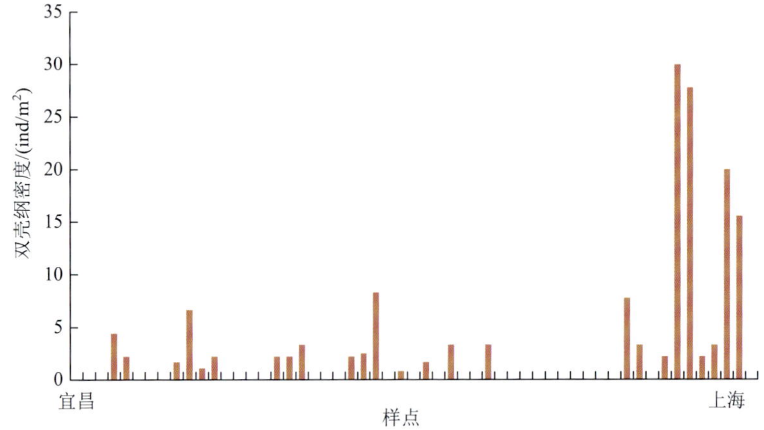

(e) 双壳纲密度变化

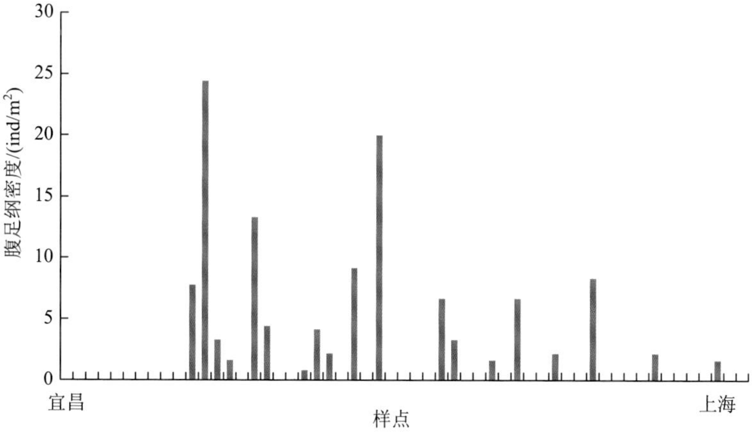

(f) 腹足纲密度变化

图 3-50 2017 年 5 月长江滨岸带各样点底栖动物主要类群密度变化

对比不同生境类型主要类群密度发现，总体上城市生境样点耐污类群寡毛纲密度最高，而湿地生境密度最低（图 3-51）。类似地，耐污类群摇蚊幼虫密度也呈现湿地生境密度较低。敏感类群双壳纲在城市生境密度最低。中等耐污类群腹足纲在长江与重要支流交汇河段密度较低，原因可能是交汇河段流速较快，不利于

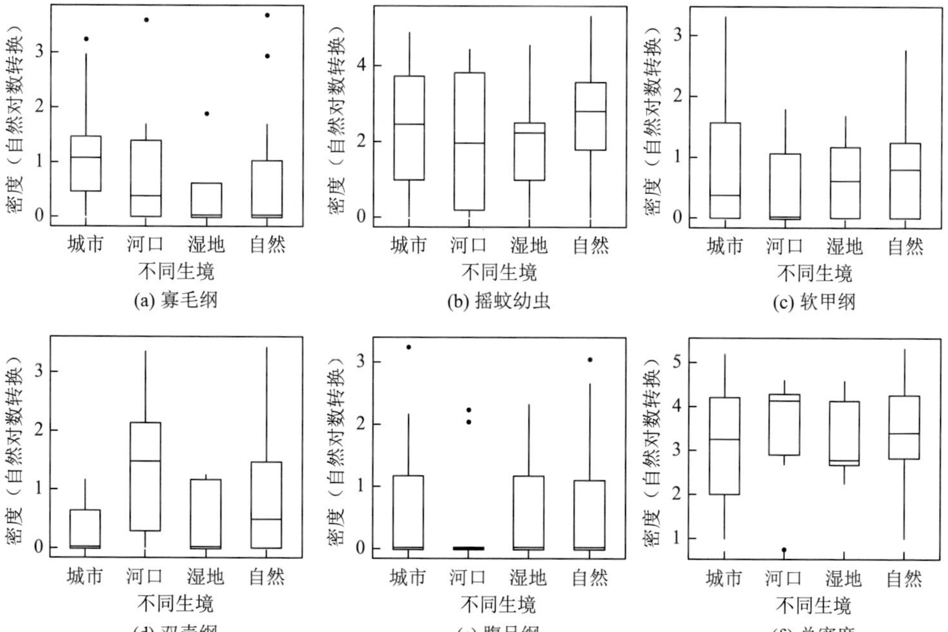

(a) 寡毛纲 (b) 摇蚊幼虫 (c) 软甲纲

(d) 双壳纲 (e) 腹足纲 (f) 总密度

图 3-51 2017 年 5 月长江滨岸带不同生境底栖动物各类群密度（自然对数转换）

刮食者螺类的栖息，腹足纲密度在其余生境间差异不显著。软甲纲和底栖动物总密度在不同生境间差异不显著。彭增辉等（2013）在长江镇江段不同生境类型的研究也发现，保护区的底栖动物密度和生物量相对于主航道等生境最高。上述结果表明保护区和湿地生境在维持底栖动物多样性方面具有重要作用。

各样点底栖动物物种数介于 1～13 种，平均值为 5.5 种。Simpson 优势度指数均值为 0.57，介于 0～0.87。Shannon-Wiener 多样性指数均值为 1.15，最大值为 2.18。Pielou 均匀度指数均值为 0.72。四种多样性指数从上游至下游均未呈现出明显的变化趋势（图 3-52）。总体而言，各样点底栖动物多样性并不高。

分析不同生境的底栖动物的多样性指数发现，城市生境底栖动物物种数低于其他生境类型，在不同样点间变异也较大。Simpson 优势度指度、Shannon-Wiener 多样性指数、Pielou 均匀度指数在不同生境间差异不显著（图 3-53），主要是同一生境不同样点间变化较大，表明底栖动物多样性还受到其他因素的影响。

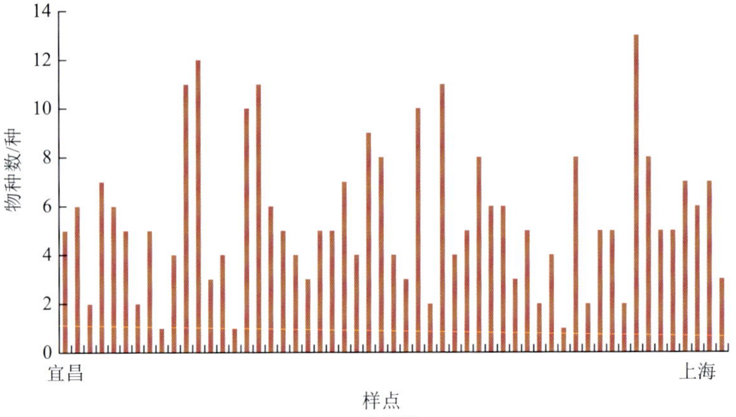

(a) 物种数

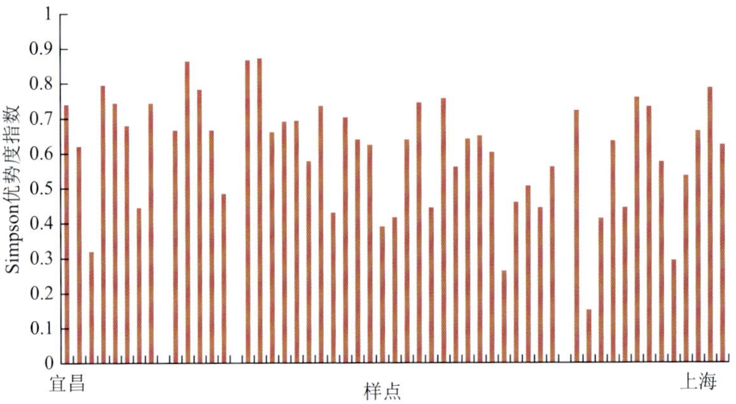

(b) Simpson优势度指数

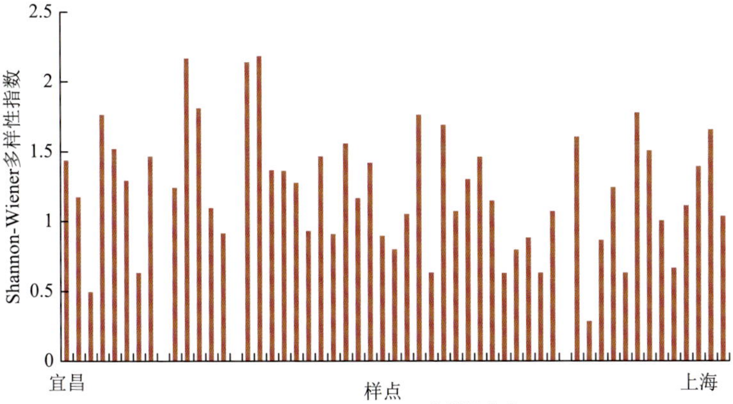

(c) Shannon-Wiener多样性指数

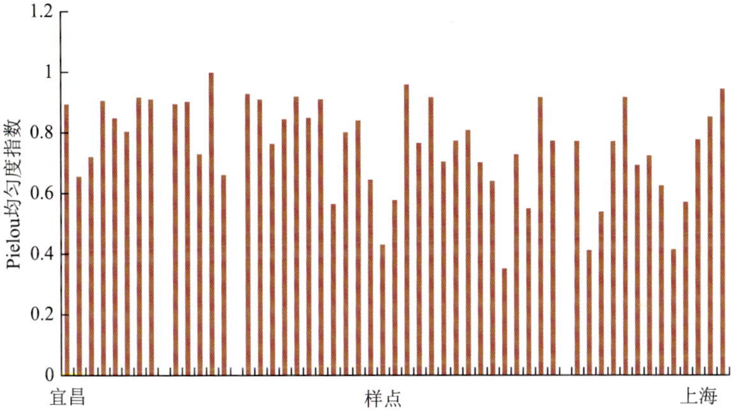

(d) Pielou均匀度指数

图 3-52 2017 年 5 月长江滨岸带各样点底栖动物多样性

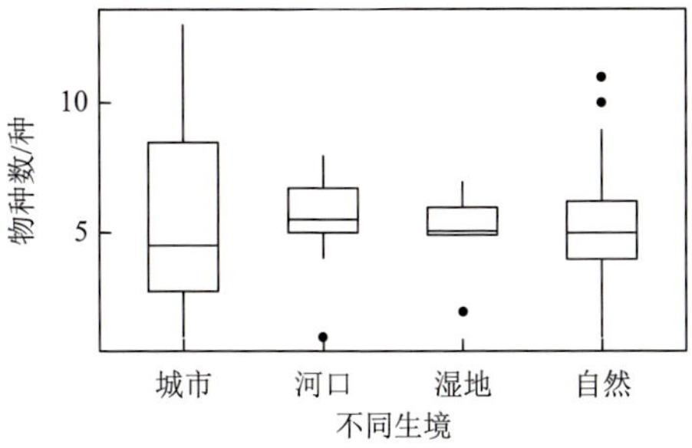

(a) 物种数

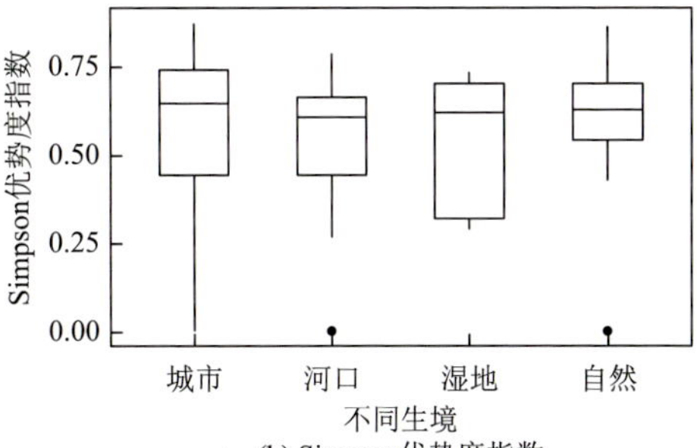

(b) Simpson优势度指数

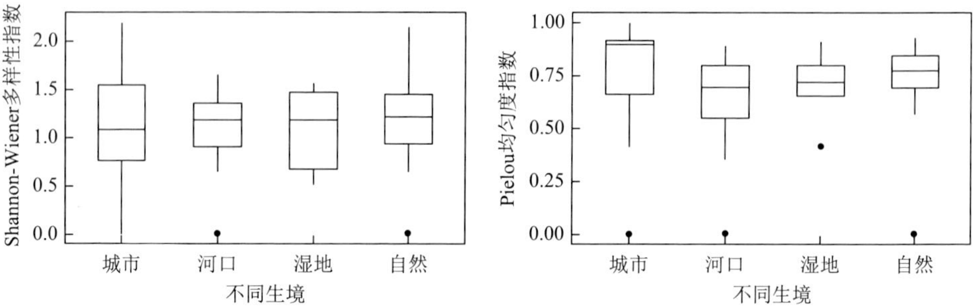

(c) Shannon-Wiener多样性指数　(d) Pielou均匀度指数

图 3-53　2017 年 5 月长江滨岸带不同生境底栖动物多样性

4 长江干支流岸线开发及生态环境影响调查与评估

岸线资源是长江经济带港口、产业、城镇等建设布局的重要载体。近30多年来，伴随着长江沿岸地区快速的城市化、工业化进程，长江岸线资源开发利用的功能、强度等均发生较大变化，有效支撑了沿江地区的社会经济发展，但在岸线资源保护-开发方面也日益呈现出一系列新的突出问题。为此，以高分遥感影像为基础，通过室内解译、野外踏勘和部门座谈等方式，对长江干支流岸线开发利用现状进行调查，并评估岸线开发的水环境影响和开发过程中产生的生态侵占情况，梳理其存在的主要共性问题，分析其形成的主要原因。

本章利用高分遥感影像结合野外调查，提取长江干流（宜宾三江口以下）及重要支流（赣江、湘江、汉江、嘉陵江、乌江、岷江、金沙江）岸线资源开发利用信息，结合水环境调查数据，揭示干流岸线开发利用与滨岸带水质的关系；结合生态敏感区分布调查，评估岸线开发利用的生态侵占情况。

4.1 长江干支流岸线开发利用现状调查

4.1.1 长江干流岸线开发利用现状

4.1.1.1 岸线利用率接近30%，总体利用不平衡

长江干流岸线总长7908.8km，其中主江岸线6320.2km，洲岛岸线1588.6km[①]。截至2016年底，已开发利用（实际占用）2169.9km，利用率27.4%。其中，主江岸线已开发利用（实际占用）1980.7km，利用率为31.3%；洲岛岸线已开发利用（实际占用）189.2km，利用率为11.9%[②]。

从沿江各省份主江岸线开发利用情况看，上海、江苏、江西、湖北主江岸线

① 岸线以一定水位下水域与陆域的交界线进行统计，其中长江中下游平原河道岸线以造床流量对应的水位与岸边的交线来代表，长江口河段岸线以多年平均高潮位与岸边的交线来代表，长江上游合江门至宜昌段河道（不含库区）岸线以当地防洪设计水位与岸边的交线来代表，三峡库区的岸线以移民迁移线来代表；起点是宜宾市合江门（又称“三江口”），终点北岸到启东东端，南岸到浦东新区东端（芦潮港）。

② 岸线利用类型包括港口岸线、工业岸线、城市生活与游憩岸线、过江通道岸线和取水口岸线，其中过江通道岸线和取水口岸线的统计长度为实际占用长度，过江通道和取水口上下游保护范围的岸线由于功能上存在叠加，以下专门分析。

利用强度均超过整体平均水平（31.3%）；下游省份岸线利用强度整体较高，上海、江苏主江岸线利用强度分别达到 50.0%和 51.8%；中游的江西主江岸线利用强度高达 56.4%。洲岛岸线的开发利用也主要集中在江苏、上海和江西，利用率分别为 20.2%、15.6%和 11.2%（表 4-1，图 4-1）。

表 4-1　长江干流岸线开发利用强度

	合计		主江岸线		洲岛岸线	
	长度/km	占比/%	长度/km	占比/%	长度/km	占比/%
总长	7908.8		6320.2		1588.6	
已利用岸线	2169.9	27.4	1980.7	31.3	189.2	11.9
未利用岸线	5738.9	72.6	4339.5	68.7	1399.4	88.1
上海	497.3		119.1		378.2	
已利用岸线	118.5	23.8	59.6	50.0	58.9	15.6
未利用岸线	378.8	76.2	59.5	50.0	319.3	84.4
江苏	1184.9		803.9		381.0	
已利用岸线	493.5	41.6	416.5	51.8	77.0	20.2
未利用岸线	691.4	58.4	387.4	48.2	304.0	79.8
安徽	1116.7		754.0		362.7	
已利用岸线	246.1	22.0	227.6	30.2	18.5	5.1
未利用岸线	870.6	78.0	526.4	69.8	344.2	94.9
江西	246.6		141.9		104.7	
已利用岸线	91.8	37.2	80.1	56.4	11.7	11.2
未利用岸线	154.8	62.8	61.8	43.6	93.0	88.8
湖北	2167.3		1906.9		260.4	
已利用岸线	713.7	32.9	692.1	36.3	21.6	8.3
未利用岸线	1453.6	67.1	1214.8	63.7	238.8	91.7
湖南	155.9		155.9			
已利用岸线	36.4	23.3	36.4	23.3		
未利用岸线	119.5	76.7	119.5	76.7		
重庆	2042.0		1977.1		64.9	
已利用岸线	342.7	16.8	342.0	17.3	0.7	1.1
未利用岸线	1699.3	83.2	1635.1	82.7	64.2	98.9
四川	498.1		461.4		36.7	
已利用岸线	127.2	25.5	126.4	27.4	0.8	2.2
未利用岸线	370.9	74.5	335.0	72.6	35.9	97.8

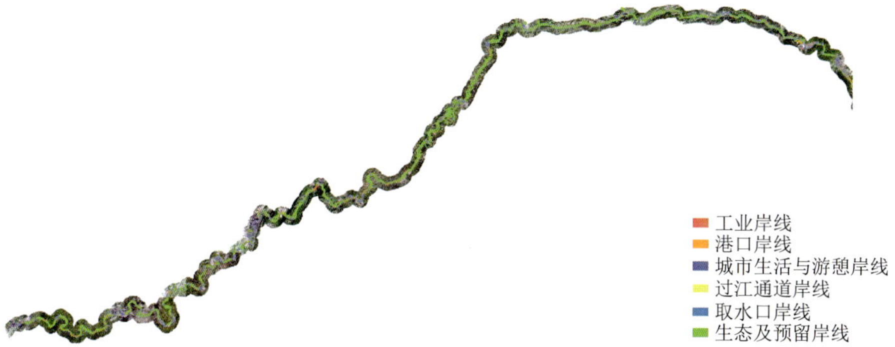

(a) 长江上游岸线资源开发利用现状

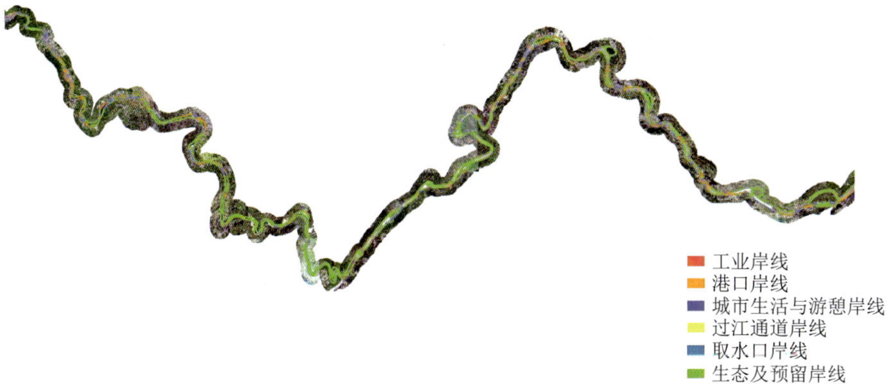

(b) 长江中游岸线资源开发利用现状

(c) 长江下游岸线资源开发利用现状

图 4-1 长江岸线开发利用现状

4.1.1.2 岸线利用以港口码头占用为主，上下游差异明显

从岸线开发利用的类型看，港口岸线是最主要类型，总利用长度 1026.2km，占已利用岸线比例 47.2%。其中，江苏港口码头占用比例最高，达到 62.4%；上海、安徽、江西、湖南港口岸线占已利用岸线的比例也分别达 43.8%、47.9%、46.5%、47.3%。湖北、重庆、四川港口岸线占已利用岸线的比例较低，但也分别达到了 42.7%、37.5%和 43.3%。城市生活与游憩岸线为 792.9km，占已利用岸线 36.6%；过江通道岸线为 18.3km。在长江主江岸线中，城市生活与游憩岸线 710.1km，占总体主江岸线的 35.9%；工业岸线占用 273.3km，占已开发利用岸线的比例达到 13.8%；各类过江桥隧 91 座，过江通道岸线为 15.3km（跨江设施实际占用，不包括上下游保护范围）。洲岛岸线的开发利用以城市生活与游憩岸线为主，利用长度 82.8km，占总体洲岛岸线的 43.8%（表 4-2）（梁双波等，2019）。

表 4-2　长江岸线开发利用结构

	合计		主江岸线		洲岛岸线	
	长度/km	占比/%	长度/km	占比/%	长度/km	占比/%
总体	2169.9	100.0	1980.7	100.0	189.2	100.0
工业岸线	325.4	15.0	273.3	13.8	52.1	27.4
港口岸线	1026.2	47.3	975.2	49.2	51.0	27.0
城市生活与游憩岸线	792.9	36.6	710.1	35.9	82.8	43.8
过江通道岸线	18.3	0.8	15.3	0.8	3.0	1.6
取水口岸线	7.1	0.3	6.8	0.3	0.3	0.2
上海	118.5	100.0	59.6	100.0	58.9	100.0
工业岸线	30.7	25.9	11.0	18.5	19.7	33.5
港口岸线	51.9	43.8	27.8	46.6	24.1	40.9
城市生活与游憩岸线	35.0	29.5	20.2	33.9	14.8	25.1
过江通道岸线	0.6	0.5	0.3	0.5	0.3	0.5
取水口岸线	0.3	0.3	0.3	0.5	0.0	0.0
江苏	493.5	100.0	416.5	100.0	77.0	100.0
工业岸线	96.1	19.5	71.6	17.2	24.5	31.8
港口岸线	308.2	62.4	290.1	69.7	18.1	23.5
城市生活与游憩岸线	82.8	16.8	49.9	12.0	32.9	42.7
过江通道岸线	4.6	0.9	3.3	0.8	1.3	1.7
取水口岸线	1.8	0.4	1.6	0.4	0.2	0.3

续表

	合计		主江岸线		洲岛岸线	
	长度/km	占比/%	长度/km	占比/%	长度/km	占比/%
安徽	246.1	100.0	227.6	100.0	18.5	100.0
工业岸线	39.9	16.3	37.5	16.5	2.4	13.0
港口岸线	117.9	47.9	112.2	49.3	5.7	30.8
城市生活与游憩岸线	86.4	35.1	76.0	33.4	10.4	56.2
过江通道岸线	1.1	0.4	1.1	0.5	0.0	0.0
取水口岸线	0.8	0.3	0.8	0.4	0.0	0.0
江西	91.8	100.0	80.1	100.0	11.7	100.0
工业岸线	11.2	12.2	11.2	14.0	0.0	0.0
港口岸线	42.7	46.5	41.1	51.3	1.6	13.7
城市生活与游憩岸线	37.6	41.0	27.5	34.4	10.1	86.3
过江通道岸线	0.2	0.2	0.2	0.2	0.0	0.0
取水口岸线	0.1	0.1	0.1	0.1	0.0	0.0
湖北	713.7	100.0	692.1	100.0	21.6	100.0
工业岸线	96.9	13.6	91.4	13.2	5.5	25.5
港口岸线	304.8	42.7	303.4	43.8	1.4	6.5
城市生活与游憩岸线	305.9	42.8	292.3	42.3	13.6	63.0
过江通道岸线	4.3	0.6	3.3	0.5	1.0	4.5
取水口岸线	1.8	0.3	1.7	0.2	0.1	0.5
湖南	36.4	100.0	36.4	100.0	0.0	0.0
工业岸线	3.4	9.3	3.4	9.3	0.0	0.0
港口岸线	17.2	47.3	17.2	47.3	0.0	0.0
城市生活与游憩岸线	15.7	43.1	15.7	43.1	0.0	0.0
过江通道岸线	0.1	0.3	0.1	0.3	0.0	0.0
取水口岸线	0.0	0.0	0.0	0.0	0.0	0.0
重庆	342.7	100.0	342	100.0	0.7	100.0
工业岸线	32.8	9.5	32.8	9.6	0.0	0.0
港口岸线	128.4	37.5	128.4	37.5	0.0	0.0
城市生活与游憩岸线	173.8	50.7	173.4	50.7	0.4	57.1
过江通道岸线	5.8	1.7	5.5	1.6	0.3	42.9
取水口岸线	1.9	0.6	1.9	0.6	0.0	0.0
四川	127.2	100.0	126.4	100.0	0.8	100.0
工业岸线	14.4	11.3	14.4	11.4	0.0	0.0

续表

	合计		主江岸线		洲岛岸线	
	长度/km	占比/%	长度/km	占比/%	长度/km	占比/%
港口岸线	55.1	43.3	55.0	43.5	0.1	12.5
城市生活与游憩岸线	55.7	43.8	55.1	43.6	0.6	75.0
过江通道岸线	1.6	1.3	1.5	1.2	0.1	12.5
取水口岸线	0.4	0.3	0.4	0.3	0.0	0.0

上中下游沿江各省份岸线利用结构存在明显的差异：中下游省份的主江岸线开发均是以港口岸线为主要利用类型，江苏港口岸线占主江岸线的 69.7%；上游的重庆和四川城市生活与游憩岸线开发占一定的主导地位。沿江各省份岸线开发利用方式具体见表 4-2。

4.1.1.3 开发岸段多集中大中城市，利用效率总体呈梯度降低态势

岸线资源的开发利用与腹地城镇依托紧密相关。长期以来，围绕沿江开放开发，武汉、重庆、宜宾、宜昌、岳阳、九江、芜湖、南京、镇江、江阴、苏州等城市的长江岸线资源利用加快，且其主要利用方式是以港口、工业为主体。据统计，2015 年干线港区生产性泊位达到 3866 个（其中万吨级以上码头泊位 411 个），散货、件杂货物年综合通过能力为 17.98 亿 t，集装箱通过能力为 2169.56 万 TEU[①]，通过能力利用率已达 120%，全线港口岸线的泊位通过能力为 2388t/m^2。

从港口岸线的利用效率看，上中下游港口的集约利用水平差异明显。下游城市的港口岸线利用效率较高，苏州港的单位长度岸线吞吐量最高（14225.1t/m）；中上游城市的港口岸线利用效率偏低，存在一定的“粗放”现象，重庆港的单位长度岸线吞吐量仅为 1690.9t/m（图 4-2）。

4.1.1.4 优良岸线开发利用率较高，资源挖潜仍有一定空间

将岸线利用现状与岸线开发适宜性等级进行叠加[②]分析，可以发现长江主

① TEU 为 20ft 标准集装箱，1ft = 3.048×10^{-1}m。

② 岸线开发适宜性等级根据岸前水深、岸线稳定性、后方陆域条件进行综合评估。岸前水深南京新济洲以下离岸距离为 300m，南京新济洲至葛洲坝下离岸距离为 200m，葛洲坝以上离岸距离为 100m。岸线稳定性葛洲坝以上采用地质灾害风险评估，葛洲坝以下采用河势稳定性评估。陆域条件 I 级标准，葛洲坝以上采用 1km 陆域纵深，葛洲坝以下采用 2km 陆域。在此基础上进行要素叠加分析，形成三级岸线开发适宜性数据库。由于分类标准的不同，上海岸线暂未进行适宜性评价。

江已开发利用岸线主要集中在一级、二级岸线，总体利用率为52%，其中一级岸线占用为55.41%，二级岸线占用为48.13%。江苏、江西、重庆和湖北对优良岸线（一级、二级岸线）占用总体均超过50%，分别为62.2%、62%、53.9%和49.9%。

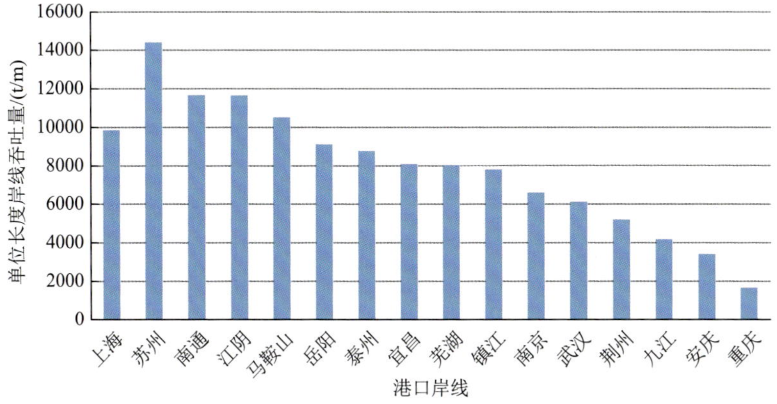

图4-2　长江主江主要港口岸线利用效率

从各省一级岸线利用率看，江西最高达到75.18%，江苏达到65.92%，湖北、湖南也达到50%以上。从各省一级岸线利用结构看，港口岸线占已利用一级岸线的比例平均达到60.92%，其中江苏最高为76.08%，安徽也达到了54.98%。但江西、湖北、湖南、重庆的港口岸线占已利用一级岸线的比例均低于50%，未来通过对一级岸线的功能优化调整，湖南、江西、重庆的一级岸线潜力仍有较大空间（表4-3）。

表4-3　长江主江一级、二级岸线利用情况

岸线利用情况	江苏	安徽	江西	湖北	湖南	重庆	四川
一级岸线总长度/km	383.26	229.75	46.22	310.56	12.31	36.1	2.31
已利用一级岸线长度/km	252.63	97.66	34.75	158.9	6.32	15.18	0.03
港口岸线占已利用一级岸线的比例/%	76.08	54.98	42.96	49.26	7.12	32.48	100.00
二级岸线总长度/km	172.53	138.04	57.85	303.93	45.1	58.3	31.17
已利用二级岸线长度/km	93.11	49.39	29.66	148.02	16.33	35.69	16.14
港口岸线占已利用二级岸线的比例/%	59.85	49.10	63.25	56.92	71.95	47.74	25.71

4.1.2　长江重要支流岸线开发利用现状

4.1.2.1　开发利用程度低于干流，各支流开发强度差异显著

选取金沙江、岷江、嘉陵江、乌江、湘江、汉江、赣江 7 条重要支流为调查对象，参照干流岸线调查方法。长江重要支流总长 11491.23km，其中已开发利用岸线 2191.45km，总体开发利用率为 19.07%，远低于干流的 27.44%，空间分布如图 4-3 所示。

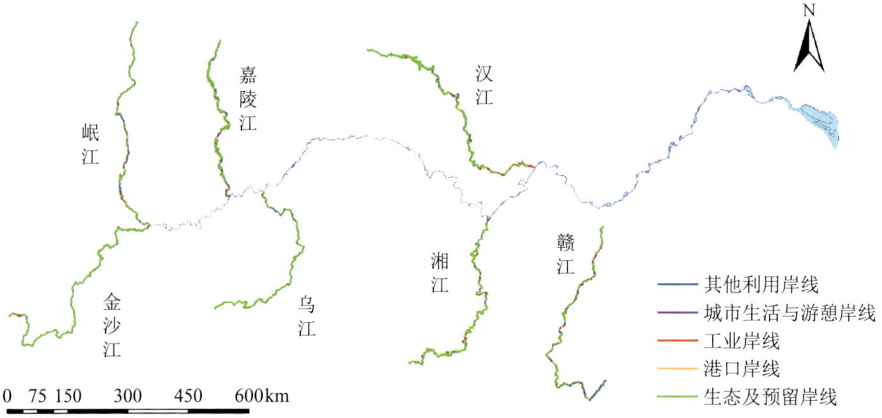

图 4-3　长江重要支流岸线开发利用现状

支流岸线最长为汉江，达到 1879.72km，金沙江、湘江、嘉陵江、赣江和乌江依次为 1729.14km、1673.75km、1633.49km、1601.27km、1516.41km，最短为岷江，长度为 1457.45km。7 条重要支流开发利用率的标准差为 7.74，各支流开发利用程度差异显著。其中，赣江和岷江开发利用率最高，分别为 27.37%和 27.24%，已开发利用岸线长 438.32km 和 397.01km；其次为湘江，已开发利用岸线总长 432.61km，开发利用率为 25.85%；乌江和金沙江开发利用程度较低，已开发利用岸线总长 83.79km 和 209.47km，其中乌江开发利用率最低，仅为 5.53%（表 4-4）。

表 4-4　重要支流岸线开发利用类型统计

支流名称	总长/km	开发利用岸线					
		合计/km	港口岸线/km	工业岸线/km	城镇生活与游憩岸线/km	其他利用岸线/km	开发利用率/%
赣江	1601.27	438.32	83.56	79.99	245.12	29.65	27.37

续表

支流名称	总长/km	开发利用岸线					
		合计/km	港口岸线/km	工业岸线/km	城镇生活与游憩岸线/km	其他利用岸线/km	开发利用率/%
湘江	1673.75	432.61	102.73	110.79	198.7	20.39	25.85
汉江	1879.72	314.73	59.96	77.68	160.11	16.98	16.74
嘉陵江	1633.49	315.54	82.31	54.81	145.84	32.58	19.32
乌江	1516.41	83.79	9.05	9.2	52.9	12.64	5.53
岷江	1457.45	397.01	105.22	146.06	115.06	30.67	27.24
金沙江	1729.14	209.47	36.33	70.98	56.13	46.03	12.11
合计	11491.23	2191.47	479.16	549.51	973.86	188.94	19.07

4.1.2.2　开发集中于沿江城镇密集区，以城市生活为主要利用类型

7 条重要支流岸线开发利用类型主要为港口岸线、工业岸线、城镇生活与游憩岸线、其他利用岸线。其中城镇生活与游憩岸线最长，达到 973.84km，占开发利用岸线总长的 44.44%；工业岸线和港口岸线分别为 549.50km 和 479.17km，占开发利用岸线总长的 25.07%和 21.86%；包括过江通道和水工设施在内的其他利用岸线长 188.94km，占开发利用岸线总长的 8.62%（图 4-4）。

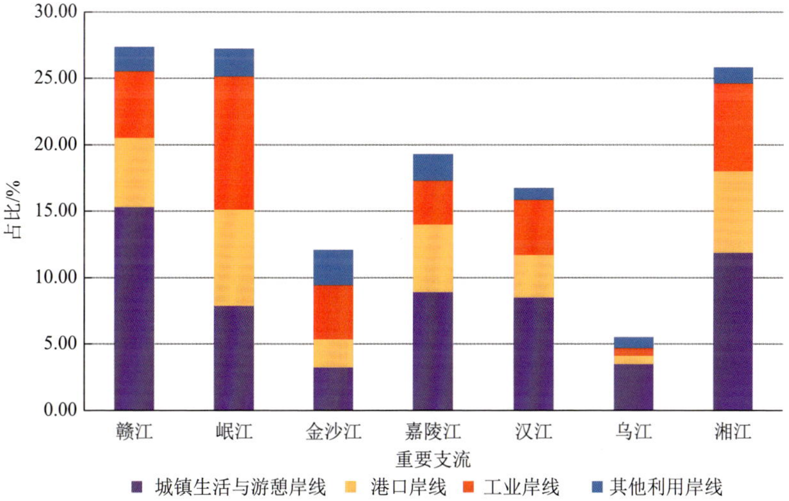

图 4-4　7 条重要支流岸线开发利用类型占比

从各条支流利用情况看，赣江、汉江和乌江的岸线主要开发利用类型为城镇生活与游憩岸线，长度分别为 245.12km、160.11km 和 52.9km，分别占其开发利用岸线总长的 55.92%、50.87%和 63.13%，均在 50%以上。工业岸线最长的支流为岷江，长度为 146.06km，达到其岸线总长的 10.02%；乌江工业岸线最短，长度仅为 9.2km，占其岸线总长的 0.61%。其他利用岸线最长的为金沙江，长度为 46.03km，占其岸线总长的 2.66%。岷江的港口岸线占比最高，达到 7.22%，长度为 105.22km，其中有 100.31km 为砂石码头岸线。

从空间分布看，开发利用较多的岸段均在沿江城镇密集区，各支流开发利用率较高的岸段分别为赣江南昌段、吉安段，岷江乐山段、眉山段，金沙江宜宾段、攀枝花段，嘉陵江重庆段、南充段，汉江襄阳段、武汉段，乌江铜仁段，湘江长沙段、株洲段（图 4-5～图 4-11）。

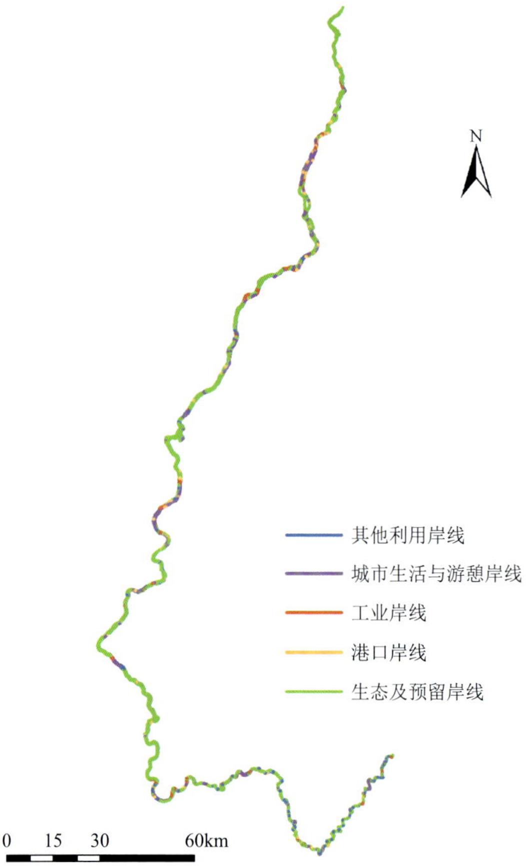

图 4-5　赣江开发利用现状

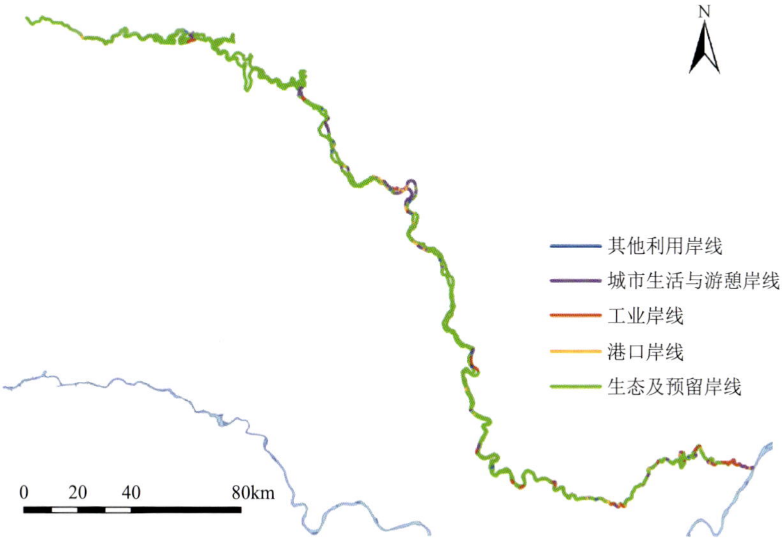

图 4-6 汉江开发利用现状

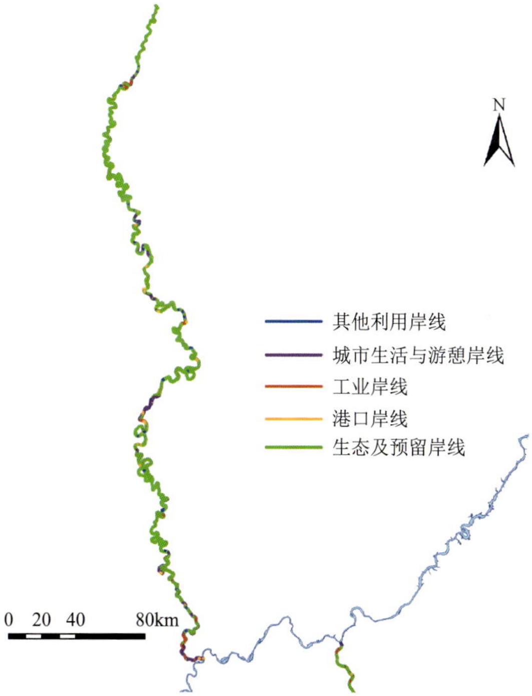

图 4-7 嘉陵江开发利用现状

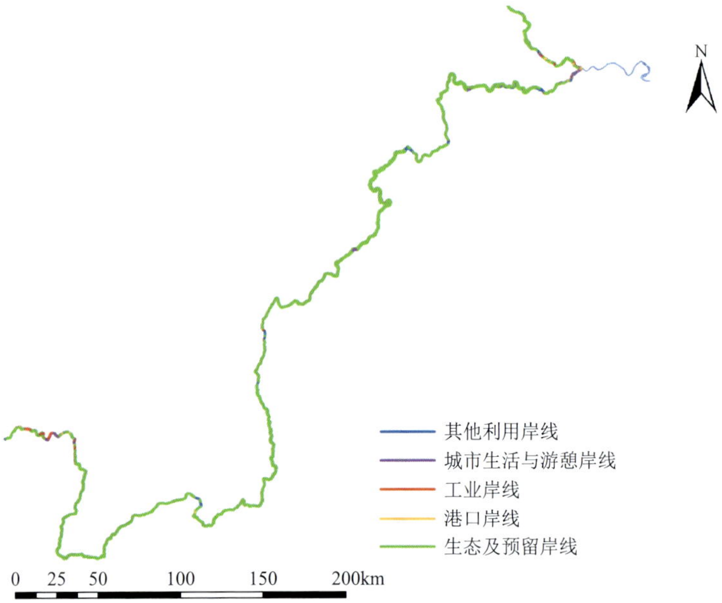

图 4-8　金沙江开发利用现状

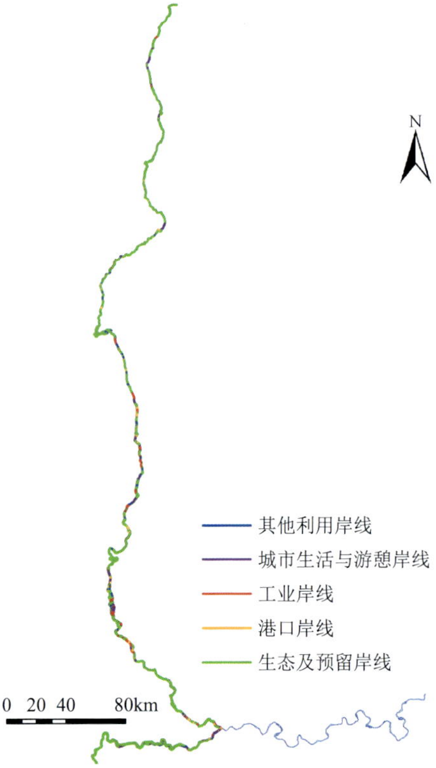

图 4-9　岷江开发利用现状

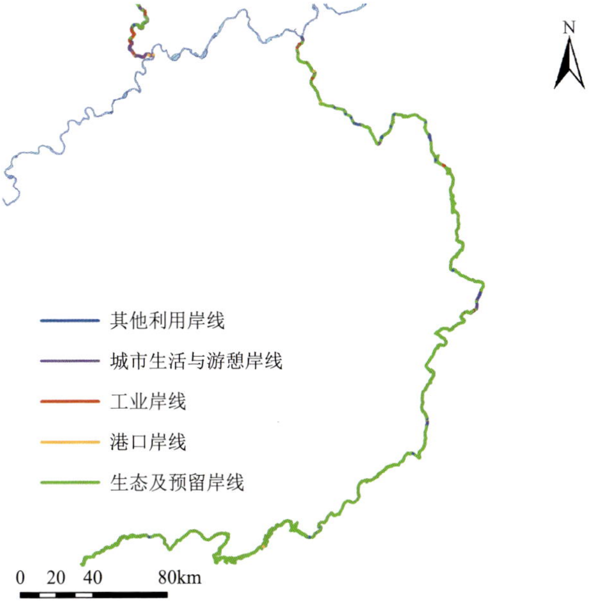

图 4-10 乌江开发利用现状

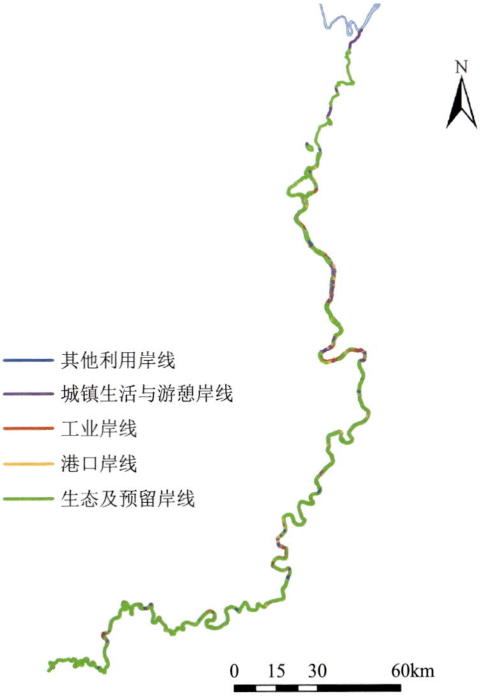

图 4-11 湘江开发利用现状

4.1.3 长江岸线利用存在的主要问题

4.1.3.1 岸线利用结构不尽合理，局部岸段功能布局较为混乱

当前，岸线开发主要是考虑岸线的生产功能，城市生活与游憩岸线在局部岸段比例偏低，江苏最低为16.78%。由于缺乏统一的规划指导，岸线资源复合功能考虑不足。在目前的岸线开发利用中，仍存在重开发利用、轻岸线保护，重港口工业布局、轻游憩亲水空间谋划等现象。港口工业、港口集疏运对紧邻腹地影响较大，多种功能相互混杂，今后其优化调整面临诸多掣肘。例如，随着城市建设，九江原城区、城西等港区已逐步位于主城中心区，已有码头生产运行与城市发展之间，不仅存在着疏港交通与城市交通的互为交叉干扰问题，而且还存在着港口陆域纵深不足、码头功能与城市功能不协调等问题，有待进一步调整和衔接。保护区作为生态岸线构建的最重要组成部分，港口和产业开发在局部岸段对各类各级保护区岸段侵占较明显，且这种势头并未得到有效遏制。

4.1.3.2 跨省地区统筹存在短板，重化产业布局与岸线占用存在较大隐患

围绕各省份历次沿江开发规划的实施，各省份内部上下游、左右岸的岸线开发利用方向，经过“自下而上、自上而下”的协商博弈，目前总体趋于优化。但对于跨省边界地区而言，上下游、左右岸的统筹仍存在短板，部分岸段的重化工业、取水口、排污口布局不合理，饮水安全存在较大隐患。例如，四川省泸州市规划的纳溪化工园区、龙马潭化工园区和高坝化工园区在长江龙马潭饮用水源区内，不符合水功能区管理的要求，影响饮用水安全。

统计显示（表 4-5），长江沿江地区化工企业数量 4956 家，其中临江 5km 化工企业数量占比达 27%，临江 1km 化工企业数量占比达 8%；化工工业总产值达 23467 亿元，其中临江 5km 化工工业总产值占比 47%，临江 1km 化工工业总产值占比 21%。而临江 1～5km 范围内化工企业数从 2000 年的 451 家增长到 2013 年的 921 家，占当年沿江地区总化工企业数的比重也从 2000 年的 16.2%提高到 2013 年的 18.4%。临江 5km 范围内集中了沿江地区近 1/4 的企业，并且占当年沿江地区总化工企业数的比重从 2000 年的 21.5%提高到 2013 年的 26.7%。从省级沿江地区来看，江苏、上海、湖北三个省份集中了 80%以上的化工企业数量和产能。沿江城市布局有 145 家大型化工企业，其中临江 5km 范围内布局 66 家大型化工企业，临江 1km 内布局 28 家化工企业；上海、苏州、南通、南京、重庆、宜昌等城市大型企业较多，皆在 10 个以上。从临江 5km 范围来看，重庆、宜昌、宜

宾、南京、镇江大型企业较多，皆在 5 个以上。而与长江岸线最密切相关的 1km 范围来看，重庆、宜昌大型企业达 5 个，镇江、苏州大型企业达 3 个。长江主江布局有集中式饮用水水源地 131 个，化工产业的布局、排污口的设置对取水口在局部岸段影响明显，重化工产业布局产生的污水、危化品码头建设对整个长江生态环境有显著的潜在风险。

表 4-5 沿江不同空间范围化工产业布局

区域	沿江地区				临江 5km		临江 1km	
	化工工业总产值/亿元	比例/%	化工企业数量/个	比例/%	化工工业总产值占比/%	化工企业数量占比/%	化工工业总产值占比/%	化工企业数量占比/%
上海	4383	19	792	16	22	9	4	3
江苏	12755	54	2766	56	53	27	20	8
安徽	952	4	274	6	65	37	46	6
江西	613	3	94	2	71	40	61	20
湖北	2390	10	512	10	57	41	37	13
湖南	1240	5	173	3	8	10	1	2
重庆	808	3	269	5	57	34	31	14
四川	326	1	76	2	88	66	44	29
总计	23467	100	4956	100	47	27	21	8

4.1.3.3 岸线利用效率仍偏低，港口码头结构性矛盾较突出

受到发展阶段、属地化管理等的综合影响，上下游港口间存在重复建设、岸线多占少用等现象，大部分岸线利用效率和码头集约化程度低，港口岸线开发存在碎片化现象，一级、二级优良岸线存在“深水浅用”“占而不用”等现象。统计显示，2016 年，长江干线生产性泊位共 3922 个，同比减少 39 个；万吨级泊位 572 个，同比增加 70 个。中小型码头企业过多，影响整体利用效率的提升。

下游省份岸线资源已日趋紧张，但港口码头结构性矛盾仍较突出。例如，江苏的南京港、南通港、苏州港、泰州港、镇江港已利用港口岸线占规划港口岸线的比例均超过 80%，无锡港深水岸线的利用率已高达 89%（表 4-6）。但“一县（市）一港区”发展模式层次偏低，大部分公用港口企业以大宗干散货和液体散货装卸转运为主，沿江 43%的煤炭、78%的铁矿石通过通用码头泊位运输；港口资源开发利用集约化、专业化水平不高，货主码头数量过半，许多大型公共码头泊位利用率不到 50%（成长春等，2017）。

氯离子浓度、总氮浓度、氨氮浓度、硫酸根离子浓度、硝酸根离子浓度、高锰酸盐指数 8 项指标说明生产性岸线对水质的影响。从整体上看，各类水质指标在中上游较低、下游较高，港口工业岸线占用较多的省份水质较差。港口工业岸线比重最大（34.45%）的江苏共有 404.36km 港口工业岸线，pH 最偏酸性，氨氮浓度最高，氟离子浓度、氯离子浓度、硫酸根离子浓度、高锰酸盐指数仅次于上海。安徽港口工业岸线占用较少（14.14%），所有水质指标均优于平均水平，总氮浓度、氨氮浓度、硫酸根离子浓度、硝酸根离子浓度低于上游省份。中游江西、湖北港口工业岸线占比较高，其中江西港口工业岸线占比为 21.87%，氯离子浓度、总氮浓度、硫酸根离子浓度在中部三省排名最高；湖北港口工业岸线占比为 18.54%，氨氮浓度、高锰酸盐指数在中部三省中排名最高；两省均有部分指标项高于下游省份（表 4-7）。

表 4-7　各省份生产性岸线占比与水质指标情况

项目		平均	上海	江苏	安徽	江西	湖北	湖南
生产性岸线	港口工业岸线占总岸线比重/%	17.12	16.61	34.45	14.14	21.87	18.54	13.23
	港口岸线占总岸线比例/%	13.00	10.44	26.26	10.56	17.34	14.07	11.04
	工业岸线占总岸线比例/%	4.12	6.17	8.19	3.58	4.53	4.47	2.19
水质指标	pH	7.14	6.88	6.82	7.22	7.40	7.28	7.24
	氟离子浓度/(mg/L)	0.22	0.66	0.20	0.18	0.08	0.08	0.10
	氯离子浓度/(mg/L)	19.98	64.44	16.35	11.40	11.34	9.71	6.63
	总氮浓度/(mg/L)	0.94	1.53	0.96	0.86	0.99	0.89	0.43
	氨氮浓度/(mg/L)	0.06	0.07	0.08	0.03	0.06	0.08	0.06
	硫酸根离子浓度/(mg/L)	39.24	86.11	34.18	29.51	33.56	30.63	21.43
	硝酸根离子浓度/(mg/L)	10.27	15.92	10.96	5.69	5.77	7.31	15.99
	高锰酸盐指数浓度/(mg/L)	1.71	5.38	1.71	1.14	0.66	0.74	0.63

对采样点上游 1km、2km、3km 范围内生产性岸线利用与水质指标数据匹配分析。采样点上游 1km 范围内共有港口工业岸线 33.46km，其中港口岸线 28.71km，工业岸线 4.75km；2km 范围内共有港口工业岸线 78.09km，其中港口岸线 63.84km，工业岸线 14.25km；3km 范围内共有港口工业岸线 127.76km，其中港口岸线 103.24km，工业岸线 24.52km。氟离子、氯离子、硫酸根离子、硝酸根离子均呈现较显著地随港口工业岸线利用增加而增大的特征：氟离子浓度在无锡江阴段、南京栖霞段、池州贵池段、九江浔阳段、宜昌宜都段等随生产性岸线增加而增大；氯离子浓度在苏州常熟段、镇江京口段、南京栖霞段、九江浔阳段、武汉洪山段等随生产性岸线增加而增大；硫酸根离子浓度在镇江京口段、南京栖霞段、池州贵池段、九江浔阳段、武汉洪山段、荆州沙市段、宜昌西陵段等随生产性岸线增

加而增大；硝酸根离子浓度在镇江京口段、南京栖霞段、咸宁嘉鱼段、荆州监利段、宜昌宜都段等随生产性岸线增加而增大。通过匹配采样点周边化工企业数量发现，上述岸段在沿江地区都存在一定数量的化工企业，一些地区甚至为化工企业集聚区或布局大型化工企业，如江苏常熟新材料产业园、中国石化集团金陵石化公司、中国石化扬子石油化工有限公司、中国石油化工股份有限公司九江分公司、武汉化学工业区、荆州化工工业园、枝城精细化工产业园等，可认为化工企业的沿江布局对当地的水环境产生了一定影响。同时，pH、氟离子、氯离子、硫酸根离子、高锰酸盐指数采样数据呈现出自上游而下不断波动升高的趋势（pH 偏酸性），下游除港口工业岸线利用较多地区外，其他地区同样存在较明显的数值偏高现象，下游水质存在累积变化（图 4-14～图 4-29）。

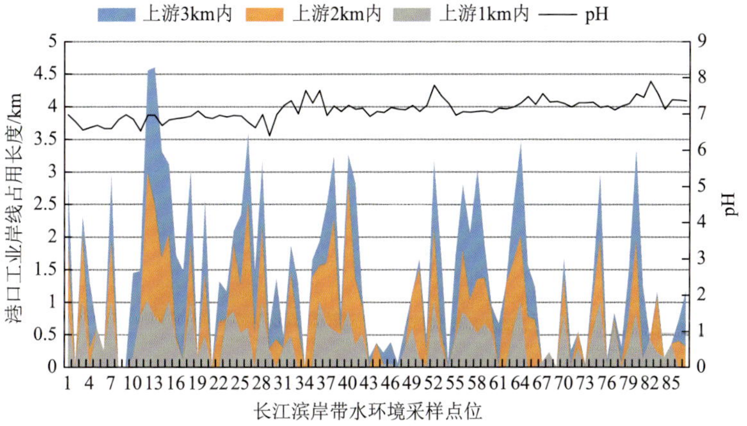

图 4-14　港口工业岸线占用与水质采样数据匹配（pH）

1～52 号点位为下游，53～81 号点位为中游，82～87 号点位为上游

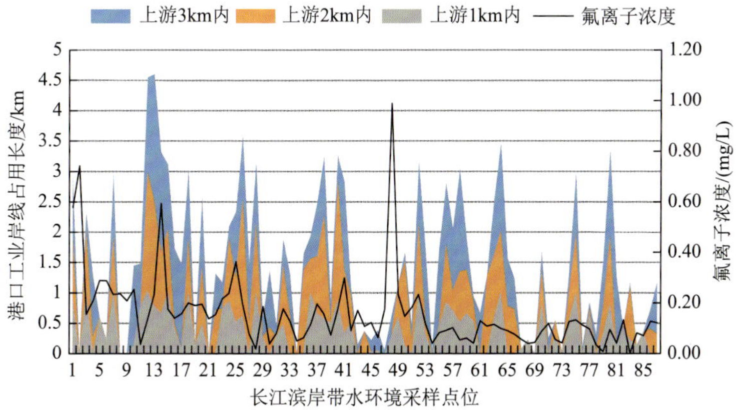

图 4-15　港口工业岸线占用与水质采样数据匹配（氟离子）

1～52 号点位为下游，53～81 号点位为中游，82～87 号点位为上游

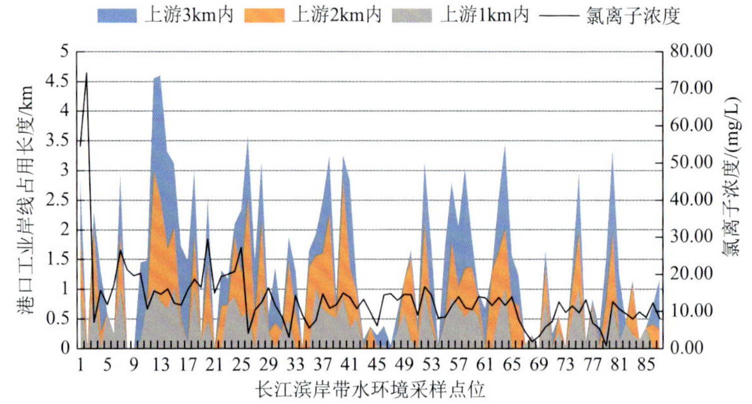

图 4-16　港口工业岸线占用与水质采样数据匹配（氯离子）

1～52 号点位为下游，53～81 号点位为中游，82～87 号点位为上游

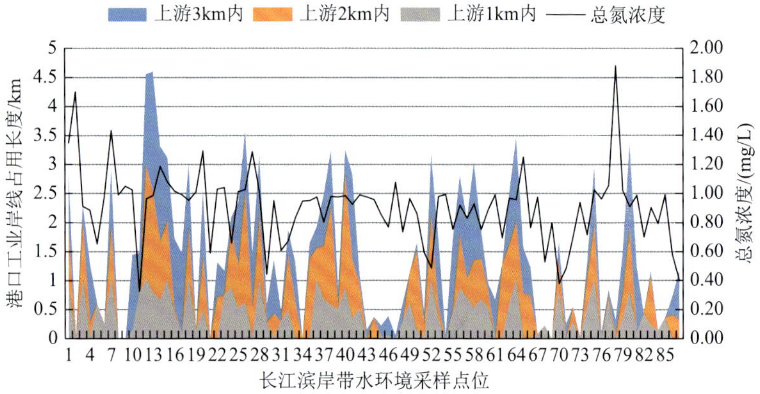

图 4-17　港口工业岸线占用与水质采样数据匹配（总氮）

1～52 号点位为下游，53～81 号点位为中游，82～87 号点位为上游

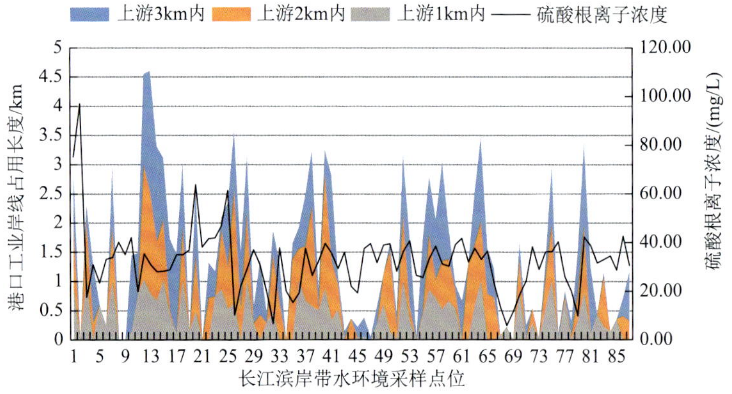

图 4-18　港口工业岸线占用与水质采样数据匹配（硫酸根离子）

1～52 号点位为下游，53～81 号点位为中游，82～87 号点位为上游

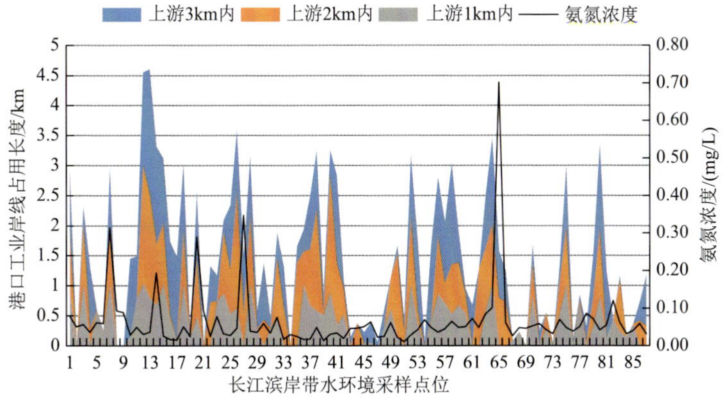

图 4-19　港口工业岸线占用与水质采样数据匹配（氨氮）

1～52 号点位为下游，53～81 号点位为中游，82～87 号点位为上游

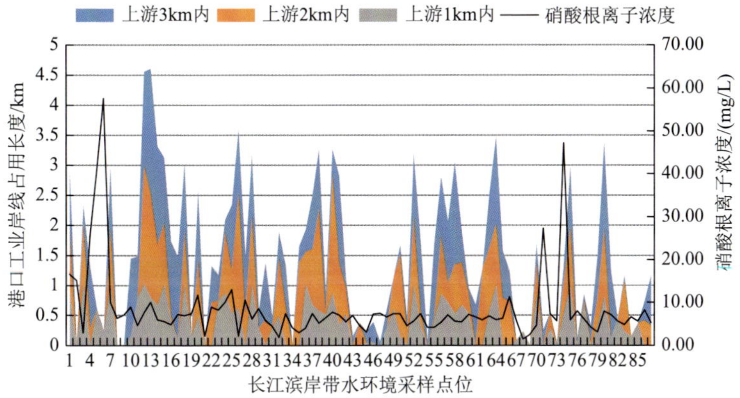

图 4-20　港口工业岸线占用与水质采样数据匹配（硝酸根离子）

1～52 号点位为下游，53～81 号点位为中游，82～87 号点位为上游

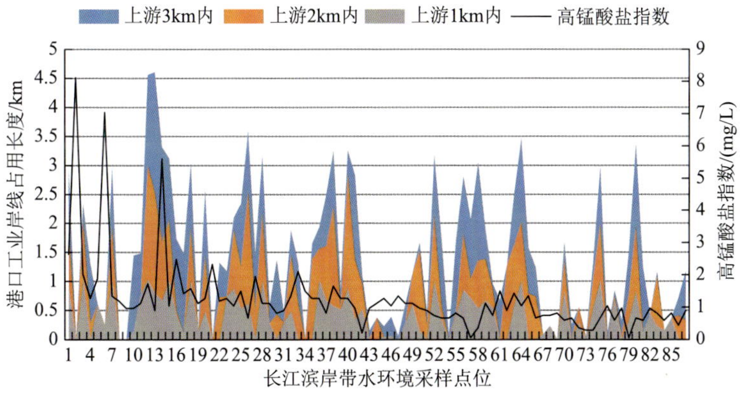

图 4-21　港口工业岸线占用与水质采样数据匹配（高锰酸盐指数）

1～52 号点位为下游，53～81 号点位为中游，82～87 号点位为上游

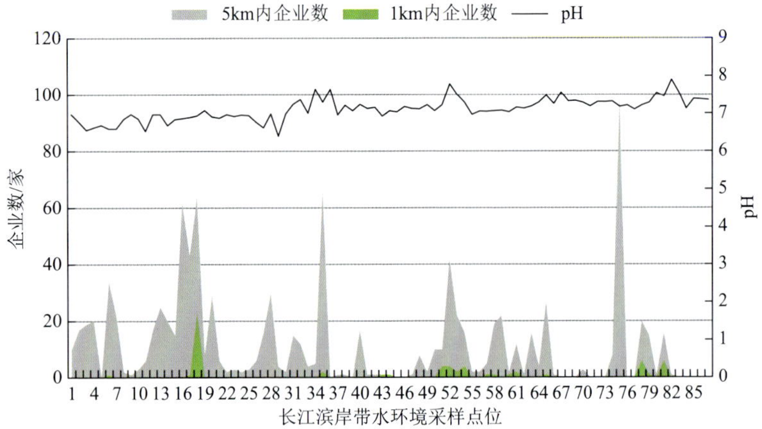

图 4-22　采样点周边化工企业数与水质采样数据匹配（pH）

1～52 号点位为下游，53～81 号点位为中游，82～87 号点位为上游

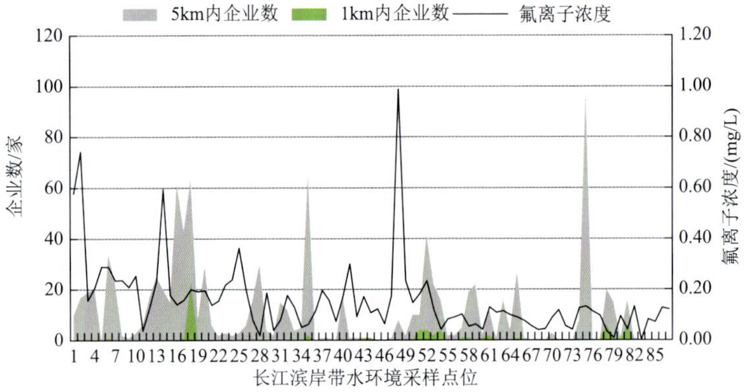

图 4-23　采样点周边化工企业数与水质采样数据匹配（氟离子）

1～52 号点位为下游，53～81 号点位为中游，82～87 号点位为上游

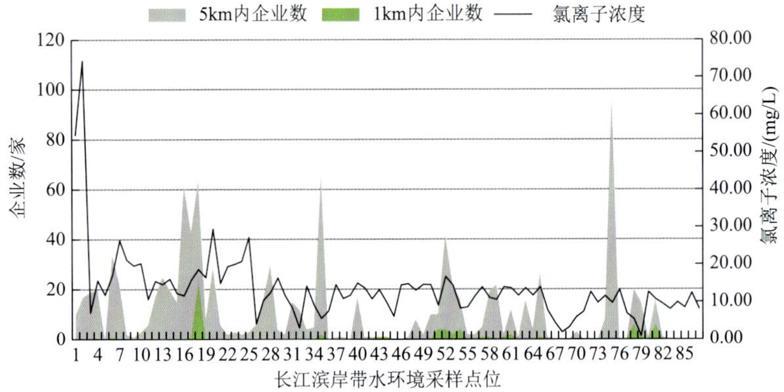

图 4-24　采样点周边化工企业数与水质采样数据匹配（氯离子）

1～52 号点位为下游，53～81 号点位为中游，82～87 号点位为上游

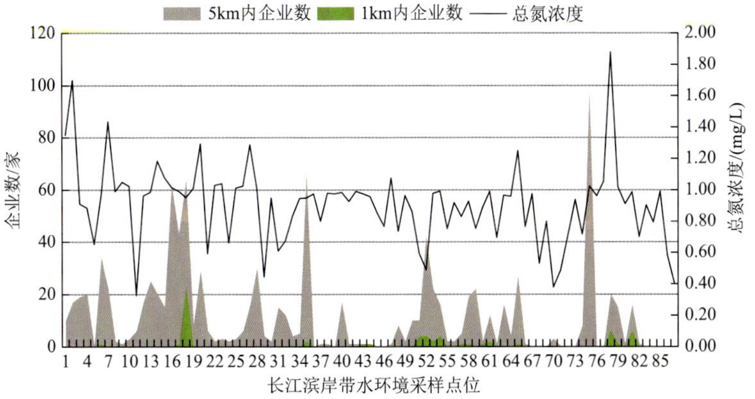

图 4-25 采样点周边化工企业数与水质采样数据匹配（总氮）

1～52 号点位为下游，53～81 号点位为中游，82～87 号点位为上游

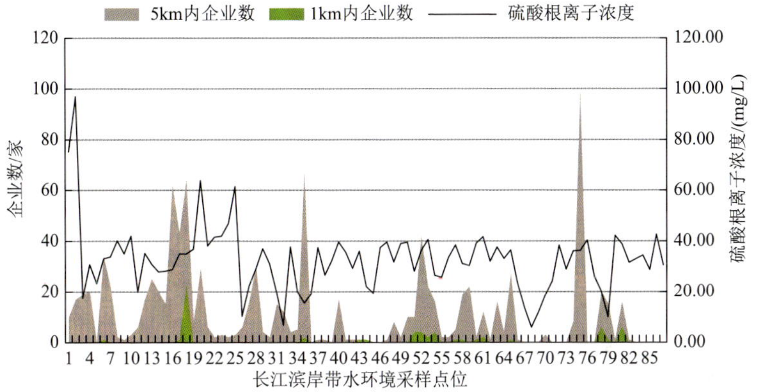

图 4-26 采样点周边化工企业数与水质采样数据匹配（硫酸根离子）

1～52 号点位为下游，53～81 号点位为中游，82～87 号点位为上游

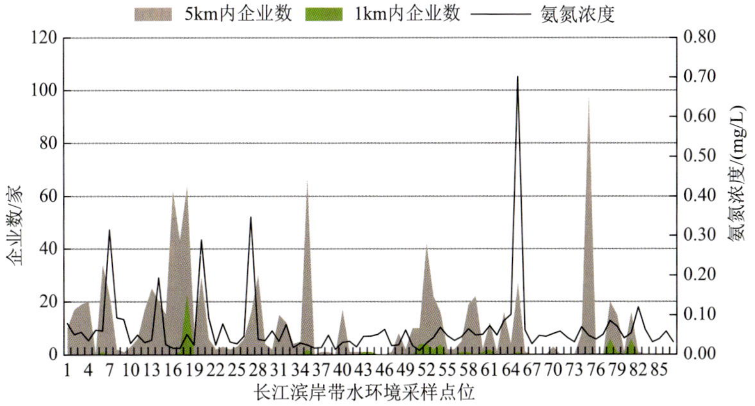

图 4-27 采样点周边化工企业数与水质采样数据匹配（氨氮）

1～52 号点位为下游，53～81 号点位为中游，82～87 号点位为上游

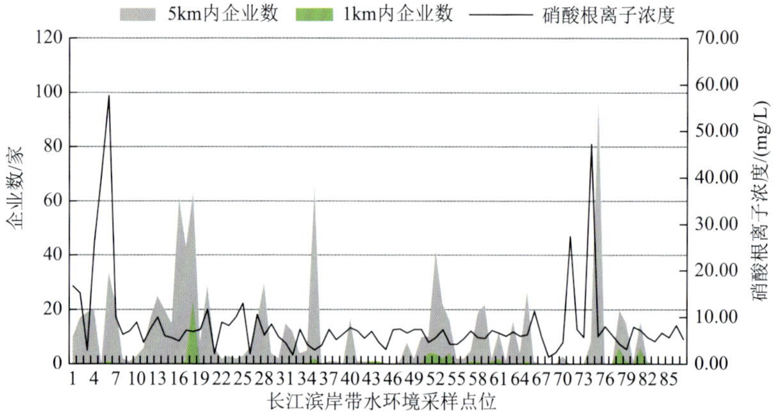

图 4-28　采样点周边化工企业数与水质采样数据匹配（硝酸根离子）

1～52 号点位为下游，53～81 号点位为中游，82～87 号点位为上游

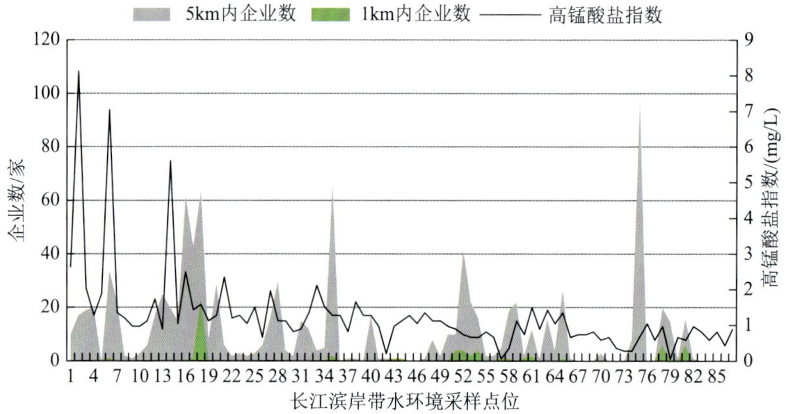

图 4-29　采样点周边化工企业数与水质采样数据匹配（高锰酸盐指数）

1～52 号点位为下游，53～81 号点位为中游，82～87 号点位为上游

4.3　长江干流岸线开发的生态占用评估

4.3.1　局部地区生产岸线对生态岸线的侵占较明显

生态岸线是涵盖各类动植物自然保护区、重要水源保护地、湿地公园等以生态功能为主的岸线类型，通过叠加分析，港口和工业岸线占用生态岸线 486.73km，其中港口岸线占用 357.76km，工业岸线占用 128.97km，占生态岸线总长的 7.05%和 2.54%。湖北、江苏、安徽、四川、重庆生态岸线被占用较长，分别达 147.62km、95.42km、80.33km、62.79km、58.65km（表 4-8）。从各省具体岸段分布看（图 4-30～图 4-36），江苏占用较长的为南通和苏州，分别为 35.35km 和 22.36km；安徽占用较长的为芜湖

和铜陵，分别为 27.13km 和 18.37km；湖北占用较长的为荆州和宜昌，分别为 52.76km 和 30.64km；四川占用较长的为泸州和宜宾，分别为 34.72km 和 28.07km。

表 4-8 各省份港口工业岸线占用生态岸线情况

	总和	上海	江苏	安徽	江西	湖北	湖南	重庆	四川
生态岸线总长度/km	5073.22	327.07	593.76	808.08	171.50	1357.85	121.34	1267.53	426.09
港口工业岸线占用长度/km	486.73	5.58	95.42	80.33	25.19	147.62	11.14	58.65	62.79
港口岸线长度/km	357.76	2.27	64.63	54.60	20.14	113.13	8.66	44.55	49.78
工业岸线长度/km	128.97	3.31	30.79	25.73	5.05	34.49	2.48	14.10	13.01
港口工业岸线占比/%	9.59	1.71	16.07	9.94	14.69	10.87	9.18	4.63	14.74
港口岸线占比/%	7.05	0.69	10.88	6.76	11.74	8.33	7.14	3.51	11.68
工业岸线占比/%	2.54	1.01	5.19	3.18	2.94	2.54	2.04	1.11	3.05

注：因占比使用了四舍五入计数保留法，所以港口工业岸线占比与港口岸线占比和工业岸线占比之和不同

图 4-30 港口工业岸线开发占用生态空间（上海、江苏段）

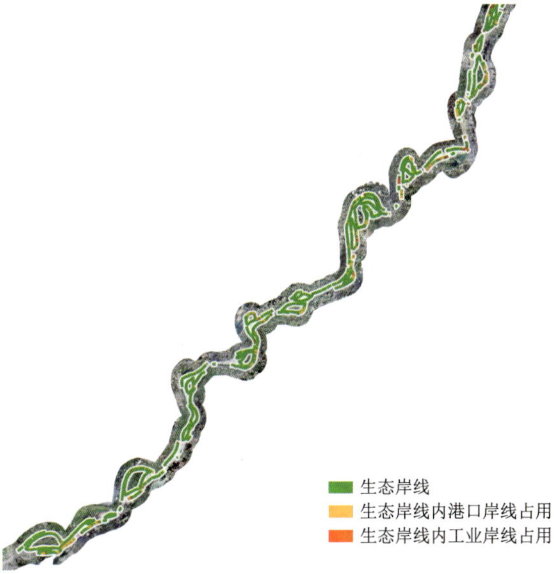

图 4-31 港口工业岸线开发占用生态空间（安徽段）

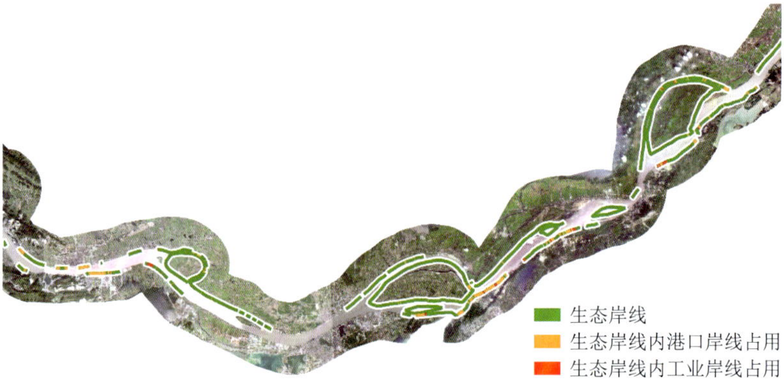

图 4-32　港口工业岸线开发占用生态空间（江西段）

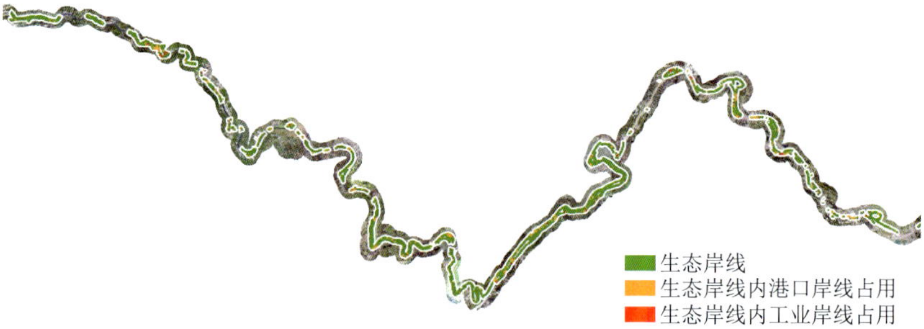

图 4-33　港口工业岸线开发占用生态空间（湖北段）

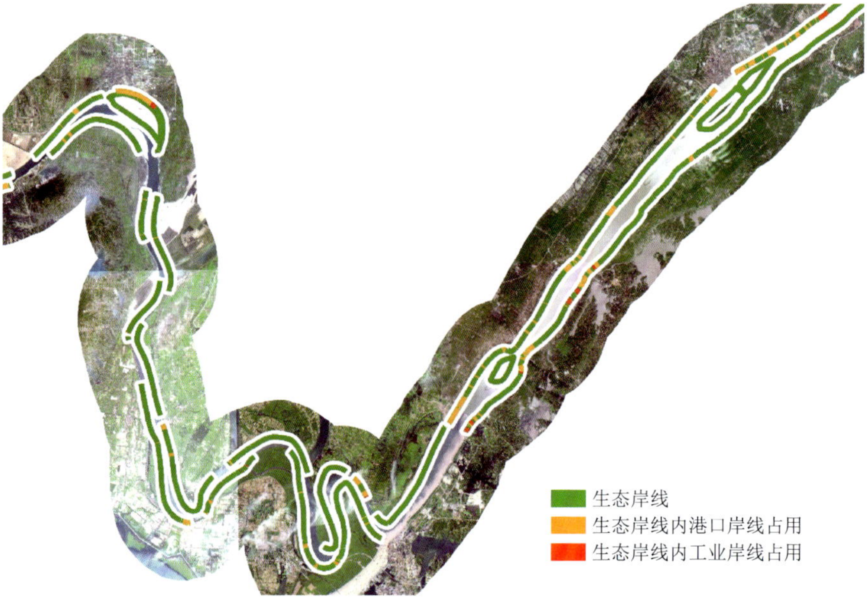

图 4-34　港口工业岸线开发占用生态空间（湖南段）

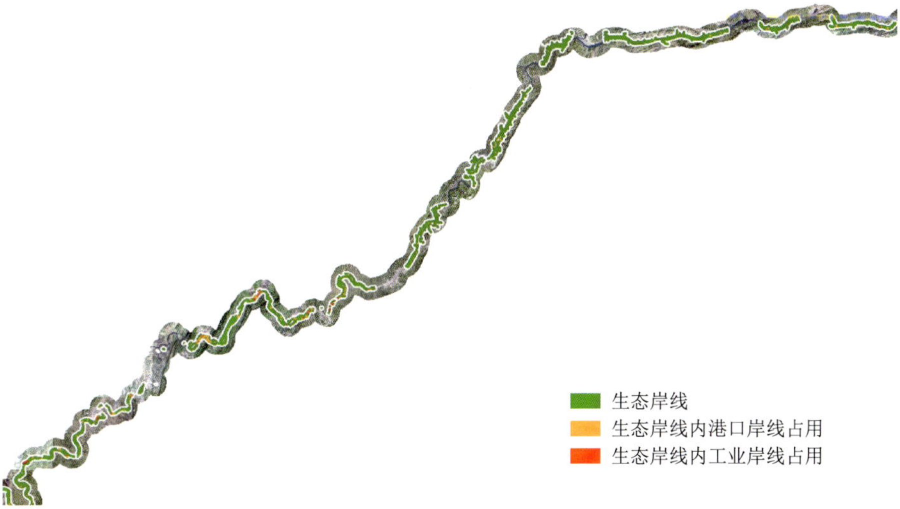

图 4-35 港口工业岸线开发占用生态空间（重庆段）

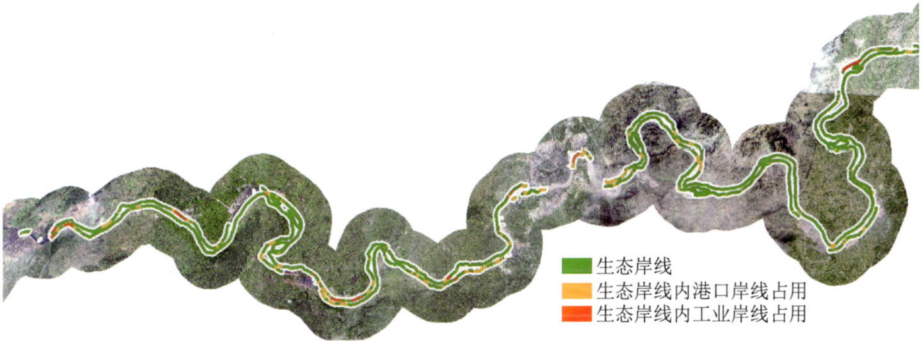

图 4-36 港口工业岸线开发占用生态空间（四川段）

4.3.2 各类保护区岸线保护迫在眉睫

通过叠加分析，港口岸线、工业岸线占用的保护区岸线达到 482.74km，其中工业岸线占用 133.45km，港口岸线占用 349.29km；占用的保护区核心区岸线 169.92km，其中工业岸线占用 43.12km，港口岸线占用 126.8km。湖北、江苏、重庆、四川分别占用保护区岸线分别为 123.92km、134.54km、68.66km 和 69.43km；占用保护区核心区岸线长度分别达到 46.85km、62.82km、7.36km 和 17.11km。从具体岸段的分布情况看，苏州太仓段、南通如皋段、铜陵段、九江湖口段、黄石段、宜昌段、重庆长寿段、重庆南岸、重庆江北段及宜宾江安段等长江岸线占用较突出（图 4-37、图 4-38，表 4-9）。

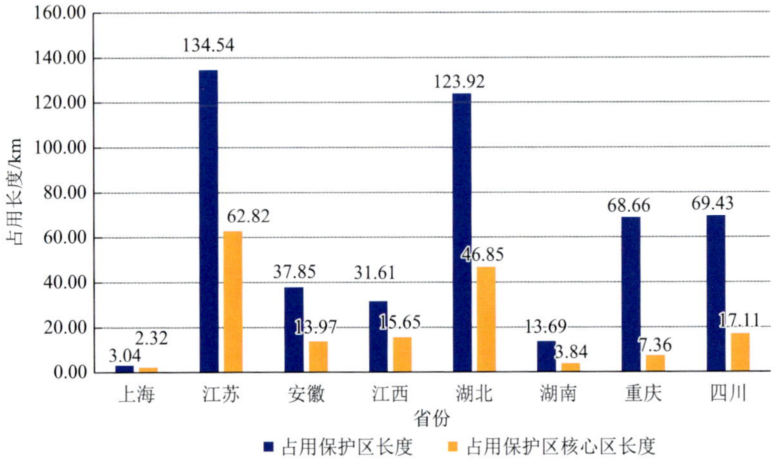

图 4-37　各省份港口工业岸线占用保护区岸线情况

表 4-9　港口工业岸线占用保护区岸线的冲突因素

岸段	冲突因素
苏州太仓段	长江刀鲚国家级水产种质资源保护区
南通如皋段	长江如皋段刀鲚国家级水产种质资源保护区
铜陵段	铜陵淡水豚国家级自然保护区
九江湖口段	八里江长吻鮠鲶国家级水产种质资源保护区
黄石段	长江黄石段四大家鱼国家级水产种质资源保护区
宜昌段	长江宜昌中华鲟省级自然保护区
重庆长寿段	长江上游珍稀、特有鱼类国家级自然保护区
重庆南岸、重庆江北段	长江上游珍稀、特有鱼类国家级自然保护区
宜宾江安段	长江上游珍稀、特有鱼类国家级自然保护区

目前沿长江布局有集中式饮用水水源地 131 个，按照水源地上游 1000m、下游 100m 为一级保护区，上游 1000～3000m、下游 100～300m 为二级保护区岸线进行统计，港口岸线占用水源地一级、二级保护区长度分别为 22.17km 和 64.57km，工业岸线占用水源地一级、二级保护区长度分别为 8.59km 和 19.79km（图 4-39、图 4-40）。湖北、重庆、江苏等省份的水源地保护岸线占用较突出（图 4-41、图 4-42）。

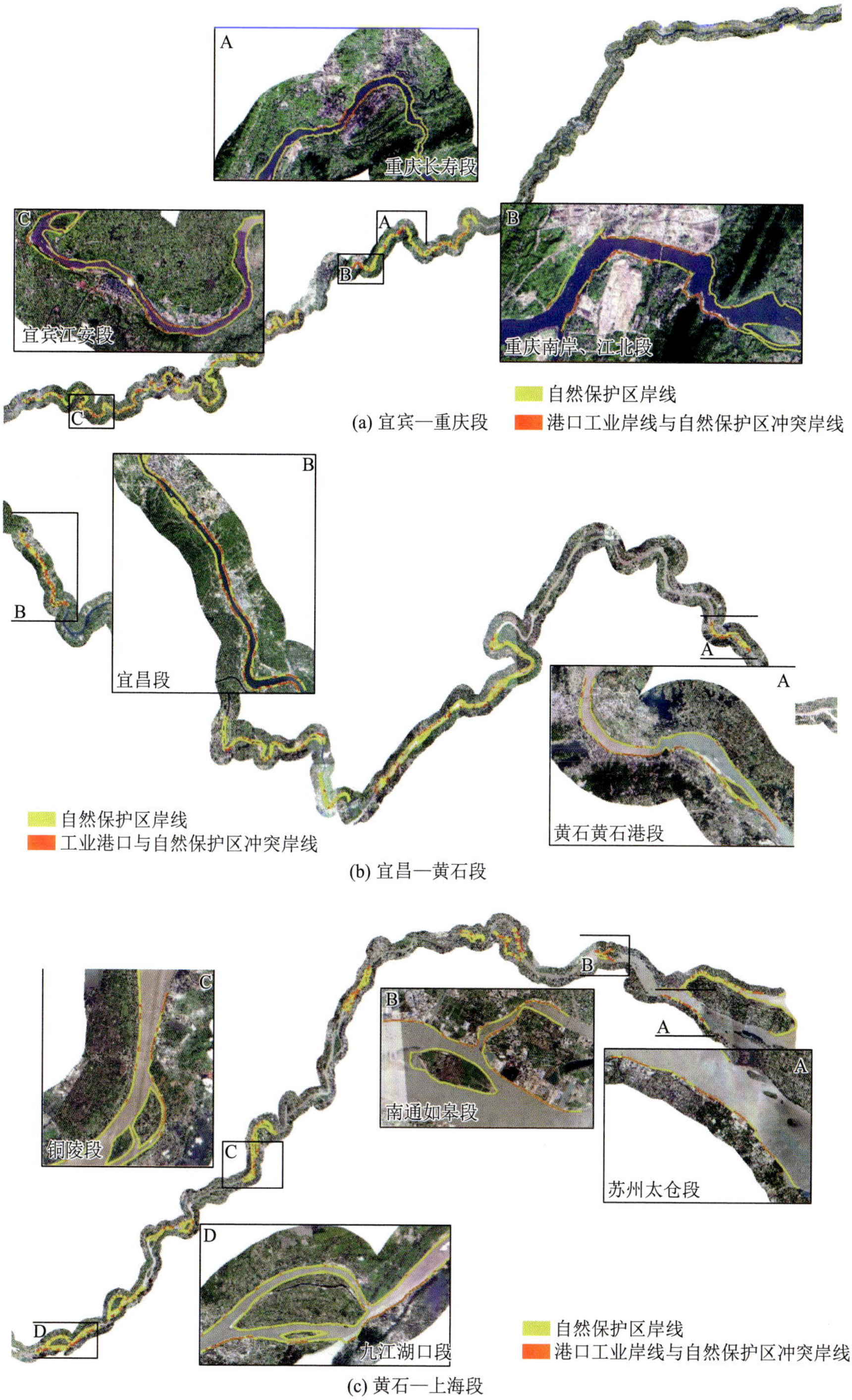

图 4-38　港口工业岸线占用保护区岸线情况

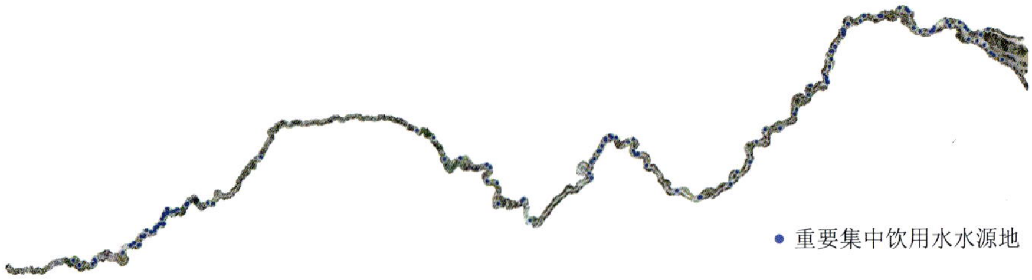

图 4-39　沿江重要的饮用水源地布局

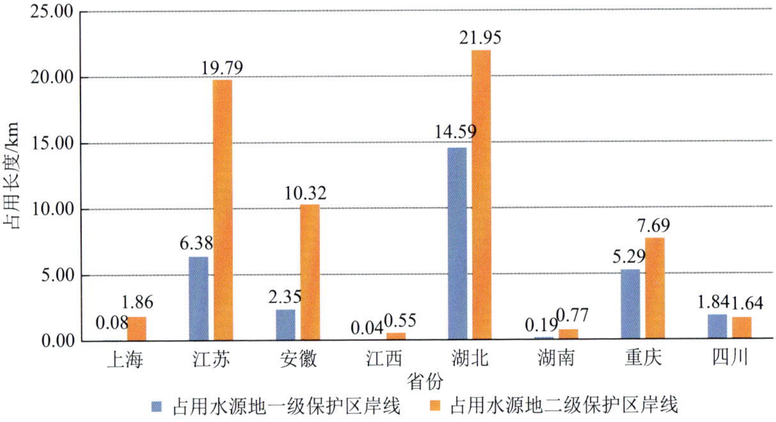

图 4-40　各省份港口工业岸线占用水源地一级、二级保护区岸线情况

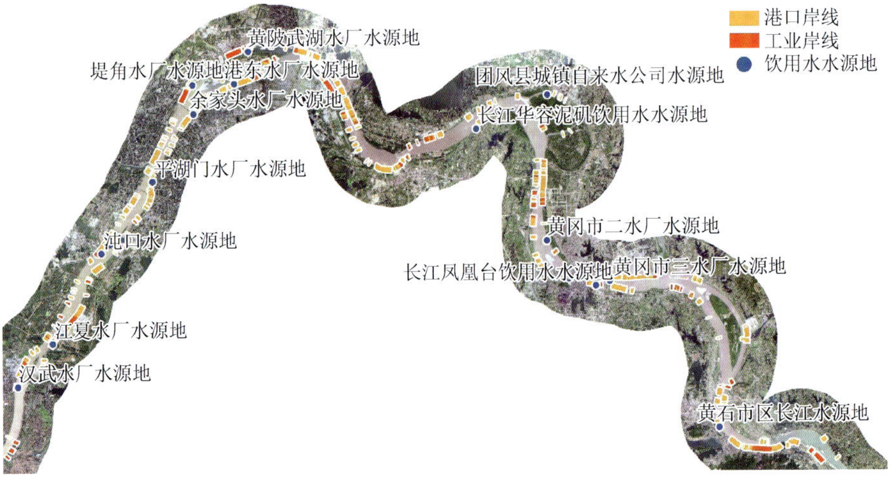

图 4-41　饮用水水源地周边生产性岸线较多岸段（湖北黄冈、武汉段）

图 4-42 饮用水水源地周边生产性岸线较多岸段（江苏南通、苏州段）

按照过江通道上游 500m、下游 300m 为保护范围，对过江通道保护区岸线的分析显示，过江通道保护区岸线总长度为 300.46km，但保护区范围内的岸线功能较为混杂。其中港口岸线占用 39.85km，工业岸线占用 55.46km，城市生活与游憩岸线占用 62.41km（该类型功能与过江通道保护功能在一定程度上具有相容性）（表 4-10）。江苏、湖北、重庆等省份的占用较为突出。

表 4-10 各省份过江通道保护区岸线占用情况（km）

岸线占用情况	长江主江	上海	江苏	安徽	江西	湖北	湖南	重庆	四川
过江通道保护区总长	300.46	5.27	65.21	15.18	1.60	58.21	1.04	125.59	28.36
工业岸线占用长度	15.61	0.10	5.90	0.80	0.50	2.45	0.33	4.45	1.08
港口岸线占用长度	39.85	1.33	12.00	2.98	0.30	9.02	0.39	10.04	3.79
城市生活与游憩岸线占用长度	62.41	1.00	12.25	1.20	0.80	23.95	0.09	17.33	5.79

4.4 重要支流岸线开发的生态占用评估

4.4.1 生态敏感区遭到侵占

长江 7 条重要支流共有 812.39km 岸线生态敏感区遭侵占，其中岷江侵占最长，为 190.44km；其次是汉江和赣江，分别为 169.42km 和 168.33km；嘉陵江、金沙江、乌江和湘江侵占岸线分别为90.84km、40.14km、58.23km、94.99km（图4-43）。

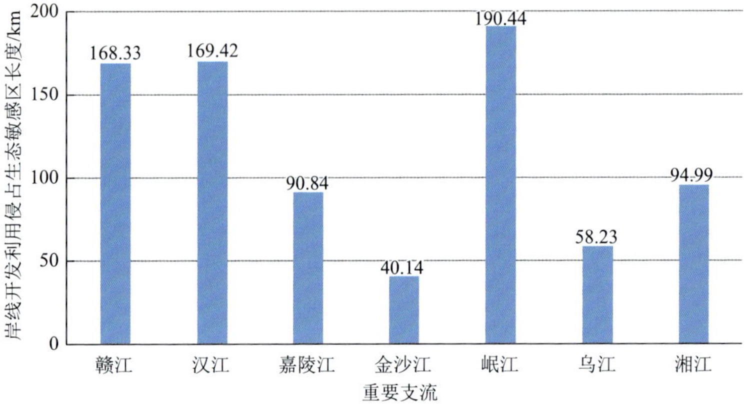

图4-43　重要支流岸线开发利用侵占生态敏感区长度统计

从岸线利用类型看，在被开发利用岸线侵占的生态敏感区内，有53.29%属于城市生活与游憩岸线，其中仅赣江就有102.33km；其次为工业岸线（20.13%）和港口岸线（19.99%），其中工业岸线侵占较严重为汉江（48.11km）和岷江（45.97km）；其他利用岸线侵占长度较少，为53.55km（表4-11）。

表4-11　重要支流开发利用侵占生态敏感区的岸线利用类型统计（km）

侵占岸段利用类型	赣江	汉江	嘉陵江	金沙江	岷江	乌江	湘江
城市生活与游憩岸线	102.33	87.32	43.59	21.73	65.09	41.62	71.2
港口岸线	25.99	29.69	22.22	7.14	58.83	4.06	14.48
工业岸线	31.85	48.11	14.14	10.16	45.97	5.55	7.77
其他利用岸线	8.16	4.3	10.89	1.11	20.55	7.00	1.54
合计	168.33	169.42	90.84	40.14	190.44	58.23	94.99

4.4.2　各类保护区受到不同程度的威胁

7条重要支流共有437.39km保护区岸线遭到开发利用岸线侵占。其中，赣江和汉江较为严重，分别有 137.70km 和 127.12km 保护区岸线遭侵占；其次为岷江、嘉陵江、金沙江和湘江，被侵占的保护区岸线长度分别为 55.74km、50.12km、35.47km、21.63km；乌江情况相对缓和，有 9.61km 的保护区岸线被侵占（图 4-44）。从具体岸段的分布情况看，汉江孝感汉川段、荆门钟祥段，嘉陵江重庆合川段、南充南部段，金沙江宜宾翠屏叙州段，岷江宜宾翠屏段、眉山青神段侵占较突出（图 4-45～图 4-48，表 4-12）。

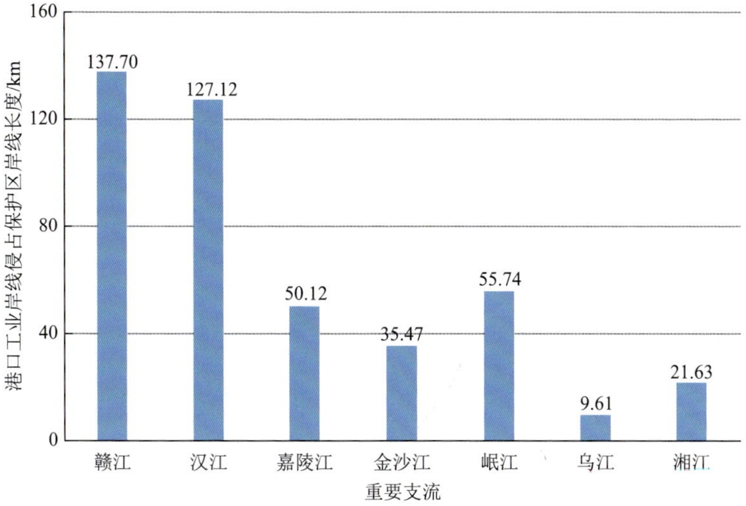

图 4-44 重要支流开发利用侵占各类保护区长度统计

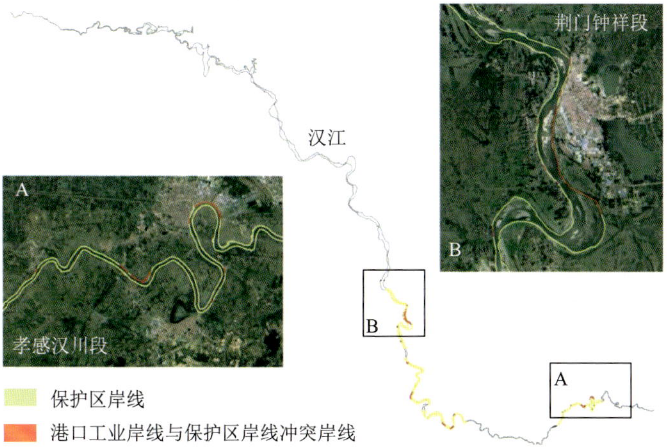

图 4-45 汉江港口工业岸线占用保护区岸线情况

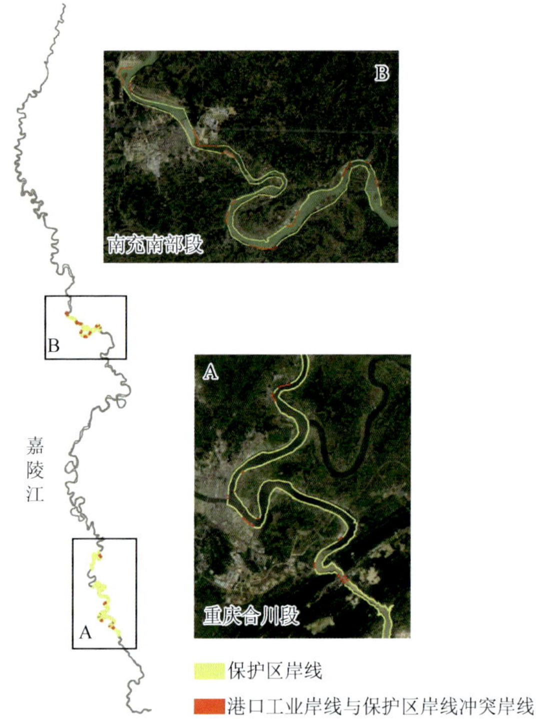

图 4-46　嘉陵江港口工业岸线占用保护区岸线情况

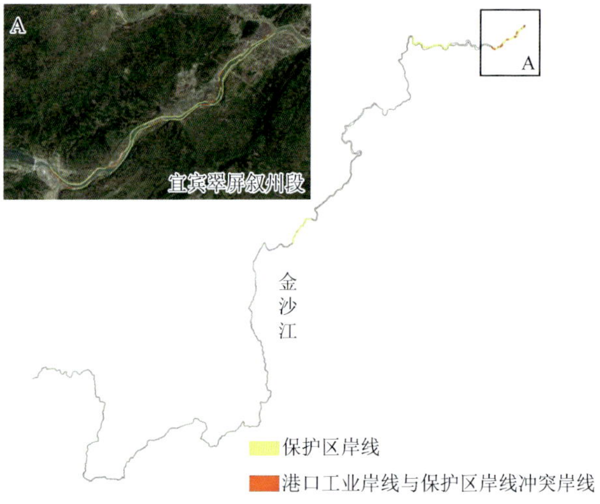

图 4-47　金沙江港口工业岸线占用保护区岸线情况

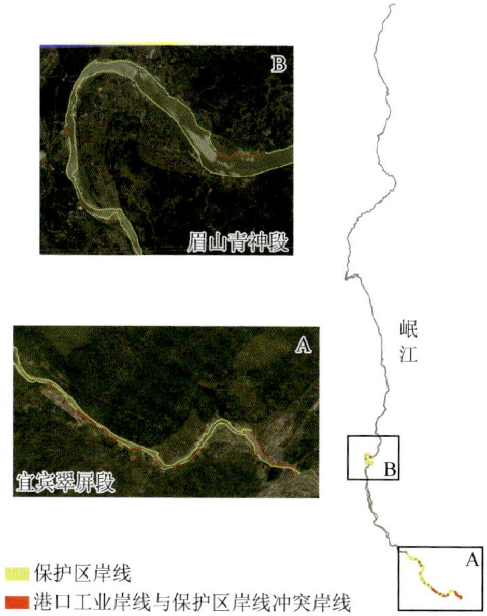

图 4-48　岷江港口工业岸线占用保护区岸线情况

表 4-12　重要支流开发利用岸线占用保护区岸线的冲突因素

支流	岸段	冲突因素
汉江	孝感汉川段	汉江汉川段国家级水产种质资源保护区
汉江	荆门钟祥段	汉江钟祥段鳡鳤鯮鱼国家级水产种质资源保护区
嘉陵江	重庆合川段	嘉陵江合川段国家级水产种质资源保护区
嘉陵江	南充南部段	嘉陵江南部段国家级水产种质资源保护区
岷江	宜宾翠屏段	长江上游珍稀、特有鱼类国家级自然保护区
岷江	眉山青神段	岷江长吻鮠国家级水产种质资源保护区
金沙江	宜宾翠屏叙州段	长江上游珍稀、特有鱼类国家级自然保护区

从侵占保护区岸线的开发利用类型看，219.04km（50.08%）被城市生活与游憩岸线侵占；其次为工业岸线和港口岸线，侵占长度分别为 92.42km 和 94.67km；其他利用岸线侵占各类保护区共计 31.25km（图 4-49）。

从被侵占的保护区类型看，各类保护区均存在不同程度的占用。省级湿地公园被侵占的现象最为严重，侵占长度为 127.74km；其次有 98.63km 的国家级水产种质资源保护区被侵占，其中核心区就有 24.48km 被侵占；国家级自然保护区、国家湿地公园和国家级风景名胜区也被一定程度占用，占用岸线分别长 69.18km、67.01km、34.53km（图 4-50）。

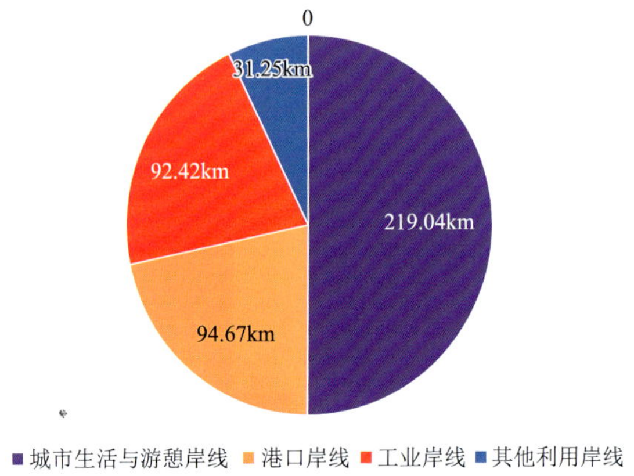

图 4-49　重要支流各开发利用类型侵占保护区长度统计

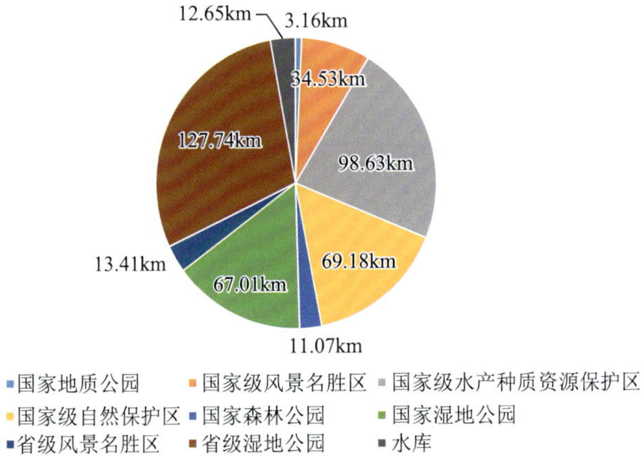

图 4-50　重要支流被侵占保护区类型长度统计

7 条重要支流共有 234.52km 的生物多样性优先保护区岸线遭到开发利用岸线的侵占，主要集中在岷江、乌江和湘江 3 条支流。其中岷江情况最为严重，有 131.84km 的生物多样性优先保护区岸线被侵占，乌江和湘江分别为 52.90km 和 49.48km（图 4-51）。

从侵占生物多样性优先保护区的岸线利用类型看，城市生活与游憩岸线对生物多样性优先保护区的侵占最为严重，侵占长度共有 125.57km；其次为港口岸线，侵占长度为 54.76km；工业岸线和其他利用岸线侵占长度分别为 30.30km 和 23.89km（图 4-52）。

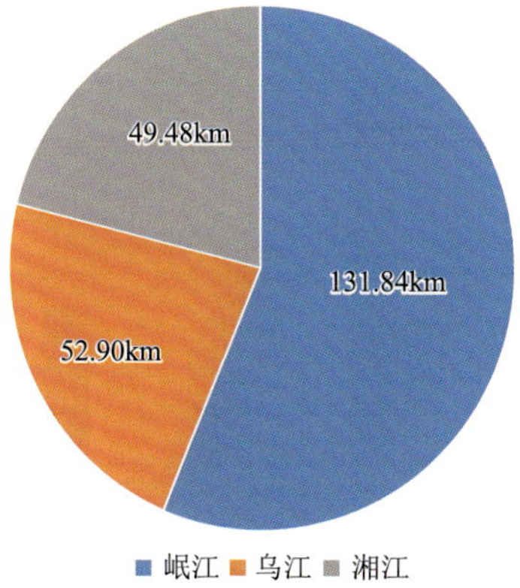

图 4-51 长江重要支流开发利用侵占生物多样性优先保护区长度统计

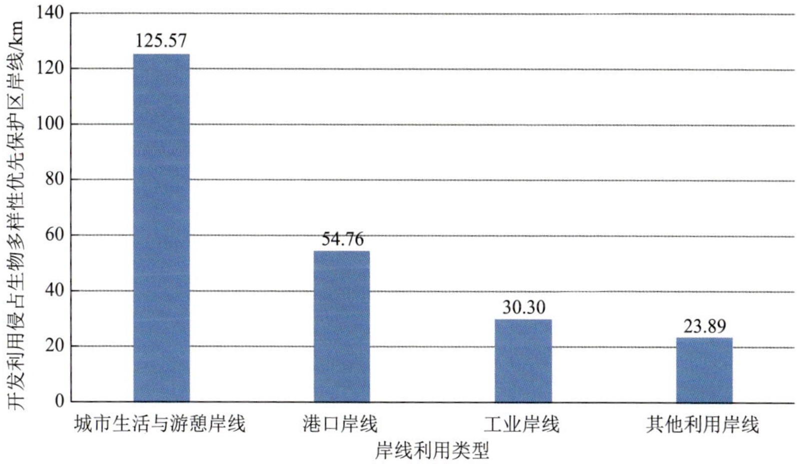

图 4-52 长江重要支流岸线利用类型侵占生物多样性优先保护区岸线长度统计

7 条重要支流共有 213.51km 的饮用水水源地一级、二级保护区遭到开发利用岸线侵占，主要集中在赣江、汉江、嘉陵江和湘江 4 条支流，侵占长度分别为 46.09km、59.14km、49.54km 和 30.57km（图 4-53）。从侵占岸线的利用类型看，主要被城市生活与游憩岸线和工业岸线侵占，侵占长度分别为 126.97km 和 51.04km。从具体岸段的分布情况看，汉江武汉段，湘江湘潭，株洲段，嘉陵江重庆段，岷江乐山段；金沙江攀枝花段侵占较多（图 4-54）。

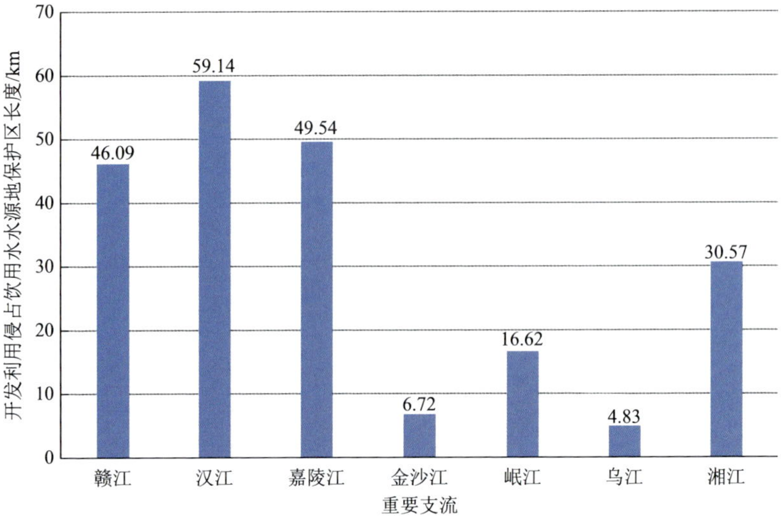

图 4-53　重要支流开发利用侵占饮用水水源地保护区长度统计

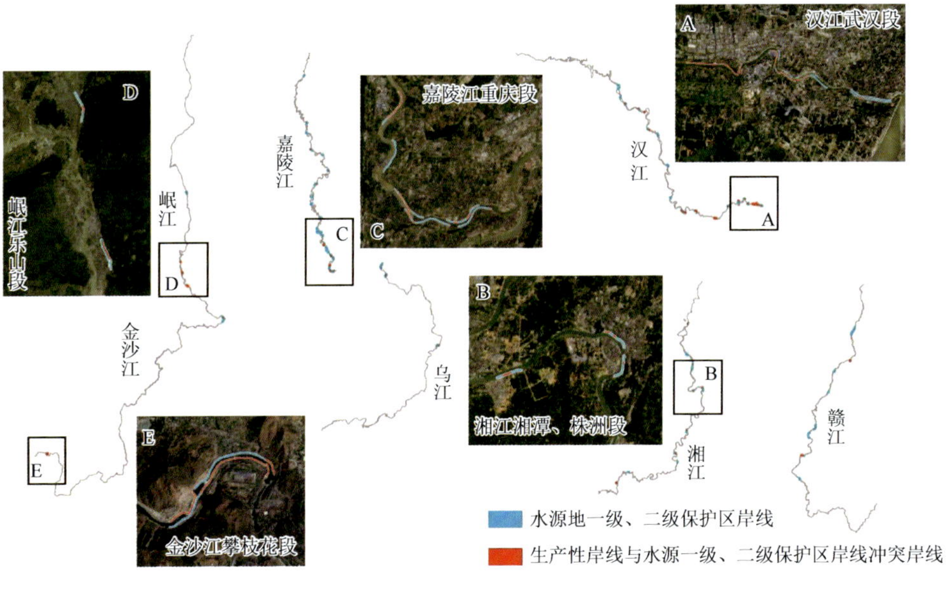

图 4-54　饮用水水源地周边生产性岸线冲突较多岸线情况

5 重大工程对长江经济带岸线影响调查与评估

5.1 清水下泄对长江中游河势稳定性影响评估

5.1.1 长江泥沙冲淤与河道演变

由于长江上游大中型水库建设、水土保持工程实施，20 世纪 80 年代后长江上游输沙量出现明显减小。三峡水库蓄水运用以来(2003 年 6 月～2015 年 12 月)，三峡水库入库悬移质泥沙总计 21.152 亿 t，与多年平均值相比减少 62.7%。经三峡水库拦蓄，出库悬移质泥沙总计 5.118 亿 t，有 75.8%的上游来沙淤积在库中。在上游来沙减少和三峡水库拦蓄的共同作用下，坝下水流含沙量大幅减少，宜昌、沙市、汉口、大通各水文控制站含沙量与多年平均值相比分别减少 91.5%、83.0%、72.9%、66.6%，并仍呈下降趋势（图 5-1）。

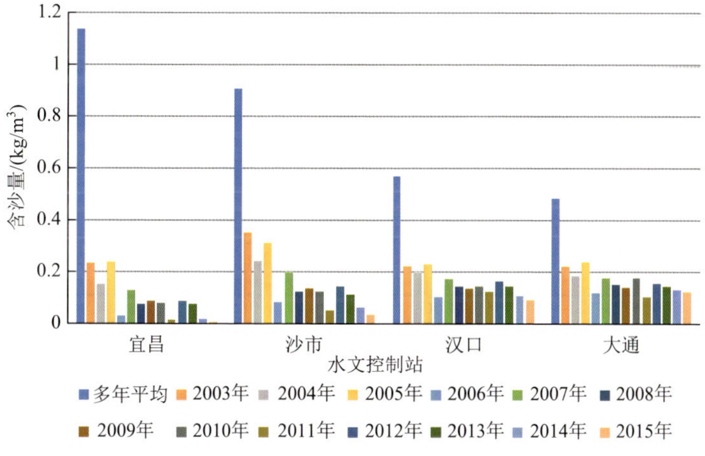

图 5-1 长江中游含沙量变化

清水下泄导致长江中下游河道冲淤规律发生显著变化，河道发生强烈冲刷并逐渐下移，目前城陵矶以下河段冲刷逐渐加剧，全程冲刷已发展至湖口以下。从空间上看，上段较下段先发生冲刷，上段冲刷多，下段冲刷少。从冲刷形态看，冲刷主要发生在枯水河槽，沿程均以纵向冲刷下切为主，河道除下荆江枯水河槽宽度略有增加外，河道横向变形均较小。

三峡工程运用前（1981～2002 年），从总量上看，宜昌至城陵矶段平滩河槽冲刷

89.48km。荆江河段崩岸最为突出，年平均崩岸次数由蓄水前的 6 次增加到 15 次，年平均崩岸长度由蓄水前的 3.39km 增加到 7.37km。弯曲半径较小的河道、蜿蜒型河道、分汊河道的江心洲洲头、主支汊弯道凹岸等迎流顶冲段崩岸相对严重。崩岸虽然多发生于未护坡的河段，但已实施的护岸工程也发生损毁现象（图 5-8、图 5-9）。

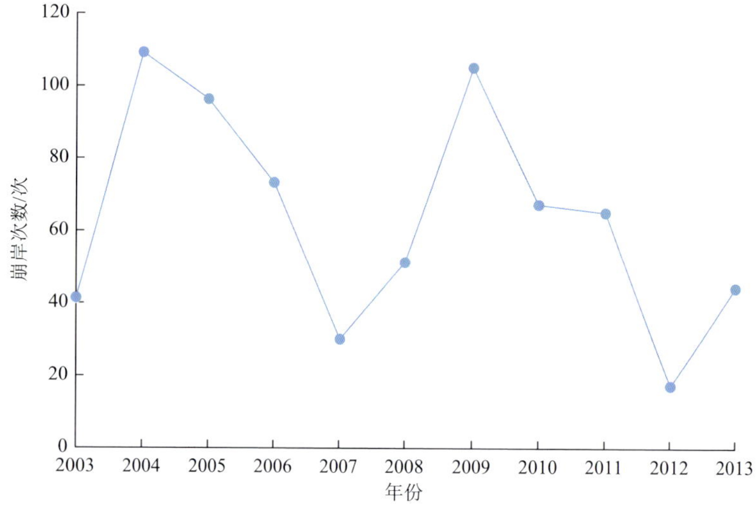

图 5-8　长江中下游年崩岸次数

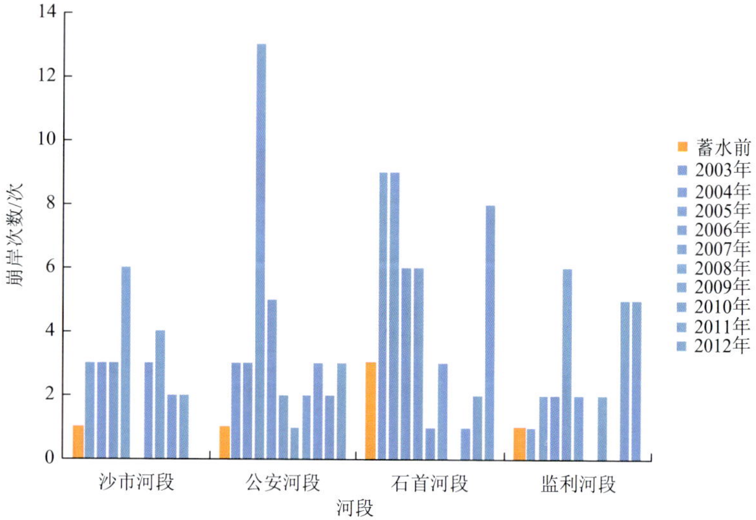

图 5-9　荆江河段年崩岸次数

研究表明，三峡工程运用后，下泄水流含沙量大幅减小，水流冲刷强度明显增大、河床冲刷下切，局部河势的调整是导致河道崩岸增多的重要因素。汛后水位下降幅度加快则是荆江河道崩岸发生的重要因素。另外，不当的开采河沙、边坡开挖或加载及植被破坏等也对崩岸起到了助推作用。随着三峡水库等长江上游水库群的投入运行，三峡水库下泄沙量将继续大幅减少，坝下游河床将经历更长时间、更长距离的冲刷变形，局部河势仍可能继续调整变化，滩槽与分汊段分流格局仍将发生新的变化，河道崩岸仍将频繁发生（表 5-2）。

表 5-2 长江中下游崩岸险段统计

河段	一级预警		二级预警		三级预警	
	数量/次	长度/km	数量/次	长度/km	数量/次	长度/km
荆江	13	94.9	20	87.0	3	20.0
城陵矶—湖口	12	36.3	20	112.4	—	—
湖口以下	10	49.1	13	52.1	5	25.9
小计	35	180.3	53	251.5	8	45.9

注：一级预警发生崩岸可能性很大，造成的危害程度大；二级预警发生崩岸可能性很大，造成的危害程度较大；三级预警有发生崩岸的可能

长江中下游河道整治在以往及未来规划中均以稳定现有河势为主，以岸坡防护为主要工程措施。截至 2016 年，长江中下游河道共完成护岸约 1555km，规划在 2020 年以前，对已有护岸工程加固 913.35km，新增护岸 732.49km。崩岸加剧带来长江岸滩防护工程力度加大，2003 年以来，已完成和正在实施的护岸工程超过 500km，同时，为治理航道，进行了大量的护滩、护底工程。在长期清水冲刷的作用下，已护岸段也显得标准偏低，河道治理难度不断增加（如下荆江过度弯曲的河势维护难度极大）。随着护岸护滩工程的持续实施，河道日趋硬化，造成自然岸线的不断减少，对河流生态形成潜在威胁。

5.1.3 河道演变对港口的影响

长江中游港口段由于岸坡已经守护，目前受冲刷影响不大，基本保持稳定。但一些港口外的河道深泓明显刷深，将对港口岸段的稳定性带来风险。

荆州港河段（左岸），港口位于弯曲河段水流顶冲位置，主流线靠左岸，深槽冲深明显，心滩冲刷萎缩，岸坡稳定性降低（图 5-10）。

河段防洪形势有了根本性的改善，使荆江河段的防洪标准从“十年一遇”提高到“百年一遇”，有效地缓解了中下游的洪涝灾情。

三峡工程运用以来中下游通航条件总体上得到改善，促进了长江黄金水道的建设，表现在：①削减洪峰、大流量出现的概率，有利于河势稳定和航道边界稳定；②河床冲刷下切、水深增加，有利于航道条件改善；③枯季补水、枯水流量增加，减小了航道维护的压力；④对航道浅段而言，含沙量减小有利于整治工程发挥束水攻沙的效果。

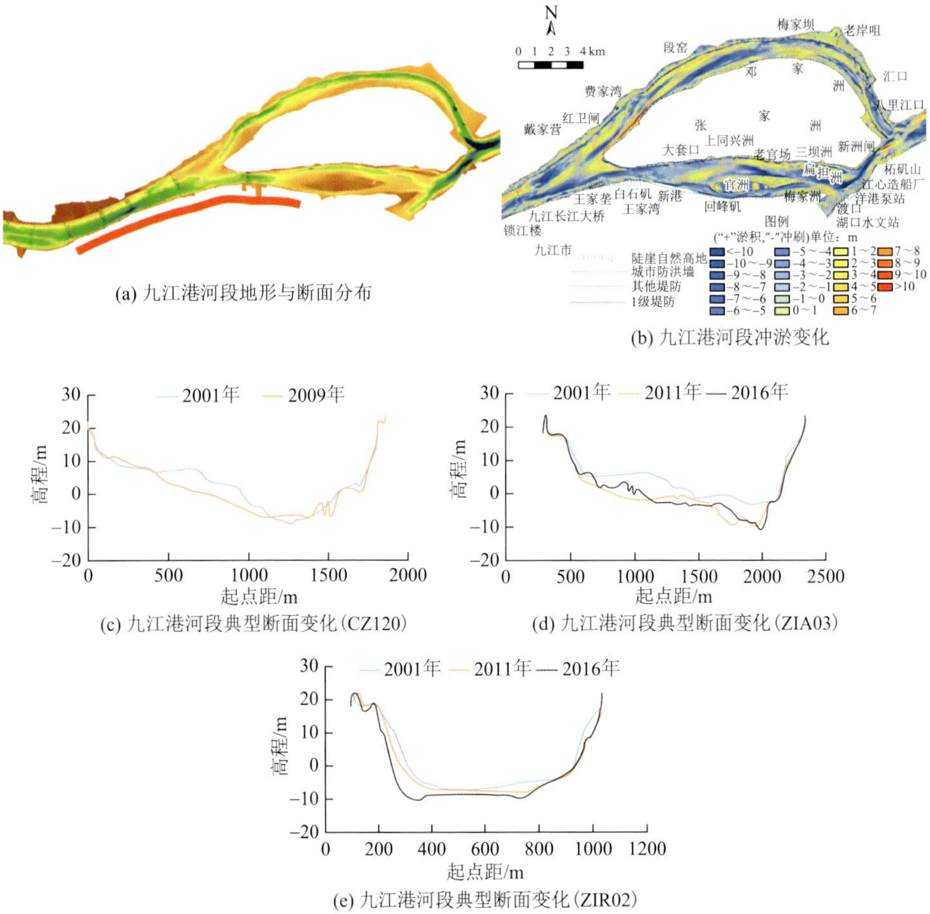

(a) 九江港河段地形与断面分布

(b) 九江港河段冲淤变化

(c) 九江港河段典型断面变化(CZ120)

(d) 九江港河段典型断面变化(ZIA03)

(e) 九江港河段典型断面变化(ZIR02)

图 5-13　九江港河段冲淤积变化

三峡工程运用的负面影响也是多方面的、长期的，有的可能还会进一步发展。

水沙情变化的不利影响首先是冲刷引起的河势失稳，近年来频发的崩岸已经危及防洪与岸线基础设施的安全，部分河势重要控制节点也受到威胁。崩岸多发生于未护河段，但已护河段也发生不少损毁现象。长江中下游未防护的空白岸段较多，而已有护岸工程标准又普遍较低，在长期清水冲刷作用的情况下，河道治理难度增加。而且目前由于三峡水库调蓄，下泄洪峰流量都比较小，如遇大洪水长江河道的安全形势不容乐观。

另外，崩岸加剧带来长江岸滩防护工程力度加大，工程措施使河道日趋硬化，造成长江自然岸线的不断减少，对河流生态造成潜在威胁。

虽然三峡枯季补水量逐年增加（由2006～2007年的35.8亿m^3增加到2014～2015年的291.0亿m^3），但除宜昌—枝城河段外，补水效应已渐渐不足以抵消冲刷引起的枯水同流量水位下降效应，坝下枯季水位将不可避免地持续降低，这种情形的进一步发展对长江干流及洞庭湖的航运、生态、取水都将产生不利影响。

相对于水情的影响，三峡工程运用对沙情的影响更具有长期性和不确定性，也难以通过改变水库运行方式来加以调节，因此更需要前瞻性的研究。建议：①应加大三峡水库洪峰下泄流量，使下游河道安全问题能够逐步暴露并得到相应的治理，避免在特大洪水的情况下集中爆发，造成更大的损失。②目前河道治理强调的是维持现有河势的稳定，但现有河势格局毕竟是在较高含沙条件下形成的，而在长期低含沙条件下能否维持现有河势，需要认真思考。③岸线利用不能以近年相对平稳的水沙情及河势变化为基准，要为整治留足空间。

在不断变化的气候与水沙条件背景下，长江生态系统极其复杂，生物及其生态过程对人类干扰的响应充满着不确定性，认识它需要一个漫长的过程。因此，尽量保持现状或恢复过去的情形可能是最为稳妥的做法，特别需要指出的是应当慎重建设工程性的生态保护设施。

5.2 上游水电梯级开发对水生生物栖息地和鱼类产卵场的影响评估

5.2.1 梯级开发对长江上游珍稀、特有鱼类国家级自然保护区的影响

自20世纪70年代，随着长江上游葛洲坝、三峡大坝等水电工程建设，长江上游珍稀、特有鱼类的保护问题逐渐引起关注和重视。长江上游部分城市出于保护珍稀、特有鱼类经济价值、生态价值和科学价值的需求，纷纷设立市级自然保护区，形成了泸州市长江珍稀特有鱼类自然保护区和宜宾地区珍稀鱼类自然保护区；1997年调整为长江合江—雷波段省级自然保护区，2000年调整为长江合江—雷波段珍稀鱼类国家级自然保护区（表5-3）。随着长江上游水电开发活动的持续推进，区域内珍稀、特有鱼类的系统全面保护面临日益艰巨的挑战，引起各方关注，流域内各珍稀、特有鱼类自然保护区几经调整，最终升格为省级或国家级自然保护区。

性保护单元，到后来逐渐上升到省级、国家级保护区，某种程度上也是源于水电开发工程持续上马形成倒逼效应。因此，这些保护区的设立并非直接出于对生物多样性的保护，更多地是为了不断上马的水电开发工程而被动进行生态补救。

（2）保护范围存在不确定性。保护区的名称和面积虽数次调整，保护级别也在不断提高，但实际保护力度并未同步上升，实际有效保护面积反而趋于减少。特别是 2005 年调整后，原来不在保护范围内的赤水河干流被纳入了保护范畴。虽然赤水河河段的物理完整性高于长江干流，但考虑到水文水情，以及没有传统鱼类产卵场、索饵场、越冬场等重要生活场所这一现实状况，此次范围调整的科学性值得商榷。当下的河道受保护范围是河流两岸十年一遇的洪水淹没区。但就调研实际来看，城镇区域原有河道受护岸工程约束不断变窄，原有河谷较宽阔的季节性淹没区已不复存在，十年一遇洪水淹没区也仅是河堤内范围有限的人工湿地和亲水工程等。由此，河道受保护范围的划定未能根据河道变化情况及时调整，存在明显的笼统性和模糊性，这也成为导致保护区范围不确定性的重要原因之一。

（3）保护区自身的独特性。作为我国唯一跨越多省区以珍稀、特有鱼类为保护对象的国家级自然保护区，长江上游珍稀、特有鱼类国家级自然保护区呈现河道型线状分布特征，不同地形条件及人类活动密集区所造成的限制和隔离，又大大提升了系统保护的难度系数。与其他保护区明显不同的是，该保护区与人类活动集中区高度重合。从现有情况看，保护区的实际范围基本等于河道水域面积，而河流两侧本应纳入保护范围的岸线空间则基本被人类活动开发殆尽，其保护区属性已名存实亡。保护区所在的重庆段和四川段，本身就是川流不息、高度开放的河流水系，沿线城镇、村落、农田、厂矿零星分布。此外，近年来长江干流重庆段、四川段沿江工业区、港口码头及桥梁建设的实际需求甚大，河道疏通工程日益频繁，区域发展沿江、沿河连片集中趋势愈发明显，保护区面临的生态环境风险亟待系统评估。

5.2.2　宜宾江安—向家坝河段产卵场分布及其受梯级开发的影响

5.2.2.1　产卵场空间分布及人类活动干扰

作为长江干流的起点城市，宜宾地处四川南部，金沙江和岷江在此交汇成为长江干流，故是中国河流水系分布图上的一个重要坐标点。保护区宜宾段 142km（包含金沙江部分和长江部分）全为核心区，是保护区唯一全域长江干流段为核心区的行政单元，也是重点保护对象白鲟、达氏鲟的产卵繁殖活动区域。向家坝—溪洛渡珍稀特有鱼类增殖放流站位于宜宾市境内，三峡建设管理公司、农业农村部长江流域渔政监督管理办公室组织的大型放流活动也选择在宜宾合江门等地。从珍稀、特有鱼类种群看，由于兼覆盖金沙江下游和长江干流段，所有受保护的珍稀、特有鱼类都在宜宾有过繁殖和生存记录。因此，本节选择四川宜宾江安—向家坝河段开展珍稀、特有鱼类产卵场的实地调查工作。

宜宾历史时期就是长江上游珍稀、特有鱼类的产卵集中地。例如，白鲟的分布仅记录在四川宜宾屏山以下江段，宜宾一带曾是其重要的产卵场所。从云南水富到重庆长江干流江段保护区分布着大约107处产卵场（危起伟，2012）。经调查核实，宜宾境内共有鱼类产卵场36处，占整个保护区产卵场的1/3，历史产卵场珍稀、特有鱼类的种类达数十种（表5-4）。

表5-4 保护区干流宜宾段鱼类产卵场位置

序号	位置信息			江左或江右	沿岸长度/km	传统产卵种类
	原产卵场名	行政位置	小地名			
1	横江河口	叙州区安边镇火焰村	小岸坝	右	1.5	长吻鮠、鲶、鲤、四川白甲鱼
2	安边	叙州区安边镇安边社区	小岸坝	左	0.5	达氏鲟
3	三块石	叙州区安边镇安边社区	小岸坝	右	1.0	长吻鮠、鲶、鲤
4	二郎滩	叙州区安边镇安边社区	杨柳湾	左	2.0	长吻鮠、鲶、鲤、达氏鲟、胭脂鱼、白鲟
5	白家滩	叙州区柏溪镇	建设街尽头	右	0.6	长吻鮠、鲶、鲤、圆口铜鱼
6	马鸣溪	叙州区普安镇种队铺村	马鸣溪码头	右	0.3	白鲟
7	东岳庙	屏山县双槐村	高石梯	右	0.3	白鲟、鲶、鲤
8	白沙湾	翠屏区白沙湾街道黄桷坪村	白沙湾	左	0.4	圆口铜鱼
9	巨梁子	翠屏区南广镇陈唐关社区	巨梁子	右	0.3	鲤
10	瞌睡坝	翠屏区涂家村	瞌睡坝	左	0.2	鲤
11	鲶鱼濠	李庄镇伏光村	伏光村	右	0.1	鲤
12	挂弓山	李庄镇	高石梯	右	0.2	鲤
13	栓疆碛	临港区沙坪镇三江村	栓疆碛客运码头	左	0.3	鲤
14	东岳庙	李庄镇长虹村	二溪沟	右	0.6	鲤、岩原鲤
15	黄家坝	李庄镇新庄村3组	新庄（005乡道）	右	0.4	鲶、圆口铜鱼、胭脂鱼
16	东风壕	罗龙镇工业集中区	工业集中区滨江西路	左	1.3	鲤、鲫
17	龙龙沱	南溪区罗龙镇	三块石	右	0.3	鲤、鲫
18	黑石包	南溪区马家镇和平社区	两河口码头	右	0.1	达氏鲟
19	罐口	南溪区马家乡镇楠木村8组	罐口	右	0.5	鲶、鲤、鲫

从空间演变看，鱼类产卵场的形成与河岸生态环境演变、鱼类进化等密切相关。当河岸人类活动密集程度较低时，传统产卵场的水流特征及河道特征表现为一定的稳定性；当河岸（特别是近河流岸线）人类活动频繁时，会破坏鱼类产卵场及其他生境的水流特征和河道特征。如无序的河流挖沙采石活动，会破坏产卵场的水文条件及卵粒黏附的基质条件；航道整治工程对不规则河床地形的整治则有可能导致产卵场流速和水深的改变；护岸工程措施往往缩小河流湿周，进而压缩有效产卵面积；沿线工农业固液废弃物直接排放入河，则会污染水域环境，造成鱼类生长缓慢，甚至毒害鱼卵、鱼苗；修建水电站则会导致鱼类产卵场被不同程度地淹没。据文献记载，宜宾市屏山县的红岩子、黑板弯、金堆子、偏岩子等地曾是鲟鱼的重要产卵场，同时也是金沙江下游特有圆口铜鱼的产卵场。但向家坝蓄水后，原产卵场变成河道型水库，水文水情完全改变导致产卵场功能彻底丧失。

5.2.2.2 产卵场功能现状分析与保护建议

1）功能现状分析

根据实地调查情况，把每个产卵场的现状信息分为 4 方面：河段现状（河段形状、近河岸河床特征、支流或支壕）、近河岸岸线利用（近河岸、河谷谷坡、其他典型特征）、产卵鱼类现状、面临的主要问题。根据上述信息，对产卵场的功能现状进行综合分析和判断。河段现状内涵较宽泛，本书主要选择河段形状、近河岸河床特征这两类直观信息作为河段现状的表征指标。通常情况下，鱼类产卵场一般分布于河道弯曲处，因河面加宽和流速、水势、水深变化而有利于鱼卵孵化，进而逐渐演化为较固定的鱼类产卵场。根据实地调研，产卵场近河岸河床特征大部分以砂混砾为主，有苔藻类水草生长，部分有礁石分布（如二郎滩、巨梁子、挂弓山、茏茏沱、黑石包、暗碛坝、金鸡尾、合溪等产卵场）。相比非典型产卵场河段，产卵场在水生生物、河道形态等方面都保留了一些历史特征。36 个产卵场中 23 个附近有支流或壕沟存在，其中有的溪流已干涸（如栓疆碛、二郎滩等）。

本次调查把近河岸岸线利用作为产卵场功能评估的一个重要指标，原因在于近河岸岸线利用是除了水上工程外，对产卵场功能最具影响的因素。从近河岸岸线利用来看，靠近产卵场一侧的近河岸大部分不存在自然滩涂，而是以人工滨水驳岸、季节性农田为主，有些保留有零星自然滩涂。部分产卵场如白家滩、东岳庙、鲶鱼濠、黄家坝、东岳庙、龙门口等，其近河岸以自然滩涂为主，但其河谷谷坡的利用却几乎全部以农田、防洪大堤、湿地公园、居住区、工业和污水厂等为主。为更准确地评估产卵场的当前功能，对每个产卵场面临的典型特征进行记录。从典型特征上看，除二郎滩、黄家坝、茏茏沱等外，其余都存在岸线利用活动加剧的情况，具体表现为港口及沿江道路修建、航道清理、垃圾倾倒填埋、护岸工程不当、采沙采石破坏河道、污水直排等问题。经与当地渔民访谈后获知，历史产卵场标注的鱼类种类基本上不复存在，可能产卵的鱼类以家鱼中的鲤、鲶、鲫，以及特有非珍稀的铜鱼等为主。此外，安边、马鸣溪、白沙湾、拖泥浩、红灯碛等产卵场从表征现象判断辅以渔民实践观察来看，其鱼类产卵场功能已完全丧失。

综合来看，产卵场面临的主要问题在于不合理的岸线开发、河道采沙及非法捕鱼等人类活动。具体包括 4 方面：①水电工程、港口工程及近河岸护岸工程、采沙采石等破坏了河流自然岸线和近河岸河道形态，改变了水情水势从而影响到鱼类产卵。②近河岸岸线的利用及保护不当影响产卵场的功能，如生活垃圾、建筑垃圾的近河岸堆放，对河流水环境和水生态造成持续污染。③受农田、工矿、道路修建等人类活动，以及近年来河流水文变化等自然因素的综合作用，产卵场附近生态退化、浮游类水生动植物减少，从而影响到产卵场功能的发挥。④屡禁不绝的非法捕鱼活动对鱼类产卵活动产生巨大的负面影响。

2）功能现状评价

长江上游珍稀、特有鱼类在长江干流的种群资源呈衰退趋势。由于自然保护区地处金沙江梯级水电站以下长江干流紧邻段，自然保护区干流宜宾段珍稀、特有鱼类产卵场功能既面临水电开发导致水文水势改变引起的水流特征与河道特征的负面影响，更受到岸线资源利用对保护区和产卵场带来的破坏作用。梯级水电站开发对保护区的影响一直是学者关注的重点，采取增殖放流的举措一定程度上弥补了鱼类种群减少的损失。但岸线无序开发利用由于各方利益牵制，尚未引起学术界和管理者的足够重视，其破坏性影响亟待科学评估并制定针对性的措施。

对产卵场功能现状划分良好、一般、部分退化、严重退化和丧失 5 个等级。定性判断的依据为实地调研信息，判断方法为信息综合与专家经验相结合。可以看出，功能良好和功能一般的珍稀、特有鱼类产卵场仅占调查总数的 33.3%，功能部分退化、严重退化的产卵场占 61%，功能丧失的有 2 个，占 5.6%。因此，长江上游珍稀、特有鱼类产卵场功能的整体退化已成为不争的事实，进而影响到保护区整体生态功能的修复。

3）保护区功能维持及保护启示

（1）开展系统性调查研究，科学认识保护对象的资源现状。目前对保护区鱼类产卵场的认识基本源于历史自然结果和中国科学院水生生物研究所的科考结果，信息相对陈旧，有待通过新一轮的野外调查工作予以确认或更新。例如，已有信息认为宜宾市的安边、二郎滩、金鸡尾等地为达氏鲟产卵场，黄家坝为胭脂鱼产卵场，东岳庙、金鱼碛—王爷庙为岩原鲤产卵场，但实地走访发现这些江段已多年未有捕获上述幼鱼的记录。因为达氏鲟、胭脂鱼产黏沉性卵，而这些地方已不具备产黏沉性卵的底质条件，所以其成为珍稀、特有鱼类集中产卵场的可能性几乎为零。实地调查还了解到，曾有渔民在增殖放流后捕获20cm左右的达氏鲟幼鱼，远小于增殖放流的鱼苗（40～50cm）。由此可基本认定，自然河流中依然存在野生达氏鲟的种群（甚至还存在其他珍稀、特有鱼类），但产卵地究竟集中在哪里尚无法确定，作者推测很可能呈零星分布状态。因此，对该保护区开展系统全面的科学研究工作势在必行。首先，保护区管理机构需要完善珍稀、特有鱼类种群及河流生态环境的监测和监控工作；其次，针对保护区的科研项目需求进行科学摸底与评估，及时跟进开展择优立项；再次，加强与高水平科研机构的定向合作交流，针对珍稀、特有鱼类的生活史“三场一道”维护、人工繁殖技术、规模化养殖技术及天然种群维育等问题开展专家咨询与联合科研攻关。

（2）处理好保护与发展的关系，提升岸线资源利用可持续性。从当前保护区鱼类产卵场受破坏的典型因素看，近河岸岸线资源开发是最为显著的。水电工程、港口码头、人工滨江景观、防洪大堤、挖沙采石、河道整治、沿江工业区等工程建设活动基本上涉及保护区宜宾段全线。同样的情况在泸州段、重庆段、赤水河段都有不同程度的存在。岸线资源的合理开发是未来保护区面临的最大挑战。首先是这一区域有着岸线开发的发展诉求，但如何做到在岸线开发的同时把对珍稀、特有鱼类的生境影响控制在安全范围内，这不仅仅是地方管理部门能够解决的。作为保护区管理机构，一方面要全面做好这些工程的鱼评和补偿落实工作，同时配合相关部门监督其整体环评整改的落实；另一方面要对珍稀、特有鱼类的重要生活场所（如产卵场）的工程上马进行严格的审核和监管。在现有补偿方式（资金补偿、放流补偿）基础上，加强同工程所有方及施工方的沟通，尝试工程补偿的方式。在不影响航道通行的基础上，在近河岸为鱼类产卵索饵等活动布局一定的工程设施，同时也可以设置一些公益宣传工程以配合珍稀、特有鱼类保护氛围的打造。对非法挖沙采石、非法捕鱼、近河岸废弃物堆放、沿河直排污水等行为要坚决予以制止和治理。实施保护性岸线开发，提升岸线资源利用的可持续性，才能为保护区的长远维护及发展提供必需的地理和生态基础。

（3）设置独立性管理主体，增强监管措施的时效性。从保护区管理机构的设置情况看，目前四川设有四川省珍稀鱼类国家级自然保护区管理局，管理局下设宜宾管理处和泸州管理处。其中，宜宾管理处下设屏山县、翠屏区、南溪区、江安县等6个管理站。宜宾管理处的管理职能原挂靠宜宾市水产渔政局，2015年宜宾市水产渔政局管理职能划归宜宾市畜牧水产局。保护区管理机构的管理职能向上归省级管理局、国家农业农村部管理；向下在县级渔政局挂牌管理站。保护区并未形成独立的管理机构，而是挂靠地方相关行政部门，从而导致保护机构进退维谷：既要按国家、省级管理局及环保部门的要求落实保护区管理条例，又要考虑地方行政主体经济社会发展的需求。这种两难境地直接影响到监督执法管理的效力。对保护区现有管理体制进行变革就显得颇为急切。建议成立具有相对独立的保护区管理机构，落实保护区相关规定及承担日常巡护和监管的任务。这样既有希望实现保护效果所需的人力、物力、财力，也能和隶属企业的增殖放流站形成制衡关系，监督其落实水生生态补偿措施的相关承诺。保护区所属地方江段也应根据各地保护现状出台地方性政策和法规，妥善处理保护和发展的关系，提升保护区监管措施为修复长江生态环境提供支撑和贡献。

5.3 长江中游典型岸段调查及长江新城建设的岸线生态环境风险评估

作为实施长江经济带发展战略的核心城市，长江及其岸线资源是武汉发展的核心战略支点。长江及其岸线不仅提供了重要的自然资源和国土资源，也是武汉的区位优势所在。目前，武汉正迎来加快发展的机遇期和关键期。“一带一路”“黄金水道”“长江经济带”“长江中游城市群”“中部崛起”等国家重大战略聚焦武汉，国家中心城市、全面创新改革试验区、自主创新示范区、自由贸易试验区等国家重大改革发展试点落户武汉，相关战略不仅为武汉的发展带来了前所未有的机遇，也对区域发展提出了更高要求。如何科学保护和利用长江岸线资源，推动经济、社会、环境效益的统一与协调，是目前面临的难点和重要挑战。

2017 年 3 月，长江主轴、长江新城建设纳入武汉市“十三五”规划。长江主轴重点围绕武汉主城区长江段，集中展示长江文化、生态特色、发展成就和城市文明。长江新城则是武汉市人民政府规划的一个新区。作为打造城市发展成就的展示区和样板，长江新城建设是武汉城市发展空间布局的重要举措。2017 年 7 月，武汉市人民政府发布长江新城选址方案，地址定为武汉北区毗邻长江的谌家矶—武湖区块。2019 年武汉市人民政府工作报告中明确指出，武汉将积极申报国家级武汉长江新区，推动长江新城起步区的建设，高标准规划建设长江新城，加快建设长江主轴，打造沿江卓越片区。目前，《武汉长江新城总体规划（2017—2035 年）》和长江新城起步区城市设计等规划先后通过了全国专家评审会和武汉市规划委员会审议。2019 年 3 月，《长江新城起步区控制性详细规划》进入公示阶段。

长江主轴、长江新城的建设均涉及武汉市长江岸线资源的利用及保护问题，并且对现今岸线资源质量及岸线资源开发利用模式提出了更高的要求。岸线资源的科学利用、优化配置是长江主轴和长江新城建设及稳健发展的重要保证。

5.3.1　长江武汉段岸线资源现状调查

5.3.1.1　长江武汉段岸线资源总体情况

武汉市位于我国中部地区，是湖北省省会和政治、经济、文化中心，华中地区特大中心城市，下辖江岸、江汉、硚口、汉阳、武昌、青山、洪山 7 个主城区和汉南、东西湖、江夏、蔡甸、黄陂、新洲 6 个远城区。“两江交汇、三镇鼎立”，是武汉特有的城市格局，岸线格局对于城市发展有重要影响。据有关文献记载，早在 2000 多年前的先秦时期武汉的港埠活动已经起源。1862 年江汉关正式开关，自此俄、美、英、法、德等多国来汉通商。此后各种现代意义上的码头建设逐步发展推进，长江岸线范围的面江、沿江发展逐渐成为武汉的重点发展方向。

长江武汉段自然岸线总长约 241.02km，其中长江左岸岸线长度为 148.82km，长江右岸岸线长度为 92.20km。相关资料表明，长江武汉段自然岸线中宜港岸线 121.638km，已使用宜港岸线 70.897km，未开发利用的宜港岸线 50.741km，主要分布在纱帽港区（25.128km）、军山港区（5.750km）、金口港区（15.195km）、白浒山港区（4.668km）（图 5-15）。

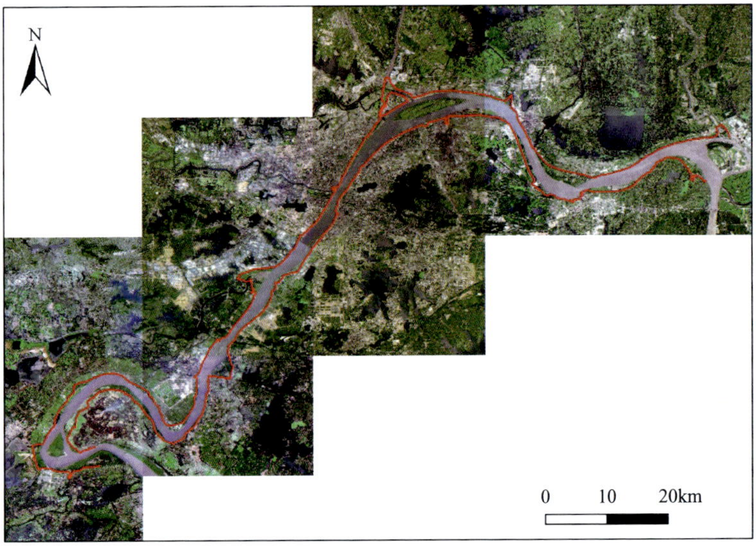

图 5-15　长江武汉段岸线分布

5.3.1.2 长江武汉段基本水文气象情况

长江武汉段属亚热带季风气候区，四季分明，雨水充沛。降雨年际变化大，年内分布不均，梅雨、寒潮等地区性气候明显。冬季盛行北风和西北风，夏季以南风和东南风为主，汛期出现在 5～10 月，11 月为退水期，12 月至次年 3 月为枯水期，月平均最高水位一般出现在 7 月，月平均最低水位一般出现在 2 月。长江武汉段年径流量和输沙量均较大，年际和年内分配不均匀。汛期水量占全年的 73.5%，输沙量占全年的 78.3%。长江武汉段代表性站点汉口水文站的水沙特征值见表 5-5。相关资料表明，三峡工程蓄水后与蓄水前相比，汉口水文站 7 月平均水位下降 1.4m，10 月水位下降 2.1m，1～2 月水位抬高 0.4～0.6m（表 5-5）。

表 5-5 汉口水文站水沙特征值（武汉新港管理委员会等，2011）

特征值		出现时间
历年最大流量/(m^3/s)	76100	1954 年 8 月 14 日
历年最小流量/(m^3/s)	2930	1865 年 2 月 4 日
多年平均流量/(m^3/s)	23400	1865～2002 年
历年最大径流量/10^8m^3	10130	1954 年
历年最小径流量/10^8m^3	4530	1900 年
多年平均径流量/10^8m^3	7111	1852～2001 年
最大年输沙量/亿 t	5.79	1964 年
最小年输沙量/亿 t	2.33	1994 年
多年平均输沙量/亿 t	4.21	1950～2002 年
历年最大含沙量/(kg/m^3)	4.42	1975 年
历年最小含沙量/(kg/m^3)	0.036	1954 年
多年平均含沙量/(kg/m^3)	0.571	1950～2002 年
历年最高洪水位/m	27.63（85 高程）	1954 年
历年最低枯水位/m	7.99（85 高程）	1965 年
最大水位差/m	19.65（85 高程）	1954 年
平均水位/m	17.42（85 高程）	

5.3.1.3 长江武汉段岸线地形地貌

长江武汉段岸线主要为堆积平原地貌形态（图 5-16）。遥感监测结果表明，长江武汉段两岸地势总体平坦，岸线较为顺直。受纱帽山—赤矶山、大军山—龙船矶、蛤蟆矶—石咀、龟山—蛇山、谌家矶—青山矶五对节点，以及阳逻堡、白浒山等控制，本河段河道平面形态总体稳定。岸线高程自上游至下游逐渐降低，坡降左右岸均为 0.052m/km（图 5-17）。武汉以上河道走向为西南—东北向，武汉以下河道走向为西北—东南向。长江武汉段堤防工程连续，堤防与河流间滨岸带宽窄各处不同，总体范围较小。

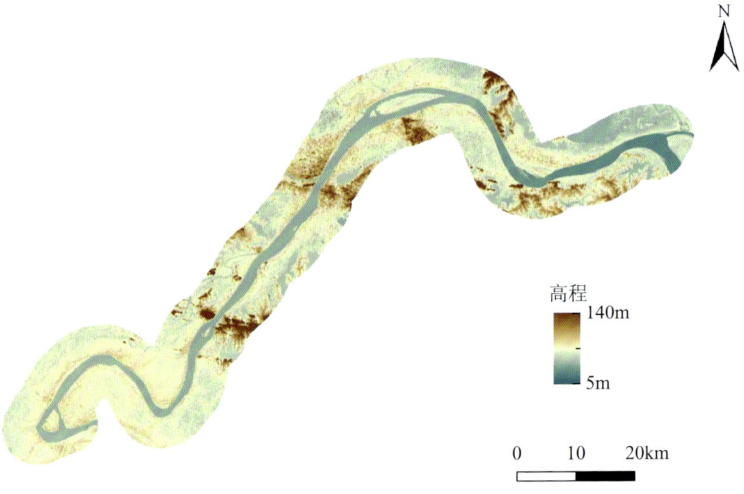

图 5-16 长江武汉段岸线范围地形

根据地形地貌及河势状况，长江武汉段河道可分为簰洲湾河段、武汉河段、叶家洲河段、团风河段等几个部分。簰洲湾河段（嘉鱼县潘家湾—汉南区纱帽山）全长 73.8km，河道宽窄相间，平面摆动幅度很大，是长江中游荆江以下弯曲率最大的弯道。武汉河段（汉南区纱帽山—新洲区阳逻镇）全长 70.3km，平面形态由顺直分汊和微弯分汊河型组成，上段金口河段（纱帽山—沌口）长约 19.9km，为顺直分汊型河段，河道稳定；中段（沌口—龟山、蛇山）为白沙洲顺直分汊型河段，长 15.1km，河势比较稳定；下段（龟山、蛇山—阳逻）为天兴洲微弯分汊型河段，长约 35.3km，天兴洲将河道分为左右两汊，左岸龟山以下有长江最大支流汉江入汇。汉江自江汉二桥以下，河宽逐渐缩窄，至河口河宽仅为 200m 左右。叶家洲河段（阳逻—泥矶）全长 28.2km，河道平面形态呈弯曲型，受天然山矶的制约，主流较平稳。团风河段（泥矶—黄柏山）全长约 28.8km，为鹅头形三汊河型，两端狭窄，中间开阔，江中有人民洲、东漕洲、罗霍洲，进出口分别有泥矶及黄柏山节点控制河势。

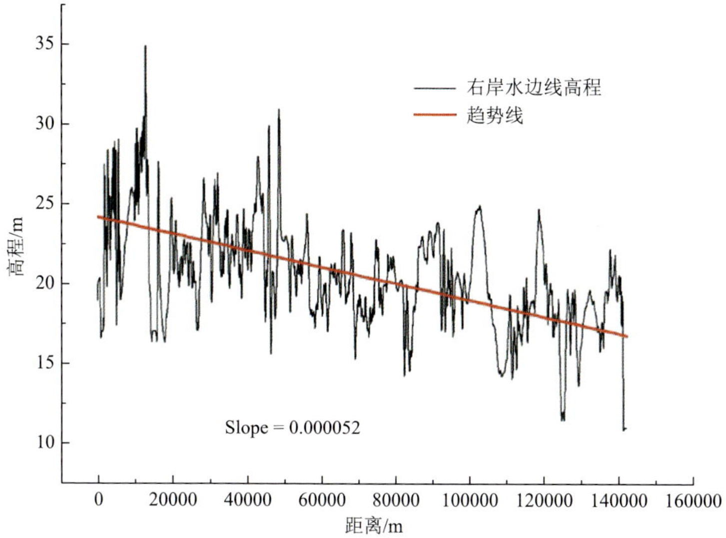

图 5-17 长江武汉段岸线高程变化

5.3.1.4 长江武汉段地质情况

现场调查及相关资料表明，长江武汉段沿江两岸除金口、军山、龟山、蛇山、白浒山等地有基岩出露外，其他河段岸坡以砂质岸坡居多，河床质除少部分为基岩裸露外，其余绝大部分都为由松散砂砾组成的现代河流冲积物。

本江段地下隐伏岩溶十分发育，武汉市区就有 6 条隐伏的碳酸盐岩地层横贯长江（图 5-18）。在两岸的一级阶地上，岩溶塌陷频繁发生。岩溶系统中的地下水与长江相通，地下水位往往随长江水位的波动而波动，当地下溶洞发育到一定程度，上覆沙土可能会逐渐被掏空。据不完全统计，从 1977 年来，武汉市区就发生 20 余起岩溶塌陷，其中 15 起发生在 2005 年之后。近年来，包括本区的长江部分河段河床发生了严重的冲刷冲深，使长江水与下方岩溶地下水进一步连通，水力联系更加密切，地下水活动增强，加快了两岸隐伏岩溶的发育，一定程度上可能增加了岩溶塌陷的风险。综合多种资料分析表明，汛期强降雨入渗和水位变化加剧，可能诱发严重的岩溶塌陷。如果塌陷发生在大堤区域，则有可能导致堤防溃口，引发严重的洪水灾害（罗小杰，2014）。

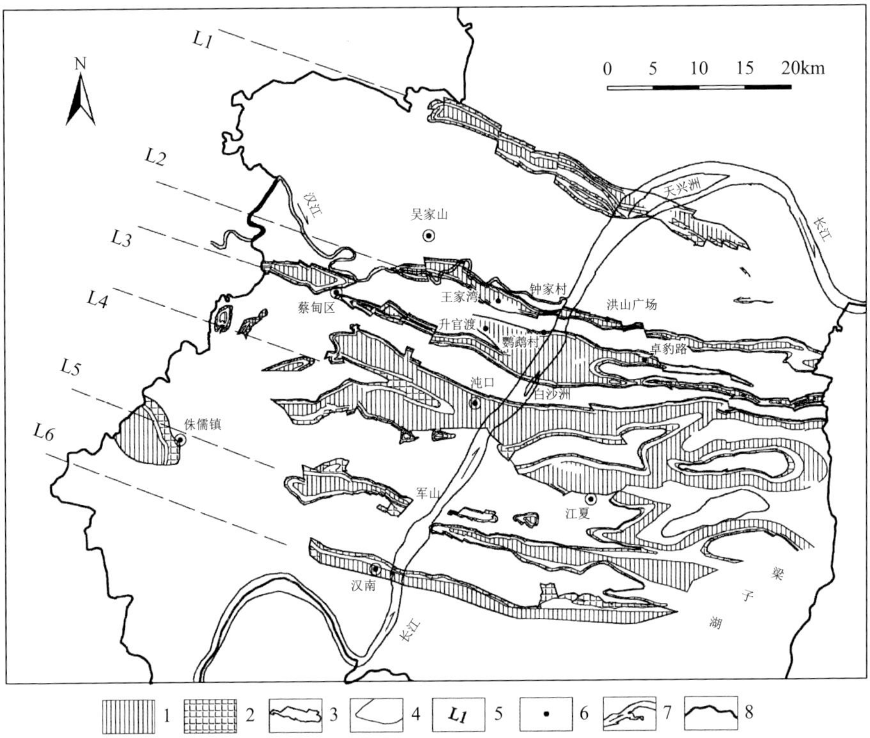

1. 上碳酸盐岩组；2. 下碳酸盐岩组；3. 碳酸盐岩条带边界；
4. 上碳酸盐岩组顶界；5. 碳酸盐岩条带编号；6. 线岩溶率研究地段；
7. 长江和汉江；8. 武汉市界；L1为天兴洲条带，
L2为大桥条带，L3为白沙洲条带，L4为沌口条带，
L5为军山条带，L6为汉南条带

图 5-18　长江武汉段碳酸盐岩条带分布图（罗小杰，2014）

5.3.1.5　长江武汉段岸线范围土地覆被及土地利用变化

利用 2000 年、2015 年同季遥感影像，进行长江武汉段岸线范围土地利用变化遥感解译及分析。结果表明，岸线范围内土地利用类型多样；在各类土地利用类型变化中，建设用地及交通用地增长较多，而水库坑塘及水田面积减少较多（图 5-19、图 5-20，表 5-6）。

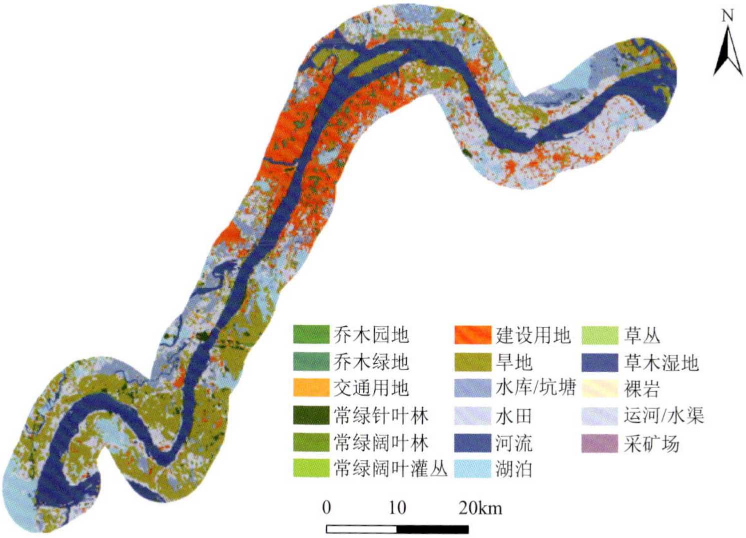

图 5-19　2000 年长江武汉段岸线范围土地利用图

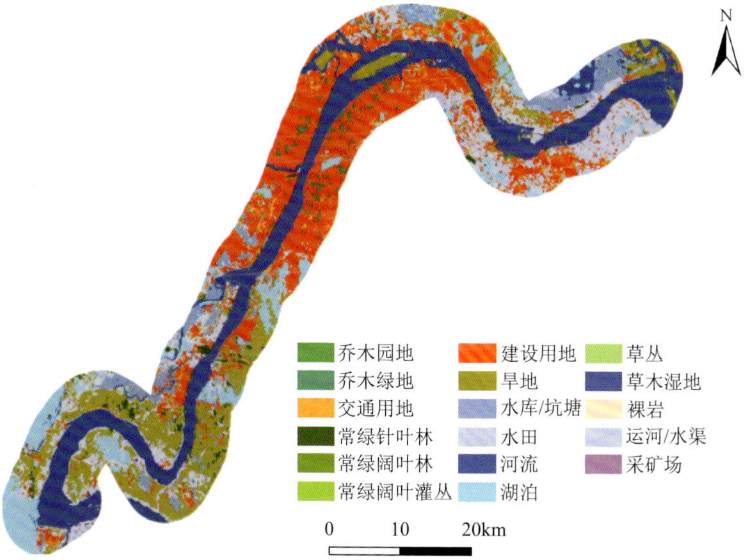

图 5-20　2015 年长江武汉段岸线范围土地利用图

表 5-6　2000 年、2015 年长江武汉段岸线范围土地利用变化统计（km^2）

土地利用类型	2000 年	2015 年
采矿场	0.15	0.07
草本湿地	28.74	29.84

源的有 7 个，以长江为饮用水水源的有 10 个（图 5-23）。根据水源地一级、二级保护区关于取水口上游、下游水域及陆域范围的规定，绘制长江武汉段水源地一级、二级保护区范围图。其中水源地一级保护区水域范围为取水口上游 600m，下游 100m，宽度为以河道中泓线为界；陆域范围为外靠取水口一侧河道陆域边界至防洪堤内侧。水源地二级保护区水域范围为从水源地一级保护区水域上游边界向上延伸 1200m，下游边界距水源地一级保护区下游边界 200m；陆域范围为靠取水口一侧河道陆域边界至防洪堤内侧。根据统计，本区水源地一级、二级保护区共占岸线 21km，左右岸各 10.5km。

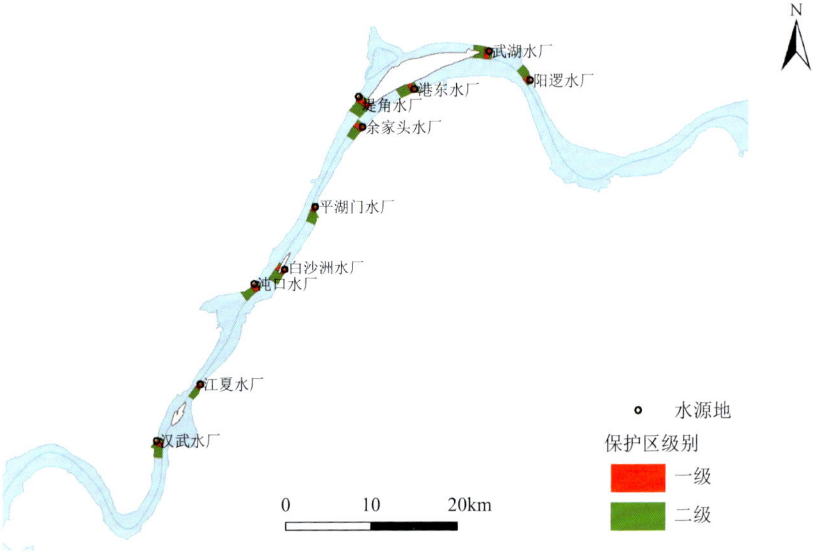

图 5-23　长江武汉段饮用水水源地及水源地保护区分布

5.3.1.8　长江武汉段过江通道情况

调查结果表明，武汉已建和在建的过江通道 18 条（其中桥梁 11 条）。按照《武汉市轨道交通线网规划（2014～2049 年）》，预留的过江通道将达到 28 条，其空间分布如图 5-24 所示。过江通道如限制性桥梁等对于桥区水域范围有相关规定，对岸线资源利用具有较大影响。《长江海事局桥梁通航安全管理规定》中也对长江辖区限制性桥梁桥区水域范围及主要通航数据进行限定，并规定除紧急情况和经海事管理机构同意外，船舶不得在桥区水域内停泊、作业。

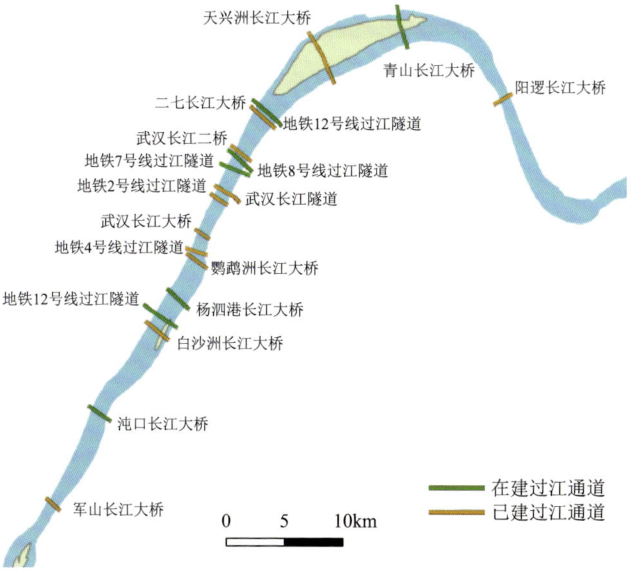

图 5-24 长江武汉段过江通道分布

5.3.1.9 长江武汉段生态岸线与生活岸线

岸线类型目前还没有形成较规范的分类体系，现有的岸线分类多是从岸线利用的角度将岸线划分为港口岸线、工业仓储岸线、生活岸线、通道岸线等。也有研究者按照岸线功能将岸线分为生活岸线、生态岸线和生产岸线。由于岸线往往兼具多种功能，在实际分类中不同研究者的分类结果常存较大差异。这里将生活岸线和生态岸线综合在一起，主要包括滨江绿地、重要鱼类产卵场及湿地自然保护区等。本区湿地自然保护区主要包括倒水河口—举水河口段的涨渡湖市级湿地自然保护区，重要鱼类产卵场主要包括簰洲产卵场、大咀产卵场、白浒山产卵场、团风产卵场，涉及簰洲—水洪口、邓家巷—大咀、青山—葛店、芭蕉湾—三江口等岸线区段。此外，滨江公园绿地等也有较大的岸线需求。根据遥感监测结果，武汉主城区滨江公园的空间分布如图 5-25 所示，主要分布于汉口北京路—丹水池油库、鹦鹉堤—汉江河口、长江一桥—长江二桥、青山公园跑马场—天兴洲长江大桥、汉江二桥—汉江河口、汉江二桥—汉江河口等地。

总体来看，长江武汉段河势总体稳定，港口设施使用岸线长度约占总岸线长度的 1/4；2000～2015 年，长江武汉段岸线范围建设用地面积增加较快；港口岸线存在不同程度的使用结构不合理情况，沿江非港口设施分布比较零乱，港口岸线有待进一步加强集约化利用；部分老港区已逐步位于城市中心区，发展空间明显不足，港口与城市在土地、环境和交通等方面的矛盾不断增加，港口发展呈现明显的中心向周边转移、老港区城市化改造与新港区开发同步的特征；岸线资源紧张，生产、生活及生态不同功能往往存在争占矛盾，综合利用程度有待提高。例如，港区往往与重要鱼类产卵场生态岸线存在竞争关系，其中纱帽港区、阳逻港区、林四房港区、青山港区和白浒山港区与簰洲产卵场、大咀产卵场、白浒山产卵场等有一定的空间竞争；而纱帽港区、金口港区、白浒山港区、青锋港区和蔡甸港区与岸线范围水源地保护区之间也有空间争占关系。此外，汛期岸线防洪安全需要加强监测，并谨防地质灾害影响。

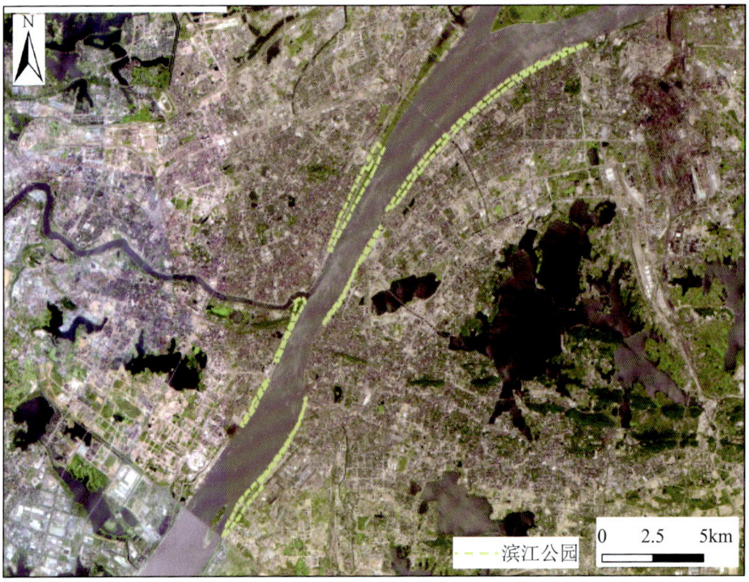

图 5-25　武汉市滨江公园绿地分布

5.3.2　武汉长江新城建设的岸线生态环境风险评估

作为拓展城市发展空间、产业转移和城市亮点规划的需要，规划建设长江新城已成为武汉发展的重要战略决策，也是建设现代化、国际化、生态化武汉的重大举措，同时也是优化武汉城市发展空间布局的必然选择。长江新城选址于武汉中北部，分三期建设。起步区位于谌家矶—武湖区块，东至武湖泵站河，南至长江北岸，西至滠水河、府河，西南至张公堤路，北至江北铁路，面积为 30～50km^2。中期发展区为 100km^2，远期控制区为 500km^2（图 5-26）。

2018 年 7 月，长江新城总体规划方案通过全国专家组评审，总体规划方案形成了长江新城建设“2025 年沿江、2035 年环湖北拓、2050 年点睛”的发展时序。即

2025 年，建成由轨道交通、高快速路、城市主干道构成的沿江交通廊道；2035 年，进一步拓展城市合作区、国际总部区、科学研发区、共享创新区、文化体验区的建设；2050 年向东、向北扩展，全面建成具有国际影响力和中国特色的现代化城市。

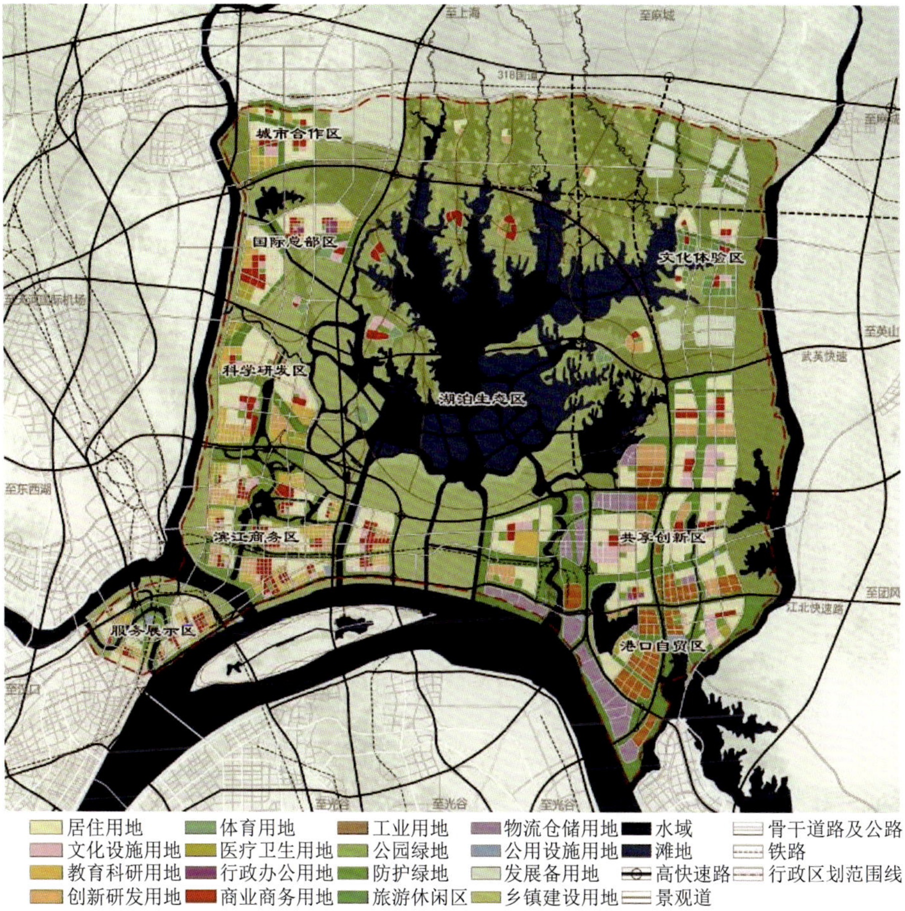

图 5-26　长江新城规划范围（武汉新港管理委员会等，2011）

5.3.2.1　长江新城起步区及长江主轴建设区岸线资源利用现状分析

长江新城作为武汉市东北大通道的重要节点，将有机连接主城、连贯长江主轴，长江新城建设与长江主轴建设两者之间存在着整体协调和发展空间传承的关系。长江主轴及长江新城建设均是武汉市发展的战略重点。长江主轴建设通过城市修补、生态修复，提升功能和景观形象，而长江新城建设有坚持生态优先、绿色发展，统筹生产、生活、生态三大布局的目标要求，因此也必然涉及建设区段的长江岸线功能布局及资源开发利用模式的调整，从而对区域岸线范围生态环境产生影响。

根据量算，长江主轴涉及长江左右岸共 52.6km 的岸线，而长江新城起步区包括约 9.2km 的岸线，后续发展将涉及更多的岸线空间利用。长江新城起步区、长江主轴区域目前涉及 5 个饮用水水源地保护区、14 条已建和在建过江通道、8 个港区、多个连片的江滩公园及部分农田及林地等，岸线空间挤占矛盾较为突出。其中长江主轴主城段建设范围分布有鹦鹉港区、杨泗港区、涂家巷港区、鲇鱼套港区、汉口港区、余家头港区、红钢城港区 7 个港区；长江新城起步区主要涉及谌家矶港区，而其后期建设中将涉及阳逻港区。建设区内港区多为老港区，普遍存在布局不合理、岸线拓展空间不大、集约化程度低、码头分散等问题。其他零散分布的简易码头也占用较多岸线资源、利用效率低，不仅造成了岸线资源的浪费，而且在一定程度上制约了港口通过能力和整体效益的发挥（图 5-27，表 5-7）。

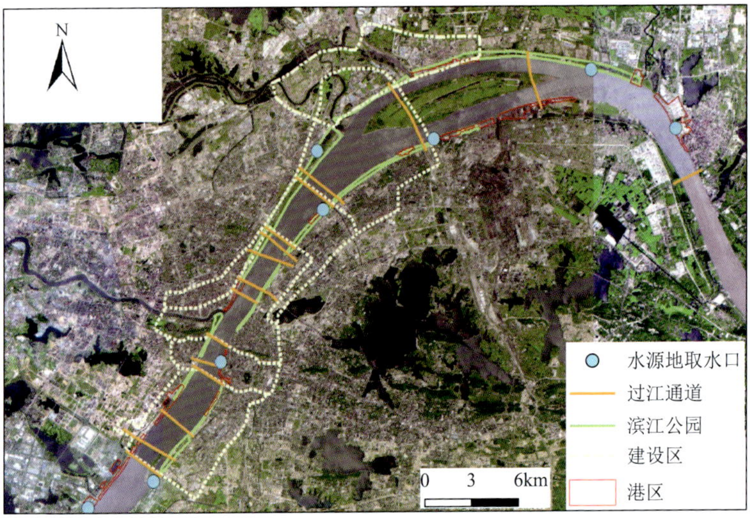

图 5-27　长江新城起步区及长江主轴建设区岸线资源利用现状（武汉新港管理委员会等，2011）

表 5-7　长江主轴建设区及长江新城起步区内码头泊位现状汇总

序号	港区名称	依托航道	岸别	主要货类	泊位数/个	通过能力/万 t
1	鹦鹉	长江	左	木材、黄沙、生活物品	4	45
2	杨泗	长江	左	煤炭、集装箱、钢铁	17	989
3	汉口	长江	左	煤炭、钢铁	10	83
4	谌家矶	长江	左	矿建材料、油品	15	204
5	涂家巷	长江	右	粮食、黄沙、生活物资	13	106

续表

序号	港区名称	依托航道	岸别	主要货类	泊位数/个	通过能力/万 t
6	鲇鱼套	长江	右	黄沙、生活物资	2	5
7	余家头	长江	右	黄沙、石料	15	153
8	红钢城	长江	右	钢材、水渣、黄沙、水泥	12	438
9	青山	长江	右	水泥、黄沙	5	172
10	武石化	长江	右	成品油	6	490
11	武钢工业	长江	右	铁矿石、钢铁	9	1911

涉及长江新城起步区及后期建设区的谌家矶和阳逻两个港区（图 5-28），其规模和建设水平目前有较大差异。谌家矶港区位于长江左岸、天兴洲水道左汊内，是武汉市的矿建材料集散中心，现有生产性泊位 15 个，通过能力 204 万 t。由于长江主航道位于天兴洲水道右汊内，谌家矶港区主要在中洪水期作业，为季节性港区，现有泊位除中石化成品油码头外，均为临时性的简易码头。阳逻港区同样位于长江左岸，处于谌家矶港区的下游，隶属武汉市黄陂区和新洲区。阳逻港区是武汉港目前规模最大的综合性港区，其后方为阳逻经济开发区。阳逻港区现有生产性泊位 38 个，通过能力 2564 万 t，其中集装箱 100 万 TEU。阳逻港区自上而下分别为南顺油码头、武钢江北基地码头、阳逻电厂码头、亚东水泥码头等码头和泊位。因此，综合比较，谌家矶港区已不能适应长江新城建设的新要求，需要进行功能布局和利用模式的调整，以推进长江新城建设的新理念、新标准、新路径、新典范的目标要求。在此基础上，进一步推动整个武汉段的岸线功能布局及使用结构调整。

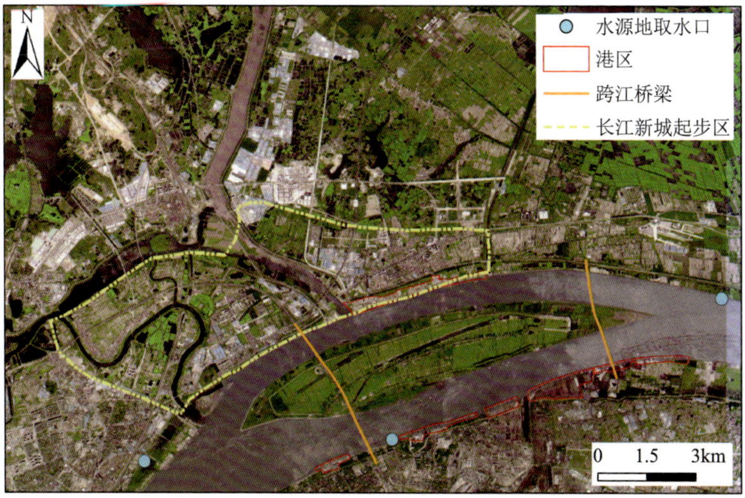

图 5-28　长江新城起步区附近长江两岸港区分布

5.3.2.2　长江新城建设区岸线防洪安全分析

包括长江新城区块在内的武汉广大区域，其一级阶地地面高程只有 22～23m，地势低洼，而汛期洪水位往往达到 27～29m，高出地面 5～7m。因此，保障并增强建设区段的堤岸防洪安全功能尤为重要。武湖部分区域地势尤为低洼，本身属长江流域国家名录里的蓄滞洪区，汛期防洪压力非常大。谌家矶三面临水，每逢重大汛情便易发生险情。1954 年大洪水，堤角至谌家矶便是一处险情点；1998 年抗洪，谌家矶一带全区撤离疏散；2016 年 7 月，长江谌家矶段出现“散浸”。长江江堤至武湖的地形变化如图 5-29 所示，江堤附近地势较高，而向北朝武湖方向地势逐步降低。由此明显可见在长江新城建设中，岸线防洪安全尤为重要。

(a) 地形剖面线位置

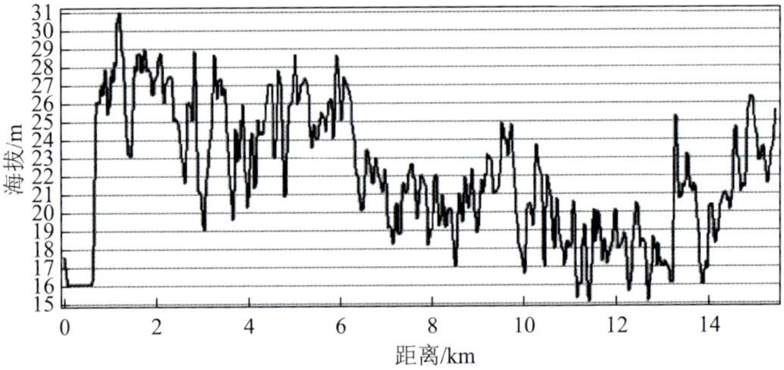

(b) 地形剖面线海拔

图 5-29　长江新城武湖区域地形剖面线示意图

目前湖北省纳入长江流域国家名录的蓄滞洪区有 12 个，总面积 7310km^2，有效蓄洪容积 396 亿 m^3，面积和容积均为长江中下游国家名录蓄滞洪区的 2/3。其中，武汉附近有 6 个分蓄洪区，分别是杜家台重要蓄滞洪区，东西湖蓄滞洪保留区，西凉湖、武湖、涨渡湖、白潭湖一般蓄滞洪区，总面积 2944km^2，蓄洪容积约 122 亿 m^3。武湖蓄滞洪区位于长江北岸的武汉市黄陂区、新洲区境内，由武湖堤、滠水东堤、黄陂武湖长江干堤圈围，面积约 280km^2，有效蓄洪容积 18.1 亿 m^3。2008 年，国务院以“国函〔2008〕62 号”批复《长江流域防洪规划》，将武汉附近区域的杜家台蓄滞洪区划分为重要蓄滞洪区，其他蓄滞洪区为一般蓄滞洪区。

根据《长江流域综合规划（2012—2030 年）》，武汉附近区域超额洪量为 68 亿 m^3。如考虑上游水库联合调度，遭遇 1954 年那样的洪水，武汉附近区域超额洪量可能会进一步减小。尽管按 6 个分蓄洪区总量计算蓄洪能力有所富余，但随着近年的城市发展等，部分蓄洪区受到一定的改造和利用，目前武湖蓄滞洪区和涨渡湖蓄滞洪区属于其中为数不多的较大且有效的蓄滞洪区。考虑长江新城建设范围，武湖蓄滞洪区规划应在科学论证后进行调整，长江新城规划布局应尽量保留武湖蓄洪功能，岸线资源利用也需要有相应设计。

5.3.2.3 长江新城建设区岸线岩溶塌陷风险分析

对于长江新城而言，天兴洲隐伏碳酸盐岩地层条带就直接涉及长江新城起步区。该条带与长江干堤重叠堤段为南岸的青山区政府至青山港的武青堤一带和北岸的二七长江大桥至新河口一带。天兴洲隐伏碳酸盐岩地层条带的矿物组成主要为白云石、燧石与石英，其次为方解石等；岩石类型以白云岩、硅质白云岩、硅质岩为主，其次为硅质灰岩、灰岩。该处岩土工程地质勘查中发现岩溶较为发育，有钻孔资料揭示该条带有垂向高度 0.8～2.6m 的溶洞，洞内基本无充填物。2016 年 7 月 3 日，长江谌家矶段出现“散浸”现象，位置为江岸区谌家矶东堤堤内坡坡脚处，共发现两处散浸现象，一处在桩号 0+300 处，长度约 60m，另一处在桩号 1+700m，长度约 20m。2016 年 7 月 4 日，位于长江大堤边的武汉市青山区倒口湖发现管涌险情，倒口湖湖面距长江约 300m。长江南北对应的管涌和散浸在空间位置上与天兴洲隐伏碳酸盐岩地层条带分布相符，据推测这两处险情可能与该处长江天兴洲河床冲刷加剧和地下隐伏岩溶活动加强有关。岩溶塌陷是威胁岸线安全的重要因素之一。

因此，长江新城起步区岸线具有一定的岩溶塌陷风险，兼之本区地势低洼，尤其需要加强重点地段岩溶塌陷的巡查和监测。对已查明的地下溶洞、土洞等潜在的岩溶塌陷点和地段，应增设临时监测点（如地下水监测、地表形变监测、渗漏监测等），加强监测和预警。

5.3.2.4　天兴洲岸线条件变化与长江新城建设分析

长江新城起步区的谌家矶—武湖区块处于长江南北流向拐弯处的北岸，属于分汊游荡型河段。如图 5-30 所示，长江新城起步区对应江段中发育有天兴洲。该洲将长江分为南汊和北汊，江段河床形态较不稳定，近年来北汊淤积现象不断发展（叶志伟，2018）。其演变关系到防洪安全、航道通畅、岸线利用与保护、涉水工程的正常运行及局部河段的水生态环境等，尤其是对于分汊河段沿程布设的众多工业经济设施，分汊河道的演变关系到这些设施的正常运营，需要充分考虑岸线条件的可能变化并加以科学规划。

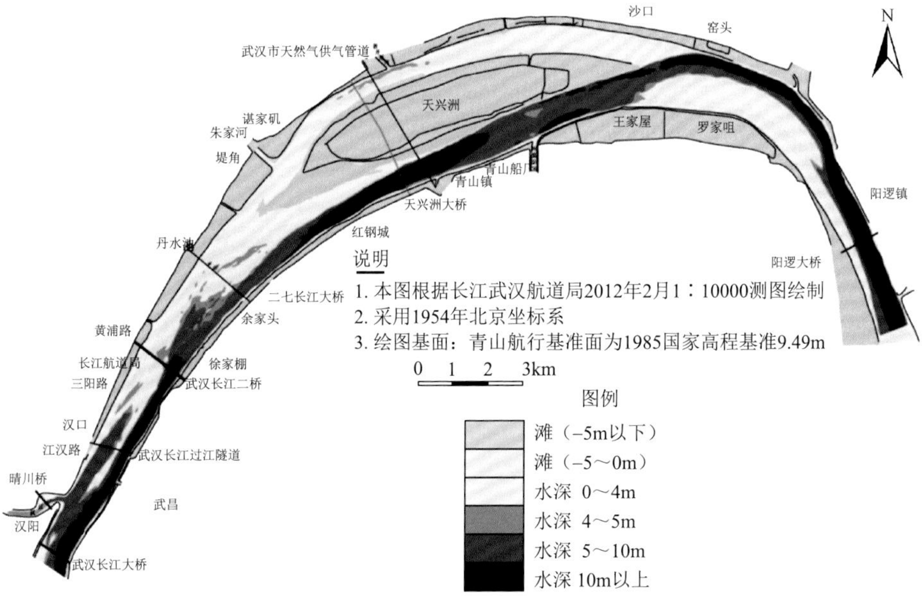

图 5-30　天兴洲河段河势（叶志伟，2018）

目前天兴洲左汊为支汊，右汊为主汊。20 世纪 50 年代，天兴洲左汊道为主汊，枯水期分流比大于 60%，分沙比大于分流比；此后左汊逐渐萎缩，分流分沙比减小；20 世纪 60 年代末至 70 年代初，右汊分流比已大于 50%，成为主汊；20 世纪 80 年代中期至今，左汊枯水期小流量时基本断流。相关资料表明，自 20 世纪 70 年代天兴洲汊道完成主支汊易位以来，天兴洲洲头、洲尾均呈下移趋势，洲体下移幅度较大，洲体中部左缘淤长，右缘崩退；年内汛期洲头冲刷，洲尾淤积，枯季洲头淤积，洲尾冲刷。天兴洲洲头守护工程于 2004 年实施后，天兴洲洲头及其右缘岸线保持了稳定，崩退现象得到一定程度的遏制（叶志伟，2018）。

三峡工程运用后，长江水沙情势发生较大变化。主要体现在蓄水期下泄流量的减少，枯水期及消落期下泄流量的增加，汛期洪峰流量的削减，以及含沙量的大幅度减少等方面。受天然节点和人工护岸的保护，天兴洲河段多年来形成的总体河势发生较大变化的可能性较小，水沙条件总体有利于天兴洲右汊主汊地位的巩固与发展，而左汊预计会处于缓慢衰退的趋势。

鉴于天兴洲分汊河段的演变关系及防洪、航运、水环境与水生态等众多问题，加上上游干支流其他水库的陆续建设运用，使进入该河段的水沙条件发生进一步的变化。随着北汊淤积现象不断发展，长江新城岸线资源及条件有可能发生较大变化，从而对长江新城建设产生影响。因此在长江新城建设中，需要加强该河段的演变分析，充分考虑岸线条件的可能变化并加以科学规划，以便支撑长江新城建设及未来发展。

从目前公开的有关建设理念及思路看，长江新城、长江主轴建设对于岸线资源的统筹管理及科学利用有了更高的要求，与生态优先、绿色发展之路相一致，有助于协调生产、生活、生态岸线的合理化布局。如近期公布的长江新城起步区A0101、A0102、C0601、C0602、C0603 等单元控制性详细规划导则中，对于水体、绿地等均有科学合理的控制要求。以长江新城建设为契机，通过武汉段乃至湖北段岸线资源的统筹规划及集约化调整，可为长江主轴和长江新城建设提供充分的岸线空间及环境支撑。

6.1.2　生态敏感性评价

6.1.2.1　生态环境敏感岸段空间分布

长江岸线生态环境敏感性从自然保护区、水产种质资源保护区、重要饮用水水源地、蓄滞洪区、自然滩地、洲滩岸线等方面开展综合评估。

1）自然保护区岸段

长江岸线涉及的自然保护区包括长江上游珍稀、特有鱼类国家级自然保护区，长江天鹅洲白鳍豚国家级自然保护区，长江新螺段白鳍豚国家级自然保护区，铜陵淡水豚国家级自然保护区等国家级自然保护区，以及长江宜昌中华鲟省级自然保护区、南京长江江豚省级自然保护区、何王庙江豚省级自然保护区、镇江长江豚类省级自然保护区、长江口中华鲟自然保护区等省级自然保护区（表 6-4）。

表 6-4　长江干流及沿岸水生生物自然保护区

保护区名称	行政区域	面积/hm^2	主要保护对象	级别
长江口中华鲟自然保护区	上海市崇明区	69600	中华鲟等珍稀鱼类	省级
镇江长江豚类省级自然保护区	江苏省镇江市	5730	淡水豚类及其生境	省级
南京长江江豚省级自然保护区	江苏省南京市	8692	长江江豚及其生境	省级
铜陵淡水豚国家级自然保护区	安徽省铜陵市、池州市	31518	白鳍豚、江豚等珍稀水生动物	国家级
长江宜昌中华鲟省级自然保护区	湖北省宜昌市	5000	中华鲟及其生境	省级
长江天鹅洲白鳍豚国家级自然保护区	湖北省石首市	5000	白鳍豚、江豚及其生境	国家级
长江新螺段白鳍豚国家级自然保护区	湖北省洪湖市、赤壁市、嘉鱼县	13500	白鳍豚、江豚、中华鲟及其生境	国家级
何王庙江豚省级自然保护区	湖北省监利县	2606	长江江豚、经济鱼类等水生动植物及其自然生境	省级
长江上游珍稀、特有鱼类国家级自然保护区	四川省、贵州省、云南省、重庆市	31714	珍稀鱼类及河流生态系统	国家级

其中，长江岸线涉及国家级自然保护区岸段长度共计 1692.0km，其中核心区 500.5km，缓冲区 504.8km，实验区 686.7km，主要分布在中上游的重庆、泸州、宜宾、荆州、咸宁，以及下游的铜陵，其中核心区分布较多的城市有泸州、宜宾、咸宁等，其中泸州江段的长江上游珍稀、特有鱼类国家级自然保护区核心区涉及岸段达 124.8km。省级自然保护区涉及岸段长度为 145.2km，主要分布在宜昌、镇江和扬州（图 6-2、图 6-3）。

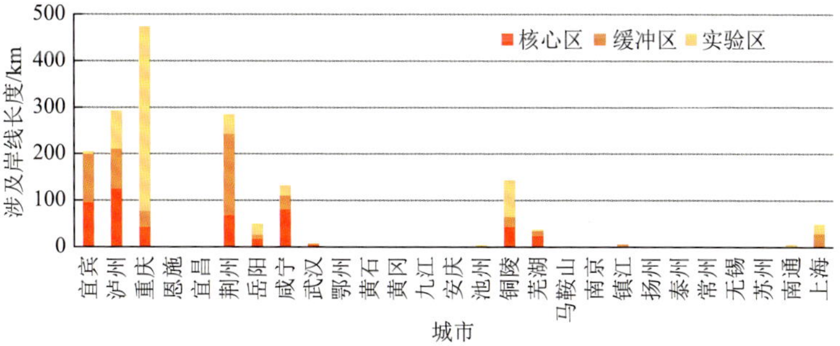

图 6-2 长江干流国家级自然保护区涉及岸线分布

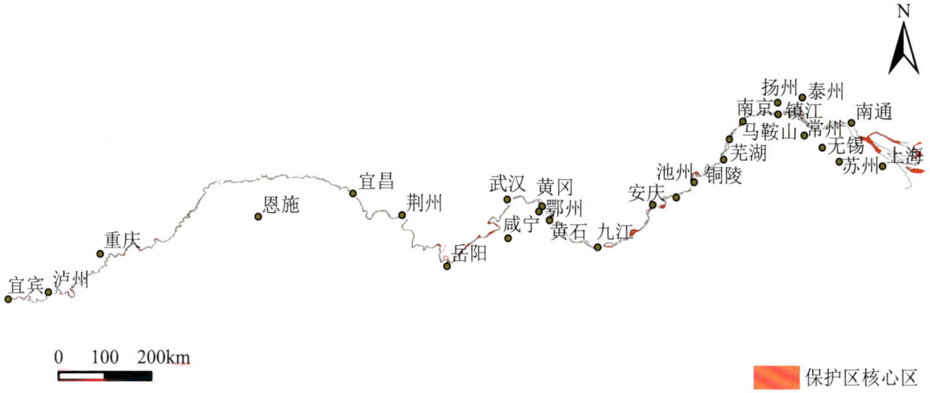

图 6-3 长江干流自然保护区、水产种质资源保护区核心区分布

2）水产种质资源保护区岸段

长江岸线涉及的水产种质资源保护区包括长江重庆段四大家鱼国家级水产种质资源保护区、长江监利段四大家鱼国家级水产种质资源保护区、长江黄石段四大家鱼国家级水产种质资源保护区、长江安庆段四大家鱼国家级水产种质资源保护区、长江扬州段四大家鱼水产种质资源保护区、八里江段长吻鮠鲶国家级水产种质资源保护区、长江安庆段长吻鮠大口鲶鳜鱼国家级水产种质资源保护区、长江大胜关长吻鮠铜鱼国家级水产种质资源保护区、长江扬中段暗纹东方鲀刀鲚国家级水产种质资源保护区、长江靖江段中华绒螯蟹鳜鱼国家级水产种质资源保护区、长江如皋段刀鲚国家级水产种质资源保护区、长江刀鲚国家级水产种质资源保护区等。共涉及岸段长度达 1359.3km，其中核心区 753.5km，实验区 605.8km，主要分布在中下游地区，特别是九江、安庆、南京、镇江、南通、上海等城市（图 6-4）。

3）重要饮用水水源地岸段

长江干流有重要饮用水水源地 152 处，其中重庆 57 处、湖北 34 处、江苏 29 处、安徽 19 处、四川 5 处、上海 3 处、江西 3 处、湖南 2 处。涉及岸线以重庆最长，达 97.9km，另外武汉、荆州、南京、苏州、无锡等地大于 10km。

4）蓄滞洪区岸段

长江干流蓄滞洪区主要包括涴市扩大区、荆江分洪区、虎西预备区、人民大垸、建新、君山、洪湖、江南陆城、杜家台、西凉湖、东西湖、武湖、涨渡湖、白潭湖、华阳河等蓄滞洪区片区（图 6-5）（水利部长江水利委员会，2001）。蓄滞洪区涉及岸段达 605.0km，其中重要蓄滞洪区 219.6km、一般蓄滞洪区 279.6km、蓄滞洪保留区 105.8km，主要分布在荆州、岳阳、武汉、咸宁、黄冈、安庆等地，其中重要蓄滞洪区主要分布在荆州和武汉。

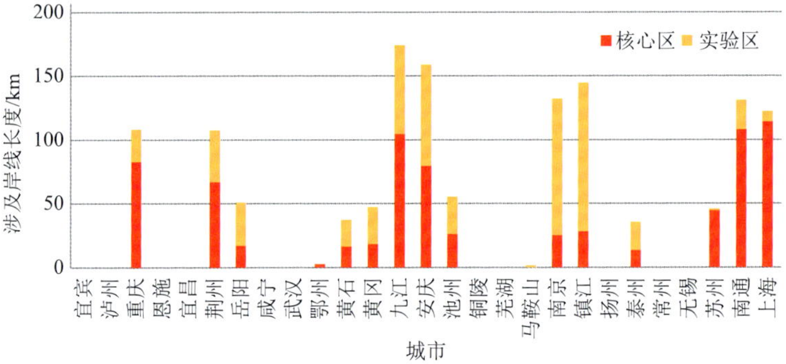

图 6-4　长江干流国家级水产种质资源保护区涉及岸线分布

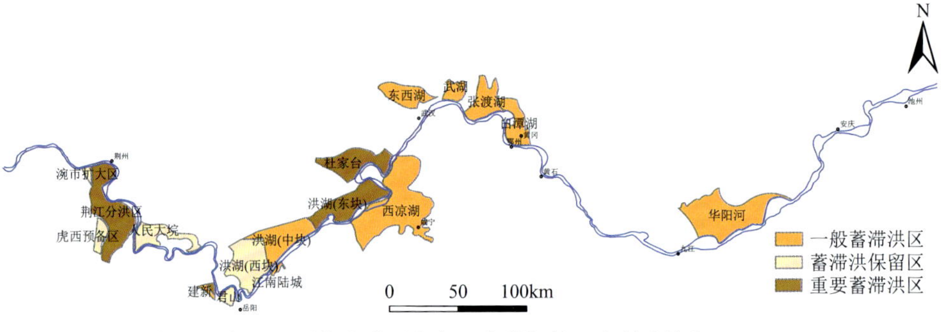

图 6-5　长江主要蓄滞洪区分布（水利部长江水利委员会，2001）

5）自然滩地与洲滩岸线

自然滩地作为自然岸线最重要的组成部分，具有重要的生态环境功能；洲滩岸线同主江岸线一样是长江岸线的重要组成部分，同时洲滩岸线除中下游有开发利用活动外，中上游大部分洲滩岸线也发挥着重要的生态功能。评估岸线生态敏感性过程中，对自然滩地的选择主要考虑滩地的集中连片和规模，不考虑是否已开发利用，以期充分评估已有开发利用活动对滩地的侵占影响。这类型自然滩地岸线长度为456.9km，主要分布在荆州、南京、武汉、武汉、马鞍山、黄冈等地，其中荆州达87.9km。洲滩岸线为长江除崇明岛和扬中岛以外的其他洲岛岸线，共计洲岛/洲滩个数达70余个，岸线长度为1206.0km，主要分布在铜陵、上海、九江、南京、镇江等下游地区（图6-6）。

图6-6 长江洲滩岸线分布

6.1.2.2 岸线生态环境敏感性评估分析

根据表6-5，对不同岸线生态环境进行敏感性评估。将敏感性分值大于等于8的岸段划分为极度敏感等级，分值为6～7的岸段划分为重度敏感等级，分值为4～5的岸段划分为中度敏感等级，分值为2～3的岸段划分为轻度敏感等级，分值小于等于1的岸段划分为不敏感等级（表6-6）。

表6-5 岸线生态环境敏感性因子赋值

类型	分区	敏感性分值
自然保护区（国家级）	核心区	5
	缓冲区	4
	实验区	3
自然保护区（省级）	核心区	3
	缓冲区	2
	实验区	1
国家级水产种质资源保护区	核心区	3
	实验区	1
蓄滞洪区	重要	2
	一般	1
饮用水水源地		2

续表

类型	分区	敏感性分值
自然滩地		3
洲滩岸线		2

表 6-6　岸线生态环境敏感性等级划定标准

敏感程度类型	不敏感	轻度敏感	中度敏感	重度敏感	极度敏感
敏感性分值	≤1	2～3	4～5	6～7	≥8

长江岸线生态环境敏感岸段长度达 4421.2km，占比达 55.9%；其中轻度敏感岸段长度为 1371.3km，占比 17.4%；中度敏感岸段长度为 1922.3km，占比为 24.3%；重度敏感岸段长度为 1085.3km，占比为 13.7%，主要分布在荆州、泸州、宜宾、咸宁；极度敏感岸段一般为国家级自然保护区核心区和缓冲区中的自然滩地岸线、国家级水产种质资源保护区核心区中的饮用水水源地的自然滩地岸线，长度为 42.3km，占比为 0.5%，主要分布在荆州、芜湖、咸宁和南京。敏感岸段较长的城市有重庆、荆州、宜昌、上海等城市（图 6-7、图 6-8，表 6-7）。

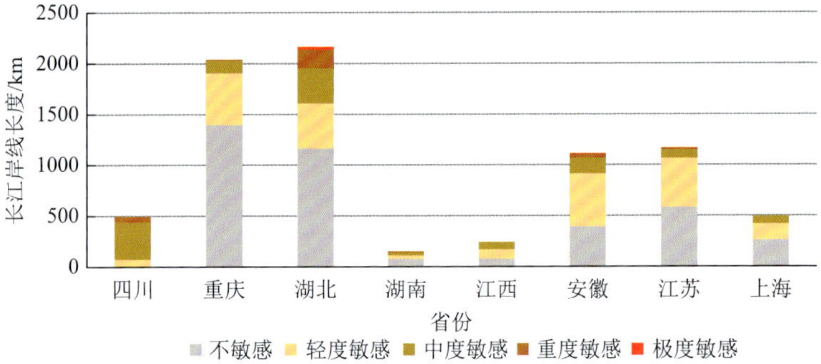

图 6-7　各省份长江岸线生态环境敏感性等级

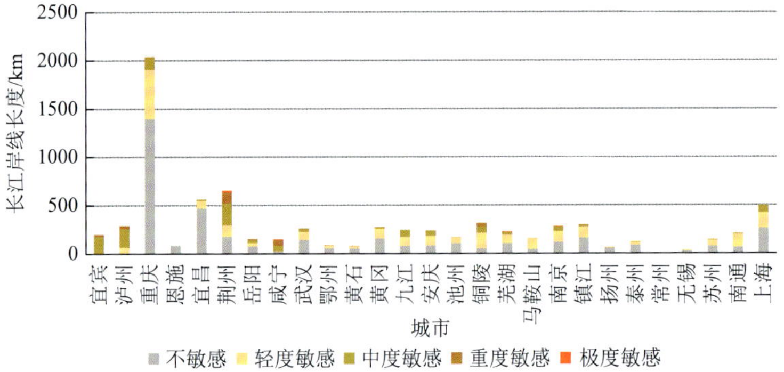

图 6-8　各城市长江岸线生态环境敏感性等级

表 6-7 长江干流岸线生态敏感性评价结果统计表

省份	岸线长度/km					岸线占比/%				
	不敏感	轻度敏感	中度敏感	重度敏感	极度敏感	不敏感	轻度敏感	中度敏感	重度敏感	极度敏感
安徽	336.7	372.3	248.6	150.9	8.2	30.2	33.3	22.3	13.5	0.7
湖北	964.5	457.2	377	339.4	29.2	44.5	21.1	17.4	15.7	1.3
湖南	47.5	30.6	41.8	36	0.0	30.5	19.6	26.8	23.1	0.0
江苏	441.1	316.2	351.3	71.4	4.9	37.2	26.7	29.6	6.1	0.4
江西	54.1	35.6	92.7	64.2	0.0	21.9	14.5	37.6	26.0	0.0
上海	254.4	79.1	115.8	48	0.0	51.2	15.9	23.3	9.6	0.0
四川	0.0	0.0	229.7	268.4	0.0	0.0	0.0	46.1	53.9	0.0
重庆	1389.3	80.3	465.4	107	0.0	68.0	3.9	22.8	5.3	0.0
总计	3487.6	1371.3	1922.3	1085.3	42.3	44.1	17.4	24.3	13.7	0.5

6.2 长江干流岸线功能分区

6.2.1 长江干流管控分区类型

禁止开发岸线：生态红线、各类保护区、河势敏感区、风景名胜区、重要枢纽上下游、饮用水源地和取水口上游，以及具有重要生态功能和保护价值的自然岸线等。

优化开发岸线：已开发利用岸线及开发利用适宜性较好的可适度开发利用的岸线区域。应严格按照相关规划，按照“有增有减、岸尽其用、节约集约、绿色开发”的原则，充分考虑与附近已有涉水工程的相互影响，科学合理布局，有序实施清退，及时开展修复，提升功能效率，最大限度地发挥岸线的综合利用效益。

限制开发岸线：禁止开发和优化开发岸线之外的区域。应在严格开展生态环境影响评估、开发利用适宜性评估的基础上，按照相关规划，进行适度开发利用，严格控制开发利用强度，鼓励绿色、安全、集约化开发方式，切实做好工程防护和生态管护。

基于长江干流岸线开发利用现状、岸线资源本底开发利用条件、岸线资源生态敏感性，对岸线资源进行综合评估与功能分区，具体划分技术思路见表 6-8。

表 6-8　长江干流岸线功能划分步骤

步骤	开发适宜性等级	生态敏感性分值	现状类型	功能划定
1	不限	≥2	不限	禁止开发岸线
2	不限	<2	人工岸线	优化开发岸线
3	≤2	0	自然岸线	优化开发岸线
4	不限	1	不限	限制开发岸线（I 级，限制较严格）
5	不限	不限	不限	限制开发岸线（II 级，限制较宽松）

注：步骤 2 在步骤 1 划定岸线后剩余的岸线中进行判断，后续步骤依次类推

6.2.2　岸线空间管控分区

长江干流岸线中禁止开发岸线、优化开发岸线、限制开发岸线划分长度分别为 5533.2km、1859.2km 和 516.4km，占比分别为 70.0%、23.5%和 6.5%（段学军等，2019b）。

沿江各省份拥有禁止开发岸线长度分别为四川 468.5km、重庆 1623km、湖北 1460.1km、湖南 127.6km、江西 169.1km、安徽 822.8km、江苏 619.3km 和上海 242.9km，禁止开发岸线占各省份岸线总长度的比例分别为 94.0%、79.5%、67.4%、81.9%、68.6%、73.7%、52.3%和 48.8%（图 6-9），空间分布如图 6-10～图 6-12 所示。

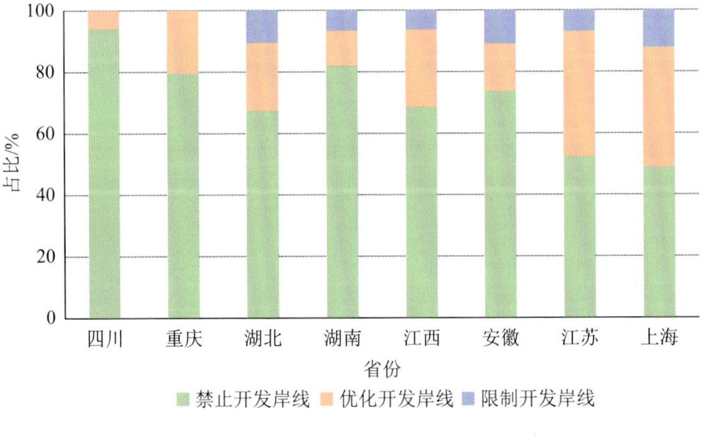

图 6-9　沿江各省份岸线管控分区类型占比

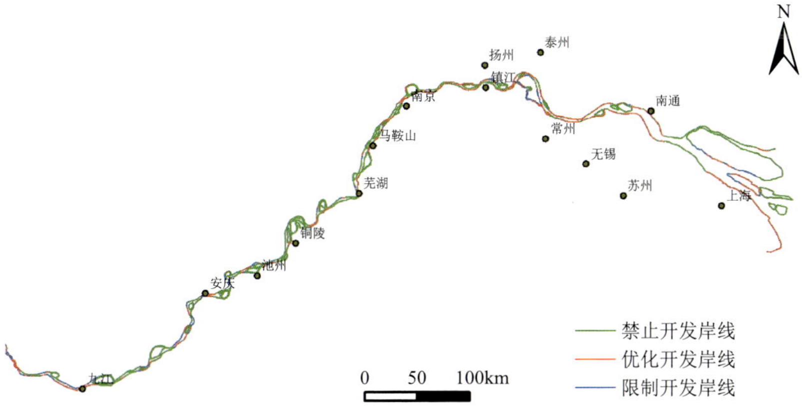

图 6-10　长江干流岸线资源管控分区图（下游）

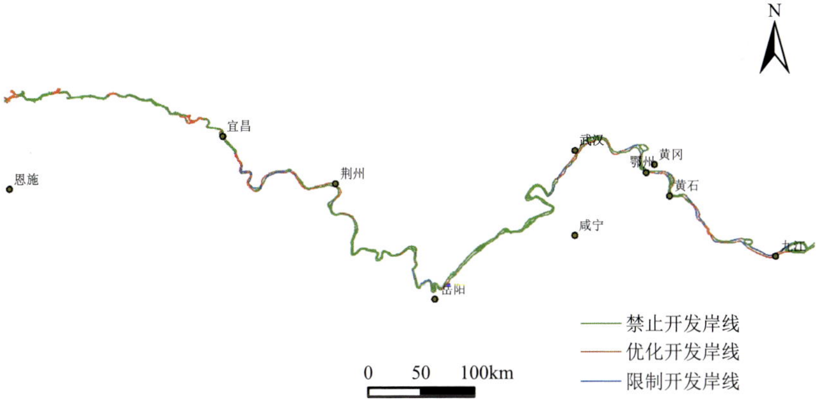

图 6-11　长江干流岸线资源管控分区图（中游）

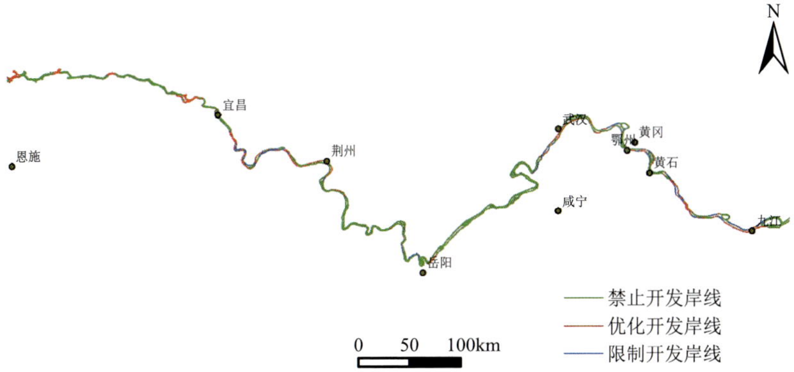

图 6-12　长江干流岸线资源管控分区图（上游）

6.2.3 重点管控岸段分区识别

重点管控岸段分为重点保护岸段、优化利用岸段、整治修复岸段。重点保护岸段包括刀鲚等水产种质资源重点保护岸段、防洪蓄洪重点保护岸段、水源地重点保护岸段、长江干流江心洲重点保护岸段、长江干流四大家鱼重点保护岸段、长江干流洲滩湿地重点保护岸段、长江口湿地重点保护岸段、长江上游消落带重点保护岸段、长江上游珍稀特有鱼类重点保护岸段、长江豚类重点保护岸段、中华鲟重点保护岸段等（表 6-9）。优化利用岸段包括化工码头风险控制岸段、化工重点优化岸段、深水浅用工业优化利用岸段、小散乱码头集约利用岸段、修造船厂重点优化岸段（表 6-10）。整治修复岸段包括滨江公园生态化改造修复重点岸段、城镇滨岸生态修复重点岸段、大中型港口码头绿色化改造及中远期清退整治重点岸段、化工清退集中入园整治修复重点岸段、人工围滩整治修复重点岸段、小散乱及砂石码头清退整治修复重点岸段、修造船厂清退修复整治重点岸段（表 6-11）。

表 6-9 长江经济带干流重点保护岸段

岸段名称	涉及省份	涉及市（地）	岸段长度/km	保护重点
刀鲚等水产种质资源重点保护岸段	安徽、江苏、江西、上海	安庆、池州、黄冈、九江、马鞍山、南京、南通、上海、苏州、泰州、镇江	609	重要水产种质资源的主要生长繁育区域
防洪蓄洪重点保护岸段	湖北	荆州、武汉	112	防洪安全
水源地重点保护岸段	安徽、湖北、江苏、江西、上海、重庆	安庆、常州、池州、鄂州、黄冈、荆州、九江、马鞍山、南京、南通、上海、苏州、泰州、铜陵、无锡、芜湖、武汉、扬州、宜昌、镇江、重庆	155	饮用水安全
长江干流江心洲重点保护岸段	安徽、湖北、湖南、江西、重庆	安庆、池州、鄂州、黄冈、荆州、九江、马鞍山、南京、南通、上海、苏州、泰州、铜陵、芜湖、武汉、宜昌、镇江、重庆	698	江心洲湿地及水生动物密集活动区域
长江干流四大家鱼重点保护岸段	安徽、湖北、湖南、江西、重庆	安庆、池州、鄂州、黄冈、黄石、荆州、九江、岳阳、重庆	537	四大家鱼主要生长繁育区域
长江干流洲滩湿地重点保护岸段	安徽、湖北、湖南、江苏、江西、上海、重庆	安庆、常州、池州、鄂州、黄冈、荆州、九江、马鞍山、南京、上海、苏州、铜陵、无锡、芜湖、武汉、咸宁、扬州、宜昌、岳阳、镇江、重庆	622	洲滩湿地水生动物栖息地及自然水陆交互带
长江口湿地重点保护岸段	江苏、上海	上海、南通	103	长江口重要湿地

续表

岸段名称	涉及省份	涉及市（地）	岸段长度/km	保护重点
长江上游消落带重点保护岸段	湖北、重庆	恩施、宜昌、重庆	1238	消落带自然水陆交互及临水山地生态
长江上游珍稀特有鱼类重点保护岸段	四川、重庆	泸州、宜宾、重庆	706	珍稀特有鱼类栖息地
长江豚类重点保护岸段	安徽、湖北、湖南、江苏	池州、荆州、铜陵、芜湖、武汉、咸宁、扬州、岳阳、镇江	688	豚类栖息地及密集分布岸段
中华鲟重点保护岸段	湖北	宜昌	65	中华鲟洄游繁殖栖息地

表 6-10 长江经济带干流优化利用岸段

岸段名称	涉及省份	涉及市（地）	岸段长度/km	优化利用重点
化工码头风险控制岸段	安徽、湖北、湖南、江苏、江西、上海	安庆、荆州、九江、南京、上海、泰州、铜陵、武汉、扬州、岳阳、镇江	13	化工码头
化工重点优化岸段	安徽、湖北、江苏	鄂州、黄石、南京、泰州、铜陵、无锡、芜湖	10	化工园区
深水浅用工业优化利用岸段	安徽、湖北、江苏、江西、重庆	安庆、鄂州、黄冈、黄石、荆州、九江、马鞍山、南京、南通、苏州、泰州、铜陵、无锡、芜湖、武汉、扬州、宜昌、镇江、重庆	93	提升深水岸线利用效率
小散乱码头集约利用岸段	安徽、湖北、湖南、江苏、江西、上海、重庆	安庆、池州、鄂州、黄冈、黄石、荆州、九江、马鞍山、南京、南通、上海、泰州、铜陵、芜湖、武汉、扬州、宜昌、岳阳、镇江、重庆	144	小散乱码头集约化、规模化
修造船厂重点优化岸段	安徽、湖北、江苏、江西、上海	池州、鄂州、黄石、九江、南京、南通、上海、泰州、铜陵、芜湖、武汉、扬州、宜昌、镇江	39	修造船厂集约化、规模化

表 6-11 长江经济带干流整治修复岸段

岸段名称	涉及省份	涉及市（地）	岸段长度/km	整治修复重点
滨江公园生态化改造修复重点岸段	安徽、湖北、江苏、江西、上海、四川、重庆	鄂州、黄冈、黄石、荆州、九江、南京、南通、苏州、泰州、铜陵、芜湖、武汉、宜宾、镇江、重庆	53	整治公园破坏湿地
城镇滨岸生态修复重点岸段	安徽、湖北、江苏、江西、四川、重庆	安庆、池州、鄂州、黄冈、黄石、荆州、九江、泸州、马鞍山、南京、南通、苏州、泰州、铜陵、无锡、芜湖、武汉、咸宁、宜宾、宜昌、镇江、重庆	280	整治城镇滨岸带过度人工化
大中型港口码头绿色化改造及中远期清退整治重点岸段	安徽、湖北、湖南、江苏、江西、上海、四川、重庆	鄂州、黄冈、荆州、九江、泸州、马鞍山、南京、南通、上海、苏州、泰州、铜陵、无锡、芜湖、武汉、扬州、宜宾、宜昌、岳阳、镇江、重庆	95	港口码头侵占保护区及重要生态岸段

续表

岸段名称	涉及省份	涉及市（地）	岸段长度/km	整治修复重点
化工清退集中入园整治修复重点岸段	安徽、湖北、湖南、江苏、江西、四川、重庆	荆州、九江、马鞍山、南京、南通、苏州、铜陵、无锡、芜湖、武汉、咸宁、扬州、宜宾、宜昌、岳阳、重庆	66	化工临江布局威胁水生动物栖息地安全
人工围滩整治修复重点岸段	江苏、上海	南通、上海、苏州	79	人工围滩破坏湿地生态
小散乱及砂石码头清退整治修复重点岸段	安徽、湖北、湖南、江苏、江西、上海、四川、重庆	安庆、池州、鄂州、黄冈、黄石、荆州、九江、泸州、马鞍山、南京、南通、上海、苏州、泰州、铜陵、芜湖、武汉、咸宁、宜宾、宜昌、岳阳、镇江、重庆	207	小散乱码头侵占
修造船厂清退修复整治重点岸段	安徽、湖北、江苏、江西、重庆	池州、鄂州、黄冈、九江、马鞍山、南京、南通、泰州、铜陵、芜湖、武汉、咸宁、宜昌、镇江、重庆	47	修造船厂侵占

6.3　重要支流岸线保护-开发条件评估

6.3.1　岸线生态敏感性评估

6.3.1.1　生态敏感区类型

根据支流特点，选取国家级自然保护区（核心区/缓冲区/实验区/外围区）、国家级水产种质资源保护区（核心区/实验区/外围区）、国家级风景名胜区、国家地质公园、国家森林公园、国家湿地公园、省级风景名胜区、省级湿地公园、水库、生物多样性优先保护区、饮用水水源地保护区（一级保护区/二级保护区）等 11 种生态敏感区（表 6-12）。

表 6-12　长江重要支流岸线生态敏感区类型分区

类型	分区
国家级自然保护区	核心区/缓冲区/实验区/外围区
国家级水产种质资源保护区	核心区/实验区/外围区
国家级风景名胜区	核心区/外围区
国家地质公园	
国家森林公园	
国家湿地公园	

续表

类型	分区
省级风景名胜区	
省级湿地公园	
水库	
生物多样性优先保护区	
饮用水水源地保护区	一级保护区/二级保护区

1）法定保护区

国家级自然保护区、国家级水产种质资源保护区、国家级风景名胜区、国家地质公园、国家森林公园、国家湿地公园、省级风景名胜区、省级湿地公园和水库的地理位置和空间范围是在高分遥感影像目视解译的基础上，参考《中华人民共和国自然保护区条例》、《中华人民共和国风景名胜区条例》、《国家级地质公园名录》、《国家级湿地公园名录》、《长江岸线保护和开发利用总体规划》等文件中的图件、文字信息进行查漏和校正获取。具体名录见表 6-13，空间分布如图 6-13 所示。

表 6-13 长江重要支流岸线主要涉及的法定保护区名录

国家级自然保护区	
长江上游珍稀、特有鱼类国家级自然保护区	岷江
东洞庭湖国家级自然保护区	湘江
鄱阳湖候鸟国家级自然保护区	赣江
国家级水产种质资源保护区	
岷江长吻鮠国家级水产种质资源保护区	岷江
嘉陵江合川段国家级水产种质资源保护区	嘉陵江
嘉陵江南部段国家级水产种质资源保护区	嘉陵江
嘉陵江岩原鲤中华倒刺鲃国家级水产种质资源保护区	嘉陵江
汉江襄阳段长春鳊国家级水产种质资源保护区	汉江
汉江钟祥段鳡鳤鯮鱼国家级水产种质资源保护区	汉江
汉江沙洋段长吻鮠瓦氏黄颡鱼国家级水产种质资源保护区	汉江
汉江潜江段四大家鱼国家级水产种质资源保护区	汉江
汉江汉川段国家级水产种质资源保护区	汉江
国家级风景名胜区	
青城山-都江堰国家级风景名胜区	岷江
峨眉山-乐山大佛国家级风景名胜区	岷江

续表

国家级风景名胜区	
剑门蜀道国家级风景名胜区	嘉陵江
白龙湖国家级风景名胜区	嘉陵江
缙云山国家级风景名胜区	嘉陵江
瓮安江界河国家级风景名胜区	乌江
沿河乌江山峡国家级风景名胜区	乌江
织金洞国家级风景名胜区	乌江
芙蓉江国家级风景名胜区	乌江
国家地质公园	
织金洞国家地质公园	乌江
武隆岩溶国家地质公园	乌江
国家森林公园	
龙池国家森林公园	岷江
国家湿地公园	
洋沙湖-东湖国家湿地公园	湘江
长寿岛国家湿地公园	汉江
谷城汉江国家湿地公园	汉江
万安湖国家湿地公园	赣江
大湖江国家湿地公园	赣江
余庆飞龙湖国家湿地公园	乌江
思南白鹭湖国家湿地公园	乌江
德江白果坨国家湿地公园	乌江
襄阳汉江国家湿地公园	汉江
宜城万洋洲国家湿地公园	汉江
水库	
乌江渡水库	乌江
丹江口水库	汉江

长江 7 条重要支流共有 2535.18km 的岸线位于国家级自然保护区、国家级水产种质资源保护区、国家级风景名胜区、国家地质公园、国家森林公园、国家湿地公园、水库等各类法定保护区内；其中赣江有 487.15km，汉江有 893.18km，嘉陵江有 304.68km，金沙江有 121.76km，岷江有 350.94km，乌江有 306.74km，湘江有 70.73km（图 6-14）。

在 9 种法定保护区中，国家级水产种质资源保护区长度最长，为 759.47km；其次是水库、国家级自然保护区、国家级风景名胜区，长度分别为347.54km、336.90km、354.44km；国家级及省级湿地公园也达到293.49km和274.26km（图6-15）。

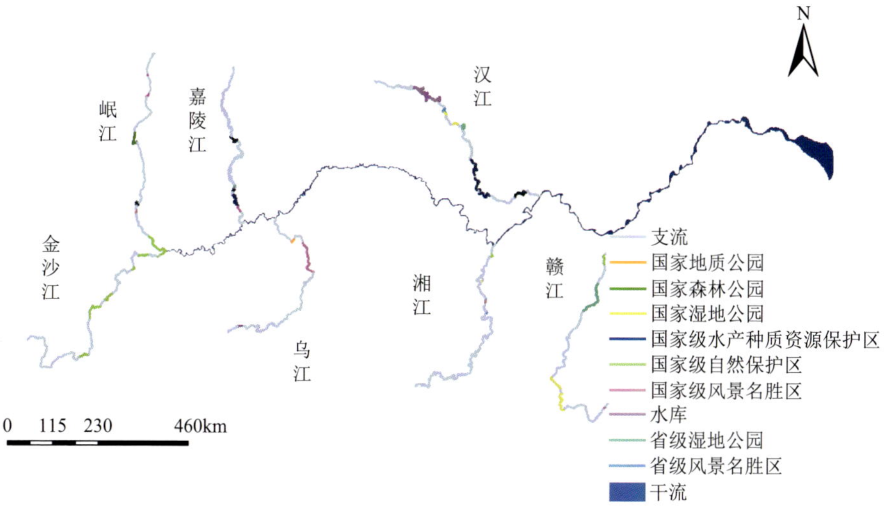

图6-13 长江重要支流法定保护区空间分布

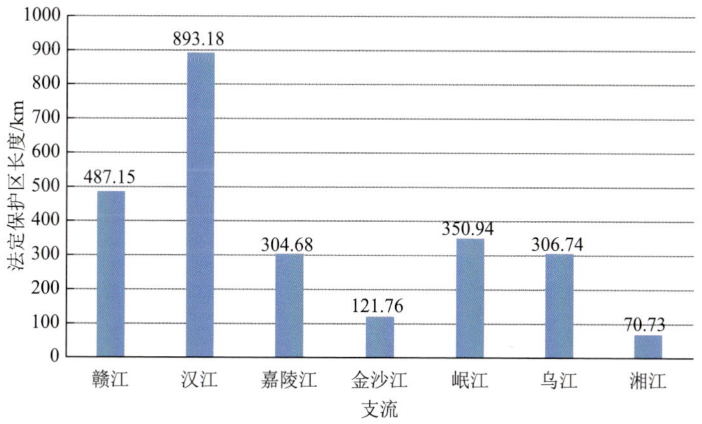

图6-14 长江重要支流法定保护区长度统计

2）生物多样性优先保护区

生物多样性优先保护区主要包括湘、鄂、渝、黔山地，洞庭湖地区，南岭地区，岷山—横断山北段，横断山南段，鄱阳湖地区6个。每个优先保护区的特点及选择的原因见表6-14。

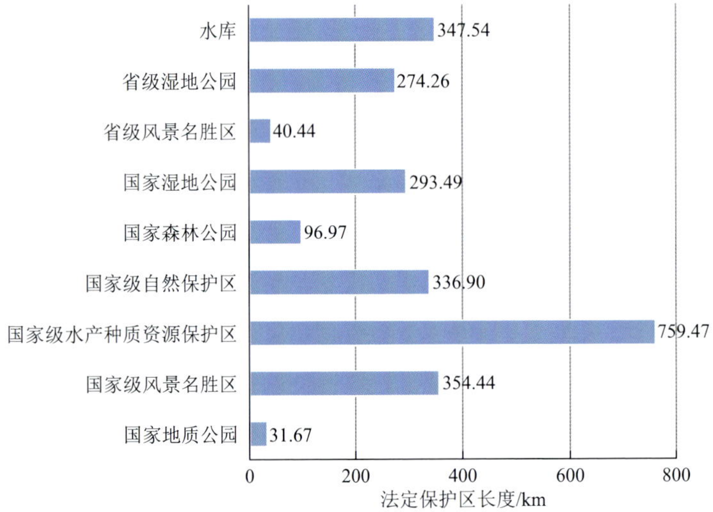

图 6-15　长江重要支流各类法定保护区长度统计

表 6-14　长江重要支流生物多样性优先保护区

名称	特点	选择原因
湘、鄂、渝、黔山地	物种丰富，特有种多，有许多残遗种的分布，是东亚植物区系中华中植物区系分布的核心地段	数据分析，专家知识
洞庭湖地区	珍稀水禽及湿地生态系统，是白鳍豚、江豚、中华鲟、麋鹿的生境	数据分析，专家知识，已有成果
南岭地区	亚热带常绿阔叶林生态系统集中分布区，物种丰富，特有种多，东亚植物区系中华中\华东\华南区系交汇处	数据分析，专家知识
岷山—横断山北段	古北极和古热带植物成分过渡交汇之地，物种丰富，特有种多，被誉为“哺乳动物祖先分化的发源地”，植被垂直带分布明显，从亚热带森林一直到雪线，河谷有稀树灌丛草原分布，小熊猫\大熊猫主要集中在这里，滇金丝猴主要分布在这	数据分析，专家知识
横断山南段	古北极和古热带植物成分过渡交汇之地，物种丰富，特有种多，被誉为“哺乳动物祖先分化的发源地”，植被垂直带分布明显，从亚热带森林一直到雪线，河谷有稀树灌丛草原分布，小熊猫\大熊猫主要集中在这里，滇金丝猴主要分布在这	数据分析，专家知识
鄱阳湖地区	典型湖泊、河湖湿地生态系统，白鹤等越冬珍禽及其栖息地	数据分析，专家知识

长江 7 条重要支流岸线中共有 1518.98km 位于生物多样性优先保护区内，空间分布如图 6-16 所示。其中赣江上主要为鄱阳湖地区，长度为 93.30km；岷江上为横断山南段和岷山—横断山北段，二者分别长 9.74km 和 550.09km；乌江上主要为湘、鄂、渝、黔山地，长度为 672.71km；湘江上为洞庭湖地区和南岭地区，长度分别为 185.86km 和 7.27km（表 6-15）。

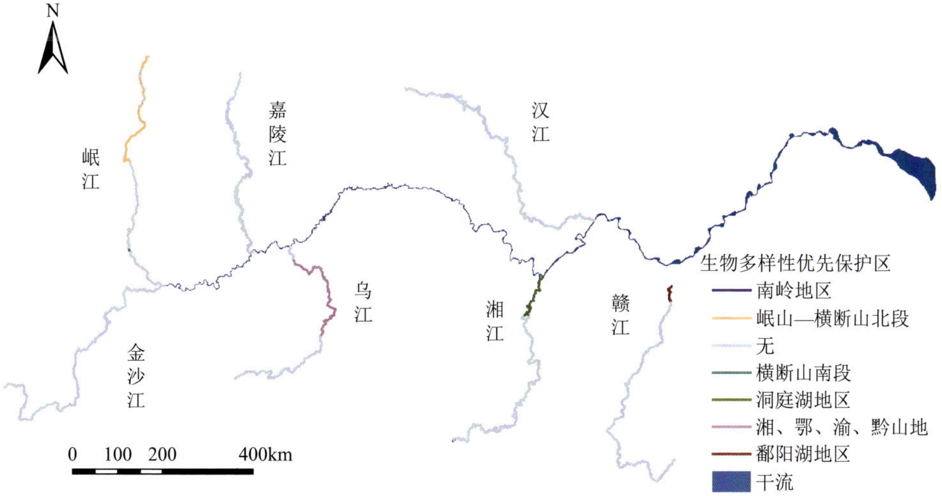

图 6-16 长江重要支流生物多样性优先保护区空间分布

表 6-15 长江重要支流生物多样性优先保护区长度统计

支流	生物多样性优先保护区名称	长度/km		
赣江	鄱阳湖地区	93.30	93.30	1518.98
岷江	横断山南段	9.74	559.83	
	岷山—横断山北段	550.09		
乌江	湘、鄂、渝、黔山地	672.71	672.71	
湘江	洞庭湖地区	185.86	193.14	
	南岭地区	7.27		

3）饮用水水源地一级、二级保护区

依据对取水水源水质影响程度的大小，将水源保护区划分为水源地一级、二级保护区。按照《饮用水水源保护区污染防治管理规定》要求，饮用水地表水源各级保护区及准保护区内，禁止一切破坏水环境生态平衡的活动，以及破坏水源林、护岸林、与水源保护相关植被的活动；禁止向水域倾倒工业废渣、城市垃圾、粪便及其他废弃物；运输有毒有害物质、油类、粪便的船舶和车辆一般不准进入保护区，必须进入者应事先申请并经有关部门批准、登记，并设置防渗、防溢、防漏设施；禁止使用剧毒和高残留农药，不得滥用化肥，不得使用炸药、毒品捕杀鱼类。对饮用水地表水源各级保护区及准保护区具体规定如下。

一级保护区内：禁止新建、扩建与供水设施和保护水源无关的建设项目；禁止向水域排放污水，已设置的排污口必须拆除；不得设置与供水需要无关的码头，禁止停靠船舶；禁止堆置和存放工业废渣、城市垃圾、粪便和其他废弃物；禁止设置油库；禁止从事种植、放养畜禽和网箱养殖活动；禁止可能污染水源的旅游活动和其他活动。

二级保护区内：禁止新建、改建、扩建排放污染物的建设项目；原有排污口依法拆除或者关闭；禁止设立装卸垃圾、粪便、油类和有毒物品的码头。

准保护区内：禁止新建、扩建对水体污染严重的建设项目；改建建设项目，不得增加排污量。

饮用水水源地保护区的划定如下。

一级保护区：以取水点起上游 1000m，下游 100m 的水域及其河岸两侧纵深各 200m 的陆域。

二级保护区：从一级保护区上界起上溯 2500m 及其河岸两侧纵深各 200m 的陆域。

准保护区：从二级保护区上界起上溯 5000m 的水域及其河岸两侧纵深各 200m 的陆域。

借助水利部印发的《全国重要饮用水水源地名录（2016 年）》和《长江岸线保护和开发利用总体规划》中的图件信息，获取长江重要支流饮用水水源地保护区的地理位置和空间范围，如图 6-17 所示。

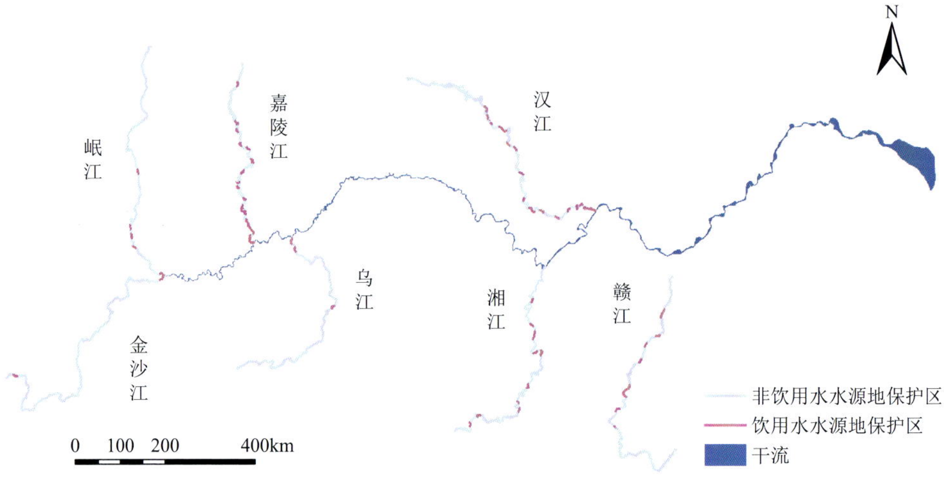

图 6-17　长江重要支流饮用水水源地保护区空间分布

长江 7 条重要支流岸线中共有 438.65km 位于水源地一级、二级保护区内。其中嘉陵江上共有水源地保护区 135.64km，汉江有 111.45km，赣江有 60.68km，湘江有 61.00km，金沙江、岷江和乌江上较短，分别有 12.41km、29.53km、27.94km（图 6-18）。

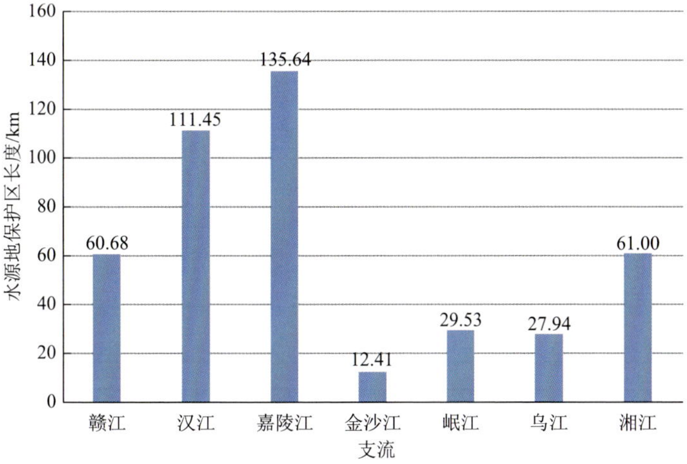

图 6-18　长江重要支流水源地保护区长度统计

6.3.1.2　岸线生态环境敏感性评估结果

参考《中华人民共和国自然保护区条例》、《中华人民共和国风景名胜区条例》、《国家级地质公园名录》、《国家级湿地公园名录》、《长江岸线保护和开发利用总体规划》等文件中关于生态敏感区的相关规定和管制措施，结合专家打分法及已有的研究成果，构建支流岸线生态环境敏感性评估指标体系及敏感性等级划分标准，对重要支流岸线开展综合评估。

依据生态敏感性评分，采用自然间断点分级法将长江重要支流岸线划分为不敏感、敏感、极度敏感 3 个等级，评价可得，长江 7 条重要支流岸线中，不敏感岸段长 7585.83km，占岸线总长的 66.01%；敏感岸段长 3317.98km，占比 28.87%；极度敏感岸段长 587.42km，占比 5.11%（图 6-19）。

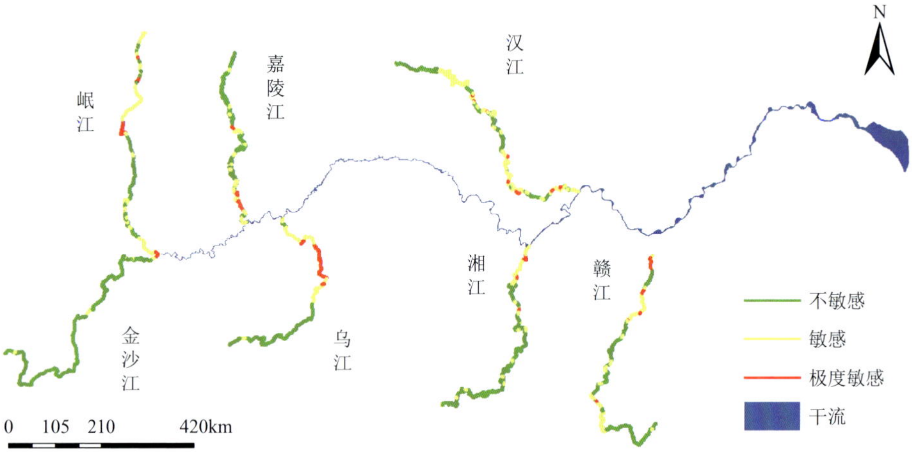

图 6-19　长江重要支流生态敏感性评估结果空间分布

从支流来看，金沙江有 92.49%的岸线属于不敏感岸线，长度为 1599.34km；汉江的敏感和极度敏感岸线长度最长，长度为 960.45km；岷江的敏感和极敏感岸线占比最大，为 56.4%；乌江的极度敏感岸线长度和其占比最大，长度为 288.80km，占比为 19.04%（表 6-16、表 6-17）。

表 6-16　长江重要支流生态敏感性长度结果统计（km）

生态敏感类型	赣江	汉江	嘉陵江	金沙江	岷江	乌江	湘江
不敏感	1021.73	919.27	1237.63	1599.34	635.45	797.81	1374.6
敏感	517.96	916.27	351.4	125.42	703.7	429.8	273.43
极度敏感	61.58	44.18	44.46	4.38	118.3	288.8	25.72

表 6-17　长江重要支流生态敏感性占比结果统计（%）

生态敏感类型	赣江	汉江	嘉陵江	金沙江	岷江	乌江	湘江
不敏感	63.81	48.90	75.77	92.49	43.60	52.61	82.13
敏感	32.35	48.75	21.51	7.25	48.28	28.34	16.34
极度敏感	3.85	2.35	2.72	0.25	8.12	19.04	1.54

注：占比使用了四舍五入计数保留法

6.3.2 岸线开发适宜性评估

6.3.2.1 岸线开发适宜性评估体系构建

岸线开发适宜性主要根据岸前水深、岸线稳定性和陆域条件 3 方面进行综合评估（表 6-18）。结合支流数据的可获取性，岸前水深指标使用航道等级数据，岸线稳定性指标使用地质灾害易发等级数据，陆域条件指标使用地形地貌数据。岸线开发适宜性综合等级划分标准如下，其中 I 级开发条件最佳，适宜开发利用，II 级较适宜开发利用，III级较不适宜开发利用。岸线开发适宜性评价指标体系及等级划定标准见表 6-19。

表 6-18 长江重要支流岸线开发适宜性评价指标体系

目标层	指标层	数据层
岸线开发适宜性	岸前水深	航道等级
	岸线稳定性	地质灾害易发等级
	陆域条件	地形地貌

表 6-19 长江重要支流岸线开发适宜性等级划定标准

数据层	评价指标标准值		
	I	II	III
航道等级	三级航道	四级航道	四级以下航道
地质灾害易发等级	0～1	2	3
地形地貌	低海拔平原；低海拔台地；低海拔丘陵；中海拔平原	低海拔小起伏山地；低海拔中起伏山地；中海拔台地；中海拔中起伏山地	中海拔大起伏山地；中海拔极大起伏山地；高海拔大起伏山地；高海拔极大起伏山地

6.3.2.2 岸线开发适宜性评价结果

长江支流岸线开发适宜性条件评价结果表明（图 6-20），I 级岸线 6544.40km，占比 56.95%，II 级岸线 3049.49km，占比 26.54%；III级岸线 1897.34km，占比 16.51%。III级岸线主要分布在金沙江大部和岷江的中上游地区。

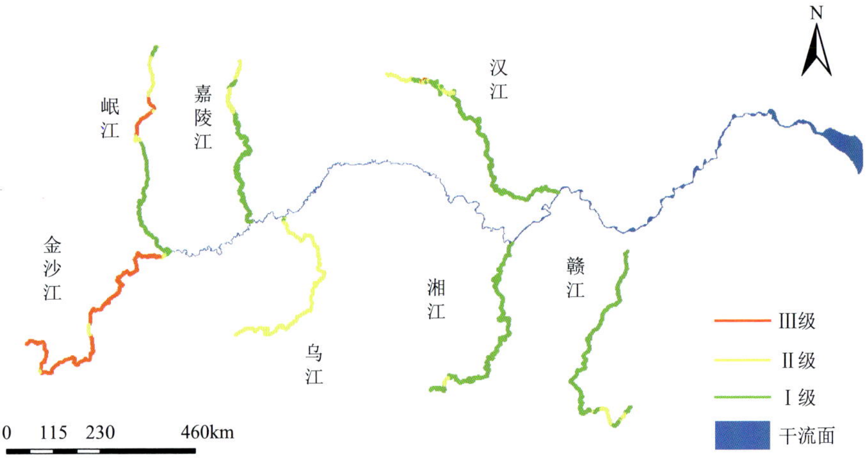

图 6-20　长江重要支流岸线开发适宜性空间分布

6.4　重要支流岸线功能分区

6.4.1　重要支流功能分区划定标准

重点管控岸段分为禁止开发岸线、优化开发岸线、限制开发岸线。根据管控分区类型，长江重要支流的管控分区划定标准见表 6-20。

表 6-20　长江重要支流管控分区划定标准

管控分区	具体管控类型	岸线利用现状	岸线开发适宜性评价	生态敏感性评价
禁止开发岸线	法定保护地核心区	法定保护区岸段		≥5
	生态敏感度较高的岸段			≥3
	灾害风险较大的岸段		≤3	
	洲滩湿地	自然交互岸线	<6	
优化开发岸线	生态敏感性较低及岸线资源条件较好	自然交互岸线	≥6	<3
	已集中连片开发利用岸线	人工岸线	>3	<3
限制开发岸段	禁止开发和优化开发岸线之外的区域			

6.4.2 重要支流功能分区划定结果

综合管控分区划定方案显示，长江 7 条重要支流岸线中禁止开发岸线、优化开发岸线、限制开发岸线划分长度分别为 6343.22km、2417.36km 和 2730.65km，占比分别为 55.20%、21.04%和 23.76%（闵敏等，2019）。空间分布如图 6-21 所示。

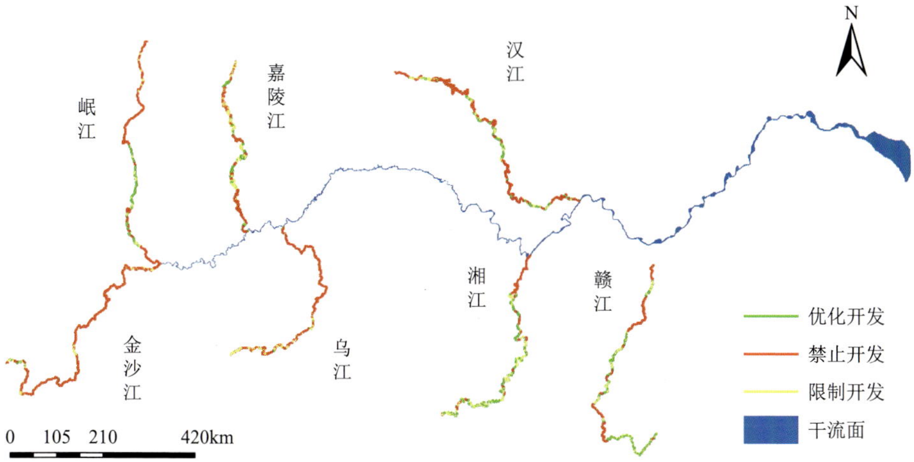

图 6-21 长江重要支流岸线管控分区空间分布

从各支流看（表 6-21，图 6-22），禁止开发岸线最长的为金沙江，长度为 1506.91km；禁止开发岸线占比最大的支流为乌江，为 89.76%；汉江的禁止开发岸段也在 1000km 以上（1080.69km）。禁止开发岸段长度和占比最小的均为湘江，分别为 315.92km 和 18.88%，但湘江的优化开发岸线是 7 条重要支流中最长的，长度为 627.15km，占比也最高，达到 37.47%。

表 6-21 长江 7 条重要支流管控分区结果统计（km）

管控分区	赣江	汉江	嘉陵江	金沙江	岷江	乌江	湘江
禁止开发岸段	587.67	1080.69	582.56	1506.91	908.35	1361.12	315.92
限制开发岸段	525.42	439.72	669.18	121.7	117.57	126.38	730.68
优化开发岸段	488.18	359.31	381.75	100.53	431.53	28.91	627.15
总计	1601.27	1879.72	1633.49	1729.14	1457.45	1516.41	1673.75

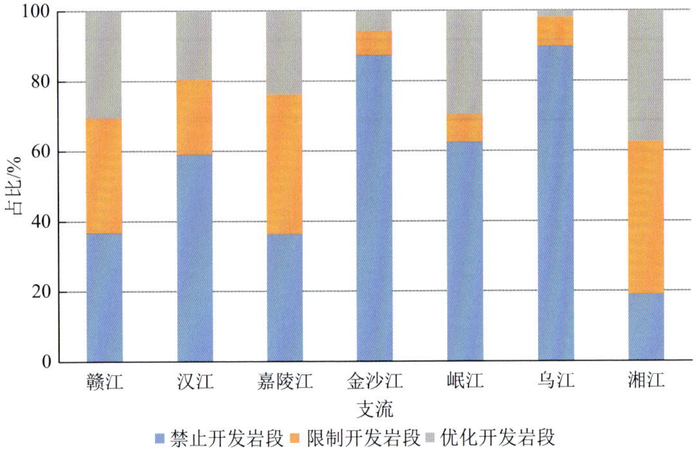

图 6-22　长江 7 条重要支流管控分区占比

7 长江经济带岸线管控对策建议

7.1 岸线管控治理国外经验借鉴

7.1.1 河流管理与河流生态修复

7.1.1.1 河流管理

河道的裁弯取直、疏淤、筑坝防洪、发电等管理实践自古有之。随着人类文明的发展，河流管理的指导思想已由最初的防洪纳污、蓄水发电逐渐发展为在合理利用河流自然资源的同时注重美学观赏与持续利用，河流管理的目的和方式也发生了相应的变化。国外河流管理基本经历了初级阶段、工程阶段及环境阶段等多个发展阶段和过程，多数发达国家在 20 世纪 70～80 年代就逐渐进入了综合考虑水体修复与生态保护的河流保护和管理阶段。

美国在 20 世纪 70 年代以后经历了河流水资源管理模式的转换，确立了与自然相协调的可持续的河流管理理念。在实践方面，美国各州大力推行综合性的“流域保护方法”（watershed protection approach，WPA），这种方法有别于以往以污染治理为中心的河流管理，它具有以下几个特点：①管理的最终目的是河流整体生态功能的恢复，而不是仅仅把重点放在污染源控制上；②管理决策中除了考虑传统的污染因子外，还要考虑大量的生态因子，如栖息地保护、水温、泥沙及河流流量等；③从河流规划及相关项目筹划伊始就强调多个政府部门、非政府组织、民间团体、企业和公众在河流管理上的协商与合作；④重视河流管理情报的公开及分享。欧洲的英国、德国、芬兰等国出于对工业革命以来大肆破坏河流生态、污染河流水质的反省，现在也十分重视对河流系统的生态恢复和保护。在这些国家，河流管理和河流保护已基本等同。

河流管理应从多个尺度上识别交错带地形、水文和植被关系及生态过程，在识别结果基础上进行多尺度综合管理。根据滨岸带的研究尺度不同，可以从流域（或区域）、河流廊道和生态区开展研究。

（1）流域或区域尺度。流域尺度的生态系统管理应侧重于分析整个流域的人为干扰过程和生态系统功能等，并制定管理策略进行流域综合生态管理。其研究内容包括景观特征及其时空动态变化、土地利用变化格局、人为干扰、水和沉积养化严重），莱茵河含氧量下降至历史最低水平，鱼类大量死亡；缺乏生态观念和整体观念的大规模河流改造，以及水电建设、航运发展及机械工具过度捕捞，使得加剧了洪水隐患和影响鱼类的洄游和繁殖，莱茵河流域大量水生生物资源丧失。

7.1.2.1　治理初始阶段

1950 年 7 月瑞士、法国、卢森堡、德国和荷兰五个国家联合成立了保护莱茵河国际委员会（International Commission for the Protection of the Rhine，ICPR），以交流、讨论解决莱茵河治理问题。它们在 1963 年签订了《保护莱茵河伯尔尼公约》，确定了开始采取实质性的污染防治措施，奠定了共同治理莱茵河的合作基础。

7.1.2.2　水质恢复阶段

1986 年 11 月 1 日，瑞士巴塞尔的 Sandoz 化学公司的一个仓库产生火灾，巨量杀虫剂随着消防灭火用水排入莱茵河，大量鳗鱼、鳟鱼、水鸭等水生生物死亡；同月 21 日，位于德国巴登市（Baden）的苯胺和苏打化学公司的冷却系统发生了故障，大约 2t 有毒物质流入莱茵河。这两次重大环境事故终于唤醒了民众、企业和政府，成为莱茵河治理的重要转折点。各国开始了对莱茵河进行综合治理，连续召开多次部长级会议，于 1987 年制定了“莱茵河行动计划”（The Rhine Action Programme），以恢复水质为核心，投入大量的人力财力对莱茵河的污染进行整治，提出到 1995 年各种污染物达到 50%消减率的目标。

7.1.2.3　生态修复阶段

在水质逐渐恢复的基础上，ICPR 提出了改善莱茵河生态系统的目标，既要保证莱茵河水域能够作为安全的饮用水源，同时提高流域的生态质量，使高营养级物种（如鲑鱼等）重返原来的栖息地。到 1999 年，ICPR 在原来五国的基础上新加入了欧盟，修改并签署了新的《莱茵河保护公约》，议题扩展到解决洪水、地下水及生态问题。从生态系统的角度看，莱茵河流域的可持续发展，将河流、河流沿岸及所有河流有关的区域综合考虑，以保护全流域生态系统的健康和可持续发展。新公约的签署为莱茵河综合管理打下了基础，也标志着人类在国际水管理方面迈出了重要的一步，即确立生态系统目标，除了水质方面的合作外，还要扩展相互合作范围，不仅要防治污染、治理污染，还要从生态系统的角度来恢复整个莱茵河的健康。其中，河流自然化生态修复成为重要路径（图 7-1）。

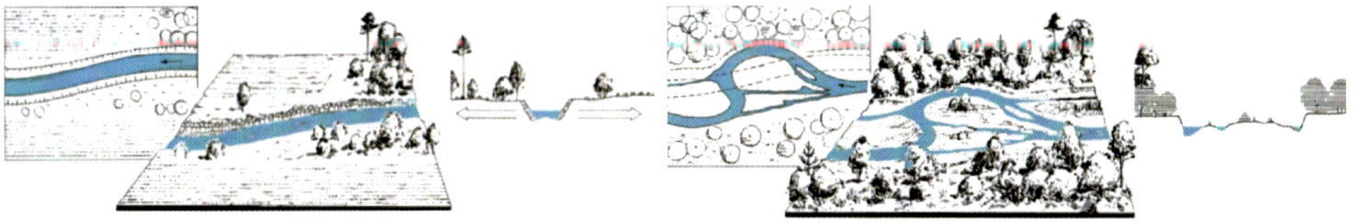

(a) 河道渠道化　(b) 人为扰动较小河道　(c) 人为扰动较重河道　(d) 自然的河流形态

图 7-1　河流自然化生态修复示意图（北京市水务局，2009）

7.1.2.4　提高补充阶段

在 1993 年和 1995 年莱茵河流域发生了大洪水，使得流域各国又制定了“洪水行动计划”，以减少极端洪水的危害，加强河滩区生态功能，提高洪水意识，增强洪水的预警能力，保护人民的生命财产安全。“莱茵河 2020 行动计划”，明确了实施莱茵河生态总体规划。随后还制定了“生境斑块连通计划”、“莱茵河洄游鱼类总体规划”、“土壤沉积物管理计划”、“微型污染物战略”等一系列的行动计划。相较于当初如果不治理就会发生灾难的严峻环境条件，2000 年后的这些行动计划已经从当初迫在眉睫的挑战转向更高质量环境的创建和生态系统服务功能的开发上来。

7.1.3　莱茵河治理的经验启示

莱茵河作为跨国性河流，经历了“先污染，后治理”“先开发，后保护”的曲折历程。从其治理经验中可以看出，对污染河流的治理过程比较复杂，需要花费比较昂贵的费用，并且其生态系统在短时期内也难以恢复。莱茵河流域治理的经验，对于我国正在进行的江河岸线治理与流域生态保护及恢复，特别是长江经济带“共抓大保护”的工作，具有重要的借鉴意义。

7.1.3.1　完善与流域管理指导思想相匹配的机构与体制

以长江为例，目前相关的管理部门众多，沿江还有几十个政府，但是由于每一个管理机构的职能比较单一，管理方法和手段还不是很完善，没有哪个部门能够承担起对长江进行综合管理的职责；现有的管理法规在部门之间的协调性还不完善；水、土、生物等资源类型的开发利用与生态环境的管理目标和机制仍然存在冲突，流域管理机构的行政监督权、处罚权及行政执法地位受到来自地方保护主义的挑战。因此，可借鉴莱茵河统一决策与分区域治理的管理模式，在长江整个流域的尺度上建立综合管理机构，打破部门和地域之间的分割状况，建立“统一管理、垂直领导”的流域管理体制，明确各管理机构的目标和职能，如政策法规制定、环境影响评价、审批责权及立项和资金管理等，通过多个部门跨地区的综合协调管理，统筹流域内水、土、生物等资源要素的保护管理。

7.1.3.2 以修复河流生态系统健康为首要目标

从以防洪为主到以污染治理为主，再到以修复河流的健康生态为目标，莱茵河的治理思想经过了几次革命性的转变，如今 ICPR 已将“莱茵河生态系统的可持续发展”确定为首要目标。在“莱茵河行动计划”中，莱茵河重建的目标不是简单用若干水质指标来衡量，而是将目标确定为恢复一个完整的流域生态系统，并以流域敏感物种的种群表现作为环境变化的评估方法。目前，长江上下游、干支流、左右岸和水陆之间，开发建设缺乏统筹，生态空间不断被挤占，导致河流连通性降低、生态系统割裂。虽然长江目前的总体状况比当初莱茵河的污染状况要好，但生态退化的趋势非常严峻，生态保护已是迫在眉睫、刻不容缓。因此，必须将恢复长江生态系统健康作为首要目标，制定长江中的特定物种如中华鲟、江豚、刀鱼等作为长江生态恢复的标志，检验全流域生态系统的良好性。其中，岸线由渠道化、顺直化和阻隔化向自然化生态修复成为重要手段（图 7-2）。

7.1.3.3 建立严格的污染处罚与生态补偿机制

水质提升是水生生物资源恢复的首要前提，而法律化的经济手段对于处理环境整治中的各种不经济问题和保证环保法规的法律效力最为有效。例如，德国通过制定相关法律向排污者征收污水费和生态保护税，建设污水处理设施；化工企业在正式生产之前必须先接受检测确定其生产不影响环境，否则必须关停或整改。因此，要建立严格的环保法律法规，定期检查沿江工厂污水处理设施的安装与运行情况，提升两岸工业和生活废水的处理率，控制各种污染物入江，从源头上严

图 7-2 岸线资源近自然化生态修复构想图

控污染源，并设立长期的水质监测站点。另外，提高工厂企业的管理水平，尽量避免意外污染事故的发生。同时建立健全生态保护补偿机制，对于征收的各种罚金和税收进行综合管理，加大对重点生态功能区转移支付力度，建立向中上游地区倾斜的生态补偿制度和补偿资金分配标准，既要保证下游的生态安全，也要保证上游的经济发展。

7.1.3.4 促进并保障公众参与

流域环境安全涉及社会公众每一个人的利益，需要政府和公众的合作与共同努力，除了政府的支持和重视，公众也需要增强流域环境的安全意识。德国更是强调以立法的形式将公众参与的途径、方法和程序加以规定，以此来保护公众参与监督的权力。因此，在今后的流域环境立法中努力实现环境权由国家向公民延展，制定公众参与环境安全管理的详细途径、方法和程序，为保证公众享有参与和监督的权力提供法律依据，让公众能够通过多种途径便捷地获取环境监测报告等公开信息，使公众以各自不同的方式保护河流，成为流域管理的重要一员，从而确保环境管理方法符合公众利益。

7.2　岸线空间管控对策与建议

7.2.1　岸线空间管控对策

基于对岸线利用现状及面临问题的分析，结合划定的岸线空间管控区段，对各类岸线空间管控区提出具体的管控要求，如空间布局、污染物排放、资源开发利用等关于禁止和限制的分类准入要求，并对照分区结果与岸线利用现状，识别禁止开发岸线、优化开发岸线与限制开发岸线三类重点岸段，提出调整及优化建议。

7.2.1.1　禁止开发岸线

禁止开发岸线的岸线管控目标为保护区内重要生态资源。该类岸线应以“保护优先”为出发点，原则上禁止一切影响及妨碍生态环境保护与河道安全的开发利用行为。基本管控要求如下。

（1）应对该岸线内，尤其是自然保护区、饮用水水源地一级、二级保护区范围内的排污口进行整改，采取迁建、拆除、关闭或强化整治等措施。

（2）最大限度地保留原有自然生态系统，保护河湖湿地生境，禁止未经法定许可占用水域及自然湿地等生态空间。切实加强对自然保护区的监督管理，严格管控核心区、缓冲区内的人类活动，已侵占的要限期予以恢复。

（3）禁止新建、扩建、改建三类工业项目，现有或在建项目应在控制规模、不得增加污染负荷的前提下，限期治理并有计划地清理或迁出该区，且应制定有关生态保护和恢复治理的方案予以实施。

7.2.1.2　优化开发岸线

优化开发岸线的岸线管控目标为水生态与行洪安全，其管控重点为统筹协调、集约利用、合理布局，严格执行相关法律法规及管理条例，以实现岸线资源科学合理的开发利用。基本管控要求如下。

（1）执行严格的产业准入标准，提高环境风险行业准入门槛，加强石化、化工、医药、纺织、印染、化纤、危化品和石油类仓储、涉重金属和危险废物等重点企业环境风险评估与监控，严格控制敏感水体周边高风险项目布局；完善园区污水管网建设及污废水处理能力，严格控制污染物排放总量，保证污染物稳定达标排放，同时完善企业及园区环境风险防范与应急处理预案。

（2）优先在存量岸线上实现集约利用，合理规划与整合现有港口群；整治复绿无手续的非法码头和不符合环保规定的码头，开展港口与航道生态恢复和修复，建设生态航道、绿色港口。

（3）严禁沿岸采砂、取土、开矿，以及沿江新建废弃渣土场、危化品仓储设施等。

7.2.1.3 限制开发岸线

限制开发岸线的岸线管控目标为行洪安全与水生态，其管控重点是严格控制建设项目类型，或控制其开发利用强度，强调控制和指导，以实现岸线的可持续开发利用。基本管控要求如下。

（1）未经整治，不得对河势敏感段进行工程建设，因经济社会发展确有必要开发的河势敏感段，需采取相应的整治措施，并经过严格的河势影响分析，确定不会对河势产生不利影响，才可进行开发利用。

（2）根据实际需要合理规划布局城镇功能组团，长江两侧 100m 范围内除水利工程、市政交通基础设施外严格控制新增建设用地。

（3）不得新建有明显不利影响的危险化学品码头、排污口、电厂排水口等项目，严格控制与管理污水。

（4）加强岸段区域内防护绿地与生态空间建设，在最小限度地影响河道自然形态和河湖水生态（环境）功能的前提下，进行沿江景观及风貌带建设，严控滨江公园过度硬化，破坏湿地生态。

7.2.2 岸线空间管控建议

7.2.2.1 实行岸线资源空间管制，严格产业准入

划定岸线空间管控区，实行差别化的管控措施。严格分区管理和用途管制，加大保护区和保留区岸线保护力度。岸线开发必须严格执行环保各项法律法规，以保护生态岸线为重点，严控新增工业沿岸布局，严格限制在沿江区域新建、布局化工企业及重化工园区，严禁布局污染严重的工业企业。

明确空间准入和环境准入的清单式管理要求，提出长江沿线限制开发和禁止

开发的岸线、河段、区域、产业及相关管理措施。积极发展具有先发优势的战略性新兴产业，充分运用法律、行政、经济等手段，建立落后产能常态化淘汰机制和淘汰落后产能企业名单公告制度，建立产业负面清单制度，促进产业有序转移。近期，重点化解过剩产能，依法取缔和关闭化工、冶金、建材、纺织、轻工等污染重、能耗高、附加值低的生产工艺、技术装备和产品，对违法违规设立、不符合安全生产条件、不能稳定达标排放污染物的企业，坚决予以关闭；远期，鼓励化工、造纸、电镀等传统高污染行业的大型龙头企业逐步退出沿岸区域。

7.2.2.2 推动港口整合与工业调整，提高利用效率

优化各港区功能布局，协调不同港区的运输功能，一方面实现货类发展的特色化、多元化，推进错位发展；另一方面鼓励建设多功能码头，适度允许港口功能重叠，提升岸线利用率。完善港口布局发展规划，提高港口配套设施水平，完善服务功能，实现港口转型，形成大中小港口相结合、大中小泊位相配套的港口体系，建设规模化、大型化、集装箱化、科技化和信息化程度高的港口群。

通过严控沿江工业开发用地总量、提升现有工业产业绿色发展、提高沿江岸线土地利用效率来实现岸线腹地产业的土地集约利用。坚持岸线集约利用的原则，整合现有小微企业用地，引导贴岸企业的布局调整，特别是岸线依赖性不强，无须进行码头开发，但却贴岸建设占用岸线的企业需优先退让，使其向陆域纵深的标准工业园区转移，从而减少对临水岸线资源的占用，释放优良岸线。整合码头资源，逐步实施功能的调整，推行码头共用化。鼓励公用码头和临港产业发展，促进码头围绕产业园区向规模化、集约化方向发展，提高岸线利用效率，实现岸线效益最大化。

7.2.2.3 清退重大隐患利用行为，加强受损岸线生态修复

对沿岸周边自然保护区、饮用水水源地、重点湿地、种质资源保护区等重点生态敏感区进行详细的调研和规划，对不符合发展政策和安全环保要求的相关企业实施限期整改或关停，对切实影响岸线资源保护的相关企业实施逐步退出计划，近期重点对小微型高污染企业实施退出计划，中远期对小微型企业实施全部搬迁入园措施。

优先清退和修复洲滩湿地侵占岸段，对于洲滩湿地生态系统受到破坏并且功能出现退化的区域，采取合理的管护措施，促进自然修复。对于洲滩湿地生态环境严重退化区域，通过结构调整、污染整理和其他工程措施，修复湿地生态，逐步恢复其功能。

在确保防洪安全的前提下，尽量减少隔绝水陆自然交互的人工护坡护岸措施，加强长江生态护岸工程设计。从岸线的形态设计、自然地貌重建、生态系统构建、防洪功能保障等方面研究合适的长江岸线生态修复方法和工程措施，修复长江岸线自然属性和生态功能，并将入江河口（湖口）、江心洲的生态环境整治与修复纳入长江生态修复的重要任务。

7.2.2.4 强化岸线空间的资源属性，实现岸线统筹管理

建立统一管理机构，理顺各部门管理职责，形成多部门协助机制，出台岸线资源使用管理办法，促进岸线资源的保护和集约利用。统筹沿岸产业布局、土地利用和港口规划，严格按照各功能分区分类的保护要求，进行分区管理和用途管制，强化规划约束。沿江项目建设需符合各功能分区的规划要求，严禁建设与规划不符的项目。

8　长江经济带岸线资源管理平台

8.1　长江经济带岸线资源管理平台的定位

本章以岸线资源开发利用与生态环境等多源异构海量数据的一体化、协同化管理为目标，通过对岸线资源调查的遥感影像数据、数字标准化数据、野外采样调查数据及社会经济统计数据的一体化存储和管理，制定数据加工和整编的标准规范，建立长江经济带岸线资源综合利用时空数据库，研发集调查、评价、管控分区为一体的长江经济带岸线资源管理平台。该平台可实现为“资源本底、开发利用、生态环境、管控分区”的体系性成果提供多维度、多角度、多形式的集成化、规范化展示平台；并针对管控分区及重点岸段等重要成果，提供数字化的数据共享渠道，为业务单位的岸线规划评价等工作提供支撑与服务。

8.2　长江经济带岸线资源管理平台的框架设计

8.2.1　研发内容

8.2.1.1　多源异构数据的标准化整编与管理

整合卫星遥感、模型模拟、社会经济调查、野外样点监测等多源技术手段，开发多源异构海量数据的采集、清洗与标准化，制定面向长江岸线资源调查与评估的数据存储与整编规范，为岸线资源综合利用时空数据库的建设提供依据。

8.2.1.2　岸线资源综合利用时空数据库建设

基于长江岸线资源数据整编规范，制定海量数据表结构、数据目录、数据元结构与字段类型等标准，结合 Oracle 数据库服务与 ArcSDE 空间建库技术，建成包含基础地理数据库、卫星遥感数据库、开发利用数据库、生态环境数据库、成果管理数据库在内的岸线资源综合利用时空数据库，为可视化平台的研发提供数据支撑与驱动。

8.2.1.3 岸线资源管理平台研制

以岸线资源综合利用时空数据库中的多源异构海量数据为驱动，建成岸线资源管理平台，以多源异构数据的发布、整编、查询、编辑与更新等功能为核心，辅以三维动画、音视频、动态图表等可视化插件技术，实现岸线资源开发利用现状评价、生态环境问题跟踪、管控分区与规划成果集成管理等功能的联动与协同管理。

8.2.2 技术依据

8.2.2.1 相关文档

《第一次全国地理国情普查实施方案》（国务院第一次全国地理国情普查领导小组办公室，2013 年 9 月）；

《数字正射影像生产技术规定》（国务院第一次全国地理国情普查领导小组办公室，2013 年 8 月）；

《遥感影像解译样本数据技术规定》（国务院第一次全国地理国情普查领导小组办公室，2013 年 8 月）；

《地理国情普查数据规定与采集要求》（国务院第一次全国地理国情普查领导小组办公室，2013 年 8 月）；

《多尺度数字高程模型生产技术规定》（国务院第一次全国地理国情普查领导小组办公室，2013 年 11 月）。

8.2.2.2 相关标准和规范

《基础地理信息要素分类与代码》（GB/T 13923—2006）；

《基础地理信息数据库基本规定》（GB/T 30319—2013）；

《国家基本比例尺地形图分幅和编号》（GB/T 13989—2012）；

《中华人民共和国行政区划代码》（GB/T 2260—2007）；

《地理格网》（GB/T 12409—2009）。

8.2.2.3 数据库空间数学基础

坐标系统一采用 2000 国家大地坐标系；高程基准统一采用 1985 国家高程基准。

8.2.3 框架设计

8.2.3.1 设计原则

本平台以先进、实用、开放、安全、使用方便和易于操作为原则，突出系统功能的完备性、实用性、灵活性，以发挥较好的效能，并充分考虑可拓展性和安全性。本平台在整个系统设计上依照以下原则确定。

标准化：在系统建设编码方面，主要依据相关国家标准、行业标准和技术规范。

统一性：通过统一的信息平台和接口，保证系统建设后的基础数据资源可以为其他各部门共享，并且也可以共享到其他相关部门的数据资源。

先进性：综合国内外情况，采用国际上先进而且成熟的技术和标准，坚持开放性原则。

实用性：系统的设计既要在相当长的时间内保证其先进性，还应本着实用的原则，使平台易于维护管理，具有广泛兼容性。

安全性：目前，计算机网络与外部网络互连互通日益增加，都直接或间接与国际互联网连接。因此，方案设计需考虑到系统的可靠性、信息的安全性和保密性。

可扩充性：系统规模及档次要易于扩展，可以方便地进行设备扩充，以及灵活地进行软件版本的更新和升级，保护用户的投资。

灵活性：采用结构化、模块化的设计形式，满足用户各种不同的应用要求，适应业务调整变化。

系统性：系统的开发必须按照系统工程的管理方法，有计划地实施，满足系统目标与功能目标，合理设计总体方案，满足用户的应用要求，便于系统的维护及系统的二次开发与移植。

8.2.3.2 系统功能设计

为实现岸线资源综合利用时空数据库集成管理与应用，在建成的数据库的基础上构建岸线资源管理平台。平台具备数据集成管理和可视化展示、岸线资源数据查询、长江岸线管控分区查询和多维展示等功能。岸线资源管理平台最基本的是数据集成管理与可视化展示功能，需要在网络环境下对岸线资源综合利用空间数据和非空间数据的资源管理、集成显示与信息共享，实现岸线资源调查的遥感影像数据、基础地理数据、开发利用数据、生态环境数据、野外样点调查数据、元数据及社会经济统计数据等的一体化存储、管理及可视化展示。岸线资源数据查询统计功能主要实现对岸线资源要素基本描述性特征的查询和统计，实现长江经济带岸线资源数据的属性查询功能，用户通过单击空间数据，即可动态查询相关数据的详细属性信息；同时，平台支持基于数据库的基本综合查询检索功能，用户可以通过在搜索框输入关键字的方式，获取符合检索要求的所有数据，方便用户根据需求对数据进行查看，并对已选中数据进行数理分析统计。长江岸线管控分区查询和多维展示集成以上两种主要系统功能，实现基于行政区划的各类型管控分区的属性查询和统计，为岸线整治修复岸段提供可视化的查询和配套管控平台。

8.2.3.3 总体技术路线

长江经济带岸线资源管理平台采用 ASP.NET 和 HTML+CSS+JAVASCRIPT 的开发框架，使用 Oracle 数据库服务建立各种资料的数据库，后台地图服务平台采用业界领先的地图引擎平台 GeoServer 构建，桌面端系统采用浏览器/服务器（browser/server，B/S）体系结构下的多层分布式体系结构，充分应用面向对象化模式编程和基于组件式的开发方法，系统的完整性和开放性好，能够满足系统动态扩展的需要。

1）采用先进的计算机技术开发系统

平台采用互联网技术（internet technology，IT）、地理信息系统（geographic information system，GIS）等先进技术，基于面向服务的架构（service-oriented architecture，SOA）设计理念，利用 Web Service 实现一种松散耦合式异构环境的集成，便于实现各类交通信息服务和 WMTS、WFS 等各类电子地图资源的集成和系统的分散式访问。交通信息数据采用关系型空间数据库存储，建立各类交通要素间的时空逻辑关系，通过开放式数据库互连（open database connectivity，ODBC）技术和 Web Service 完成对数据库的抽取及软件层与数据层间的数据交换（图 8-1、图 8-2）。

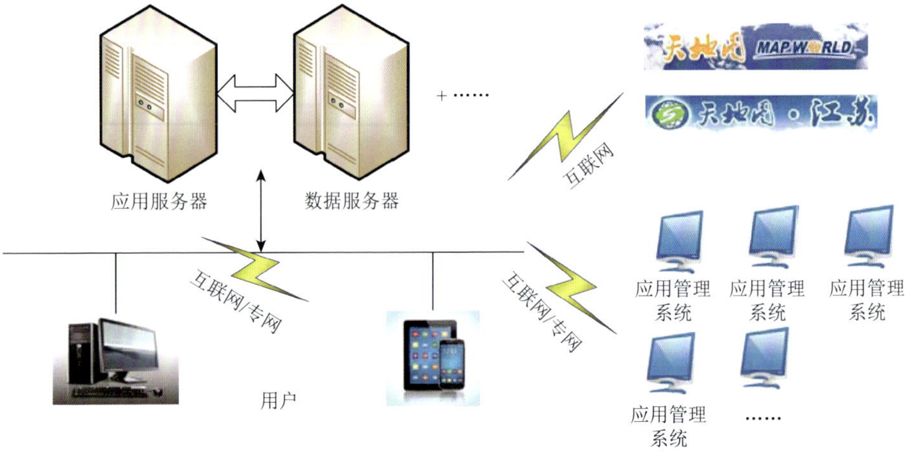

图 8-1　平台运行结构示意图

图 8-2　系统研发环境

2）建立统一的岸线信息综合管理平台

将长江经济带岸线资源整合成统一的信息平台，实现数据的有效统一、分类、分层管理，保证行业监管部门和相关管理部门及时便捷地获得各自有用的数据和信息，实现长江经济带岸线资源的实时、高效、准确、共享和互换。

3）采用统一的分类和编码规范

平台中的岸线数据、信息来自不同的应用终端，数据、信息在各自的应用系统中以不同的空间参考、文件格式、分类和编码存在。系统将采用统一的分类和编码规范来融合数据、信息，实现数据、信息共享和交换，并通过参与空间数据共享和交换框架标准的研究，将成果应用于系统的数据库建设，使系统在数据、信息技术规范方面占有高的起点和先机，以达到多个系统良好兼容的目的。

4）构建面向对象的数据管理方式

系统将采用面向对象的数据管理方式，实现系统基本信息、实时监控信息、发布信息、多媒体信息的集中访问，并通过图、表、文字、多媒体等各种形式予以展示；对数据进行多种属性条件和空间条件查询，对查询的结果进行二次分类、分析和统计，最大限度地拓展系统的应用范围。

平台的数据库、软件系统等成果，主要部署于中国科学院南京地理与湖泊研究所（图 8-3）。平台通过专网和互联网对各类用户提供信息服务，通过互联网调用天地图提供的地图底图服务，面向用户提供信息共享和交换。

图 8-3 服务器部署

8.2.3.4 关键技术

1）基于面向服务架构的开发模式

平台采用 SOA 模式，将系统功能抽象成单独的服务，以面向服务的思路进行开发。基于 SOA，在系统内部的模块之间都是基于高内聚、低耦合的原则进行模块化、组件化，系统可以根据需要进行快速的组装。SOA 模式不但可减少同质化应用的开发、集成效率，使系统架构更便于统一管理，同时可极大地减少二次开发的成本。在长江经济带岸线资源管理平台中，数据和服务接口采用 ArcGIS Server 平台进行开发，基于描述性状态迁移（representational state transfer，REST）实现 SOA，支持跨网络的“纵向多级、横向网格”的网络。服务与服务之间的连接采用了松耦合方式，把“进行数据存取操作”变为“请求数据存取服务”，从而解决网格节点之间、父节点与子节点之间、不同平台不同系统之间的数据交换问题，可以和企业资源计划（enterprise resource planning，ERP）、客户关系管理（customer relationship management，CRM）、管理信息系统（management information system，MIS）等 IT 业务流程实现整合。

2）采用企业服务总线

考虑到平台的复杂性和特殊性，设计时考虑支持系统扩展部署和多个逻辑单元的分离部署，提供对系统的维护与参数配置的管理功能等，因此采用企业服务总线（enterprise service bus，ESB）方法。ESB 是一种开放的、基于标准的分布式同步或异步信息传递中间件。通过 XML、Web Service 接口及标准化基于规则的路由选择文档等支持，ESB 为企业应用程序提供安全互用性。

3）数据仓库技术

数据仓库是一个面向主题的、集成的、相对稳定的、反映历史变化的数据集合，用于支持管理决策。数据仓库的重点与要求是能够准确、安全、可靠地从数据库中取出数据，经过加工转换成有规律的信息之后，再供管理人员进行分析使用，即对原数据进行抽取、转换，装载到数据仓库中。

4）服务在线注册和服务聚合技术

通过在线方式，具有发布服务能力的政府部门用户可以方便地将自己发布的服务在线注册到平台，供其他部门调用，同时系统提供客户端和服务器端双重服务聚合技术。依托以上技术，平台实现了服务的分布式部署和跨平台（GIS 平台和操作系统等）操作。

5）空间数据库引擎技术

平台涉及的数据量是海量的，更为重要的是随着后续建设，平台将加入更多的数据，而且随着时间的推移，平台也会不断产生新的数据，历史数据也会越积越多。所以对海量数据存储和管理采用空间数据库引擎技术，以保证高效处理海量数据，并保证数据查询访问的高效性，同时还要考虑它的扩展性，以满足平台日后数据量不断增加的数据要求。

6）空间数据多时态管理技术

由于环境在不断改变，地理数据库也需要不断更新。在很多的实际应用中不但需要浏览数据库中的现实数据，也要可以回放过去某一时刻某一地理区域当时的情况。这就需要在数据库的设计中考虑数据的时间序列的问题。在数据库的设计中以实体为单位建立时间索引，数据的变更以实体的变化为事件触发。这样就可以在数据库中将实体的变化全部存储起来，使用户可以以时间轴上的时间段过滤空间数据，作到快速回放任意时间点的数据。

8.3 长江经济带岸线资源综合利用时空数据库建设

8.3.1 数据库总体结构

长江经济带岸线资源调查与评价所获得的调查成果数据丰富。基于云计算和SOA、采用客户机-服务器（client-server，C/S）和 B/S 混合应用模式设计并开发数据库管理与分析系统，实现岸线资源调查数据集成管理、统计分析、成果展示、更新维护和应用服务等方面的功能。建成包括卫星遥感数据库、基础地理数据库、开发利用数据库、生态环境数据库和成果管理数据库在内的岸线资源综合利用时空数据库。岸线资源数据库总体结构如图 8-4 所示。

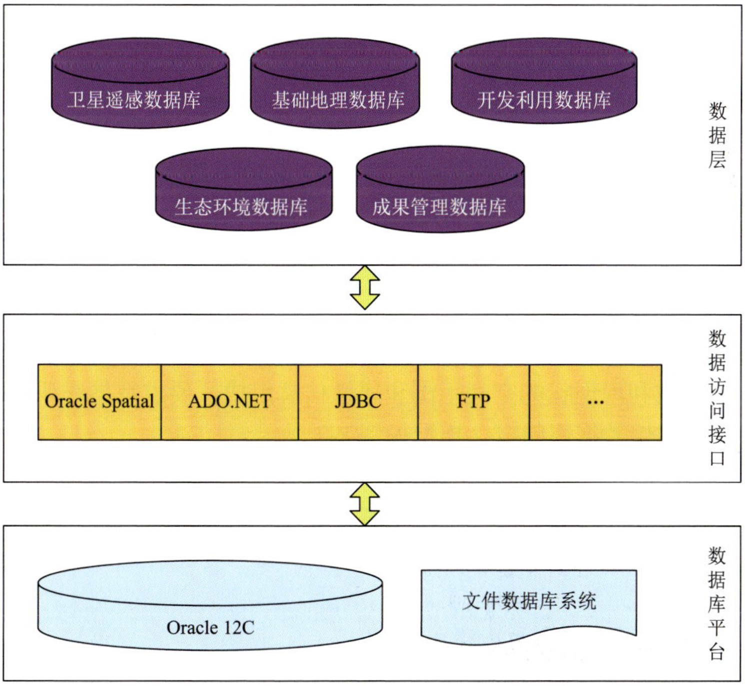

图 8-4 长江经济带岸线资源综合利用时空数据库总体结构图

8.3.2 数据库设计

8.3.2.1 数据库概念设计

1）卫星遥感数据库的概念模型

遥感影像数据包括 1990 年、2000 年、2010 年和 2015 年 4 个时间节点。1990～2010 年的历史影像采用 Landsat TM/ETM+数据，精度为 30m；现状影像使用资源三号卫星影像产品，空间分辨率为 2m。总数据量达到 150GB。卫星遥感数据库的概念模型如图 8-5 所示。

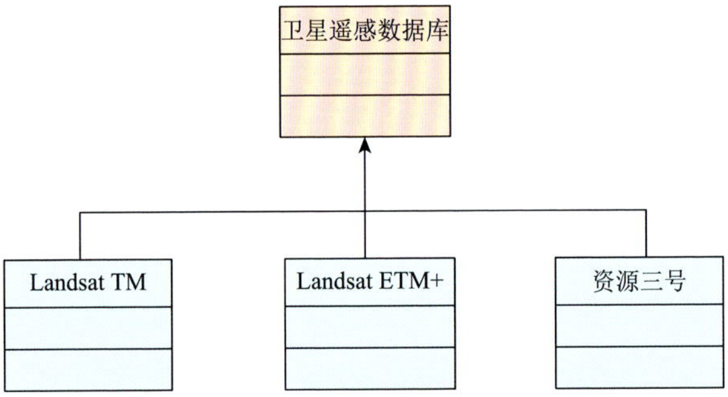

图 8-5 卫星遥感数据库的概念模型

2）基础地理数据库的概念模型

基础地理数据库的具体内容包括岸线、水系、道路、构筑物、土壤、气候条件、地理单元、社会经济及地质地貌统计数据。基础地理数据库的概念模型如图 8-6 所示。

3）开发利用数据库的概念模型

开发利用数据库由工业设施点位、生产生活、干流岸线利用现状、土地利用状况、支流岸线利用现状的空间范围和属性信息组成，要求数据在研究区范围内全覆盖。开发利用数据库的概念模型如图 8-7 所示。

4）生态环境数据库的概念模型

生态环境数据库的具体内容包括水源涵养、水土保持、固碳能力、植被覆盖、蓄滞洪区、地质灾害、生态保护区、水质、沉积物。生态环境数据库的概念模型如图 8-8 所示。

5）成果管理数据库的概念模型

成果管理数据库具体内容包括评价结果、地方咨询成果。成果管理数据库的概念模型如图 8-9 所示。

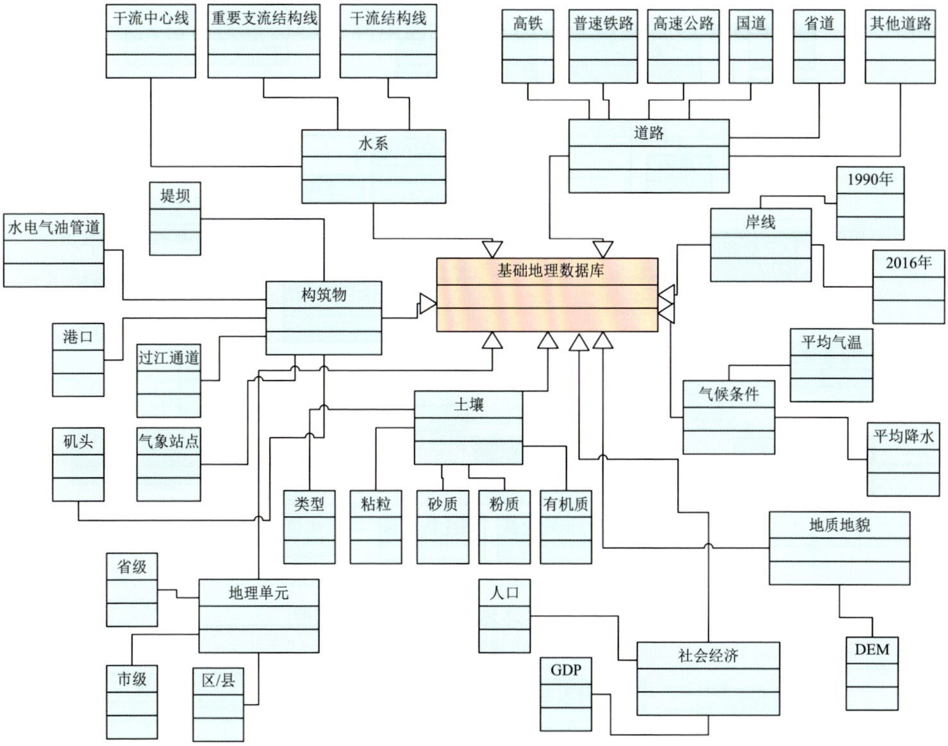

图 8-6　基础地理数据库的概念模型

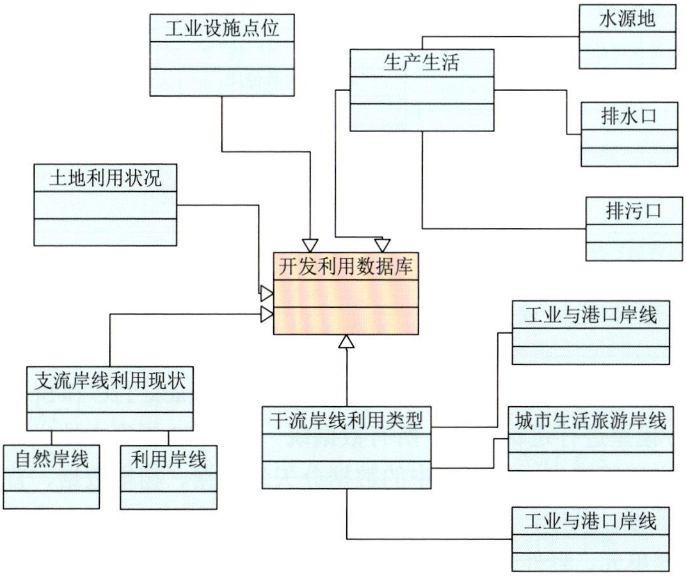

图 8-7　开发利用数据库的概念模型

续表

数据名称	类型	说明
开发利用数据库		
工业设施点位数据集 IndDataset		
V_INDUSTRYP	矢量点层	工业设施点位数据
生产生活要素数据集 ProDataset		
V_WATERP	矢量点层	水源地点位数据
V_OUTP	矢量点层	排水口点位数据
V_DRAINP	矢量点层	排污口点位数据
岸线利用现状数据集 UtiDataset		
V_UTIL1	矢量线层	工业与港口岸线线状数据
V_UTIL2	矢量线层	城市生活旅游岸线线状数据
V_UTIL3	矢量线层	生态预留岸线线状数据
土地利用数据集 LanDataset		
R_LCR	栅格数据	30m×30m 格网土地利用数据
生态环境数据库		
R_WCC	栅格数据	30m×30m 格网水源涵养量数据
R_USLE	栅格数据	30m×30m 格网土壤侵蚀量数据
R_NPP	栅格数据	30m×30m 格网固碳功能数据
R_COVER	栅格数据	30m×30m 格网植被覆盖度数据
V_DETENTION	矢量面层	包含蓄滞洪区等级、名称、面积、容积属性值的矢量面状数据
R_DISASTER	栅格数据	30m×30m 格网地质灾害易发等级数据
V_RESERVE	矢量面层	生态功能分区、生物多样性优先保护区、水域生态保护区矢量面状数据集
V_QUALITY	矢量点层	包含水质等级、重金属与有机污染物浓度、水体微生物含量属性值的矢量点状数据
V_SEDIMENT	矢量点层	包含沉积物重金属与有机污染物含量、微生物含量属性值的矢量点状数据
成果管理数据库		
T_USERINFO	表格数据	用户信息
T_FUNRIGHT	表格数据	功能权限
T_FUNINFO	表格数据	功能信息
T_DATARIGHT	表格数据	数据权限
T_FUNCTIONRIGHT_FUNINFO	表格数据	功能权限与功能关系
T_DATARIGHT_LAYERINFO	表格数据	数据权限与目录关系

注：V_表示矢量数据层，R_表示栅格数据层，T_表示普通表格数据

8.3.2.3 数据库物理设计

在逻辑设计的基础上，设计并确定最符合长江经济带岸线资源综合利用时空数据库的集成管理和统计分析应用环境的物理存储结构和数据访问方法，用以满足数据对象的创建、变更和访问需求，节省存储空间，提高数据库性能。

存储记录结构设计主要是解决如何在物理上建立数据库存储结构。其中利用OracleSpatial存储空间数据（地形与其他栅格数据、矢量数据及元数据等），其他非空间按照传统关系数据库表存储。按照存储记录结构差异，长江经济带岸线资源综合利用时空数据库中的数据可分为以下几种类型。

1）栅格数据

地形与其他模型模拟的栅格数据为ArcGIS GRID格式，在数据库中采用OracleSpatial的镶嵌数据集（mosaic dataset）格式进行数据存储，并按照图幅进行组织。镶嵌数据集能够用于管理和发布海量多分辨率的影像，能够对栅格数据进行动态镶嵌和实时处理，可以对数据集进行索引，并且可对集合执行查询。

2）矢量数据

采用File GEODATABASE方式并按图层统一存储在ArcGIS GEODATABASE数据集中。在建库时采用OracleSpatial的SDO_GEOMETRY格式进行数据存储，按不同数据集DataSet进行组织。

3）社会经济统计数据

社会经济统计数据最终成果数据为Access数据库格式，其中空间型社会经济统计数据存储为OracleSpatial的SDO_GEOMETRY格式，普通关系表直接导入到Oracle数据库中利用Oracle的关系表进行存储。

4）遥感影像数据

多源遥感影像数据是按照不同分辨率分别组织的GeoTIFF格式，在数据库中采用OracleSpatial的镶嵌数据集格式进行数据存储，并按照图幅进行组织。

5）网络数据

路网和水网网络数据由普查要素数据通过数据库管理系统的构网工具构建而来，网络数据以OracleSpatial的NDM（network data model）数据模型进行存储。同时将公路网和铁路网、水系网格分开存储。

6）其他需要新生成普通表格数据

对于数据库系统管理数据、其他普通表格数据等按照数据库逻辑表结构构建，在Oracle数据库服务中以普通关系数据表存储。

图 8-23　长江经济带岸线资源管理平台中数据综合查询功能显示

地图审图号 GS（2016）2929 号

空间点数据查询：选择数据列表中的“岸线基础数据库”→“构筑物”→“矶头”，然后单击右侧可视化界面里的点状数据，即可获取该层数据对应的矶头名称、地理位置等相关属性信息（图 8-24）。

图 8-24　长江经济带岸线资源管理平台中空间点数据查询显示

地图审图号 GS（2016）2929 号

空间线数据查询：选择数据列表中的“水系”→“长江干流结构线”，然后单击右侧可视化界面里的线状数据，即可获取该层数据对应的相关属性信息（图 8-25）。

图 8-25　长江经济带岸线资源管理平台中空间线数据查询显示

地图审图号 GS（2016）2929 号

空间面数据查询：选择数据列表中的“保护区”→“水源生态保护区”，然后单击右侧可视化界面中的面状数据，即可获取该层数据对应的保护区名称、面积等属性（图 8-26）。

图 8-26　长江经济带岸线资源管理平台中空间面数据查询显示

地图审图号 GS（2016）2929 号

数据统计功能：单击“统计”按钮，则会在主界面下方对符合查询要求的数据进行数理统计，可计算平均值、最大值、最小值、方差等统计指标（图 8-27）。

陆域条件、生态敏感性、保护区名称、水源地保护、洲滩湿地等属性（图 8-29）。

图 8-29　长江经济带岸线资源管理平台中长江上游珍稀、特有鱼类国家级自然保护区岸段查询功能显示

地图审图号 GS（2016）2929 号

通过单击数据列表，可以实现对该岸段的属性值的实时查看。通过平台可以直观地发现该岸段植被覆盖度较高，后方陆域为低起伏山地，不适宜开发利用，属于长江上游珍稀、特有鱼类国家级自然保护区核心区内，主要的保护物种为国家一级重点保护鱼类达氏鲟和白鲟，而且也在长江西门水源地准保护区内（图 8-30～图 8-33）。

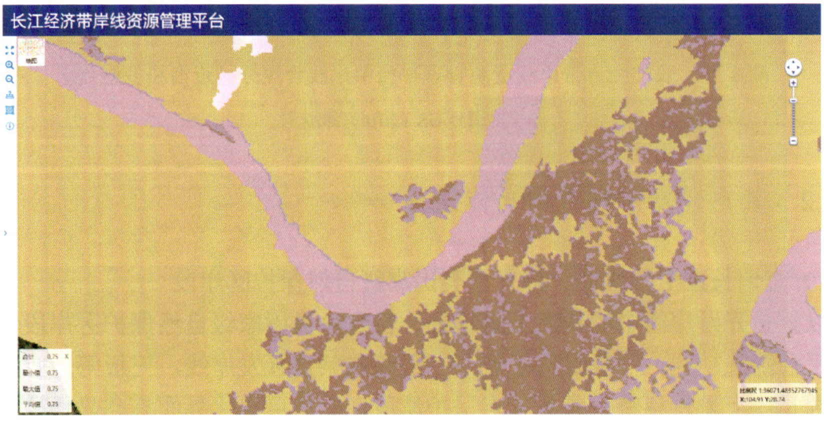

图 8-30　长江经济带岸线资源管理平台中长江上游珍稀、特有鱼类国家级自然保护区岸段土地利用状况显示

图 8-31　长江经济带岸线资源管理平台中长江上游珍稀、特有鱼类国家级自然保护区岸段后方陆域条件显示

图 8-32　长江经济带岸线资源管理平台中长江上游珍稀、特有鱼类国家级自然保护区岸段周边自然保护区信息显示

图 8-33　长江经济带岸线资源管理平台中长江上游珍稀、特有鱼类国家级自然保护区岸段周边水源地保护区信息显示

8.4.4.3　优化开发岸线查询功能演示

1）查询修造船厂重点优化岸段

以优化开发岸线中的修造船厂重点优化岸段为例，通过平台筛选功能，一级筛选干流，二级筛选重点优化岸线，三级筛选南京，四级筛选修造船厂重点优化岸段，之后可视化界面高亮显示被选中的岸段。统计区展示被选中岸段的最大值、最小值、总长度。在可视化界面单击线状岸段，在属性区显示利用类型、开发条件、蓄滞洪区、岸前水深、岸线稳定性、陆域条件、生态敏感性、保护区名称、水源地保护、洲滩湿地等属性（图 8-39）。

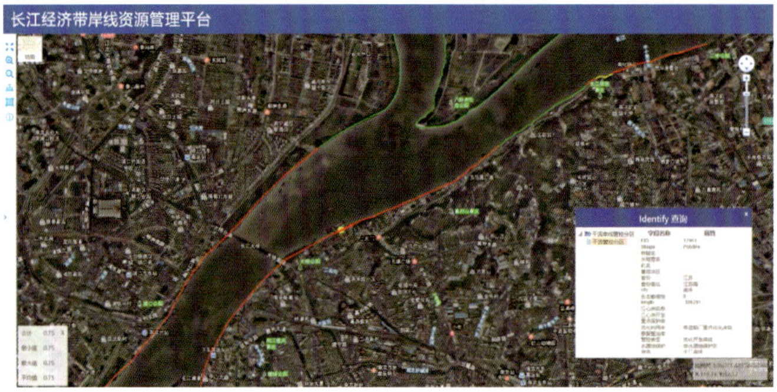

图 8-39　长江经济带岸线资源管理平台中修造船厂重点优化岸段查询功能显示

通过单击数据列表，可以实现对该岸段对应的属性值的实时查看（图 8-40）。如通过平台可以直观地发现该岸段周边无饮用水水源地保护区，无自然保护区，无水产种质资源保护区，岸前水深条件较好（图 8-41），属于中深水岸线，后方陆域广阔（图 8-42）。

图 8-40　长江经济带岸线资源管理平台中修造船厂重点优化岸段开发利用现状显示

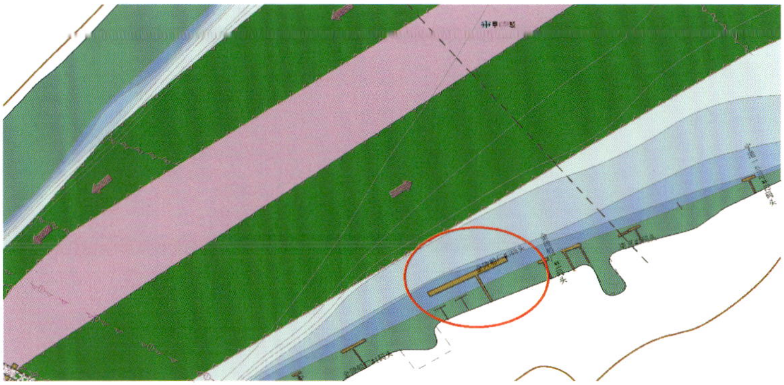

图 8-41 长江经济带岸线资源管理平台中修造船厂重点优化岸段岸前水深显示

注：河道水深信息及图件来源于长江航道在线（http://www.cjienc.com/）

图 8-42 长江经济带岸线资源管理平台中修造船厂重点优化岸段后方陆域条件显示

2）深水浅用工业优化利用岸段

以优化开发岸线中的深水浅用工业优化利用岸段为例，通过平台筛选功能，一级筛选干流，二级筛选重点优化岸线，三级筛选苏州，四级筛选深水浅用工业优化利用岸段，之后可视化界面高亮显示被选中的岸段。统计区展示被选中岸段的最大值、最小值、总长度。在可视化界面单击线状岸段，属性区显示利用类型、开发条件、蓄滞洪区、岸前水深、岸线稳定性、陆域条件、生态敏感性、保护区名称、水源地保护、洲滩湿地等属性（图 8-43）。

通过单击数据列表，可以实现对该岸段对应的属性值的实时查看（图 8-44）。如通过平台可以直观地发现该岸段属于工业生产岸线，周边无饮用水水源地保护区，无自然保护区，无水产种质资源保护区，岸前水深条件较好（图 8-45），属于深水岸线，后方陆域广阔。

图 8-43　长江经济带岸线资源管理平台中深水浅用工业优化利用岸段查询功能显示

图 8-44　长江经济带岸线资源管理平台中深水浅用工业优化利用岸段开发利用现状及周边情况显示

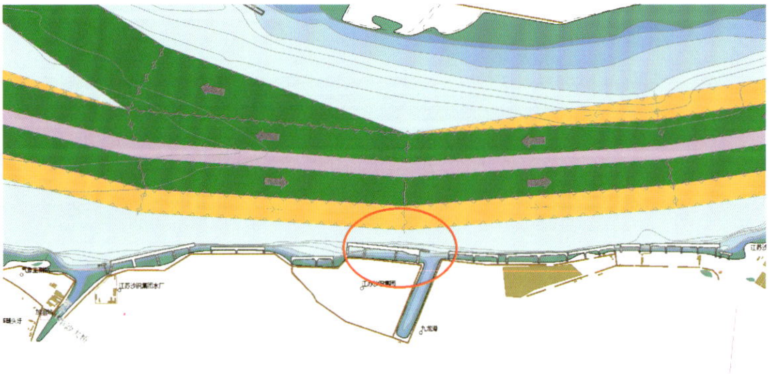

图 8-45　长江经济带岸线资源管理平台中深水浅用工业优化利用岸段岸前水深显示

注：河道水深信息及图件来源于长江航道在线（http://www.cjienc.com/）

8.4.4.4 整治修复岸线查询功能演示

1）查询化工清退集中入园整治修复重点岸段

以整治修复岸线中的化工清退集中入园整治修复重点岸段为例，通过平台筛选功能，一级筛选干流，二级筛选整治修复岸线，三级筛选铜陵，四级筛选化工清退集中入园整治修复重点岸段，之后可视化界面高亮显示被选中的岸段。统计区展示被选中岸段的最大值、最小值、总长度。在可视化界面单击线状岸段，属性区显示利用类型、开发条件、蓄滞洪区、岸前水深、岸线稳定性、陆域条件、生态敏感性、保护区名称、水源地保护、洲滩湿地等属性（图 8-46）。

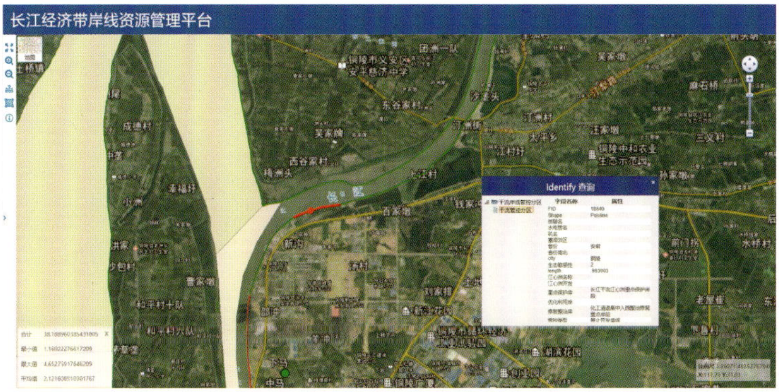

图 8-46 长江经济带岸线资源管理平台中化工清退集中入园整治修复重点岸段查询功能显示

通过单击数据列表，可以实现对该岸段对应的属性值的实时查看。如通过平台可以直观地发现该岸段紧邻铜陵淡水豚国家级自然保护区实验区（图 8-47），目前开发利用类型为工业生产岸线，上游工业设施点位分布密集（图 8-48、图 8-49）。通过水样采集和分析测试可知，该岸段水质较差，尤其 As、Pb 等重金属指标超标（图 8-50），给沿岸及下游城市的饮水安全造成威胁。

2）查询小散乱及砂石码头清退整治修复重点岸段

以整治修复岸线中的小散乱及砂石码头清退整治修复重点岸段为例，通过平台筛选功能，一级筛选干流，二级筛选整治修复岸线，三级筛选黄石，四级筛选小散乱及砂石码头清退整治修复重点岸段，之后可视化界面高亮显示被选中的岸段。统计区展示被选中岸段的最大值、最小值、总长度。在可视化界面单击线状岸段，属性区显示利用类型、开发条件、蓄滞洪区、岸前水深、岸线稳定性、陆域条件、生态敏感性、保护区名称、水源地保护、洲滩湿地等属性（图 8-51）。

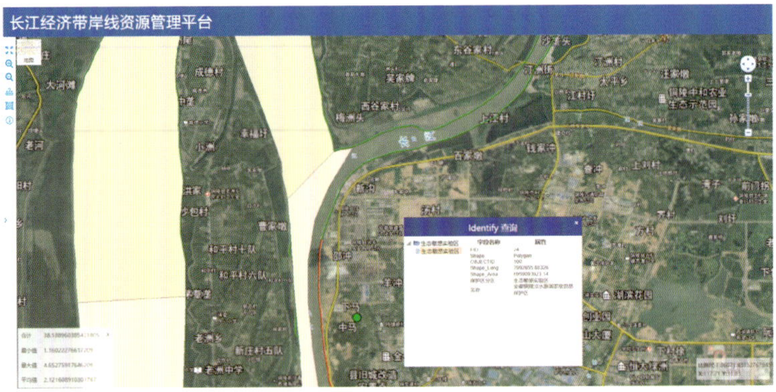

图 8-47 长江经济带岸线资源管理平台中化工清退集中入园整治修复重点岸段周边自然保护区信息

图 8-48 长江经济带岸线资源管理平台中化工清退集中入园整治修复重点岸段开发利用现状及后方陆域条件

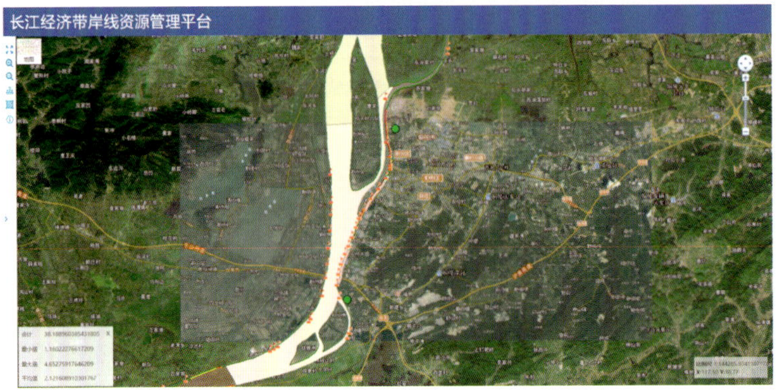

图 8-49 长江经济带岸线资源管理平台中化工清退集中入园整治修复重点岸段上游工业设施点位分布

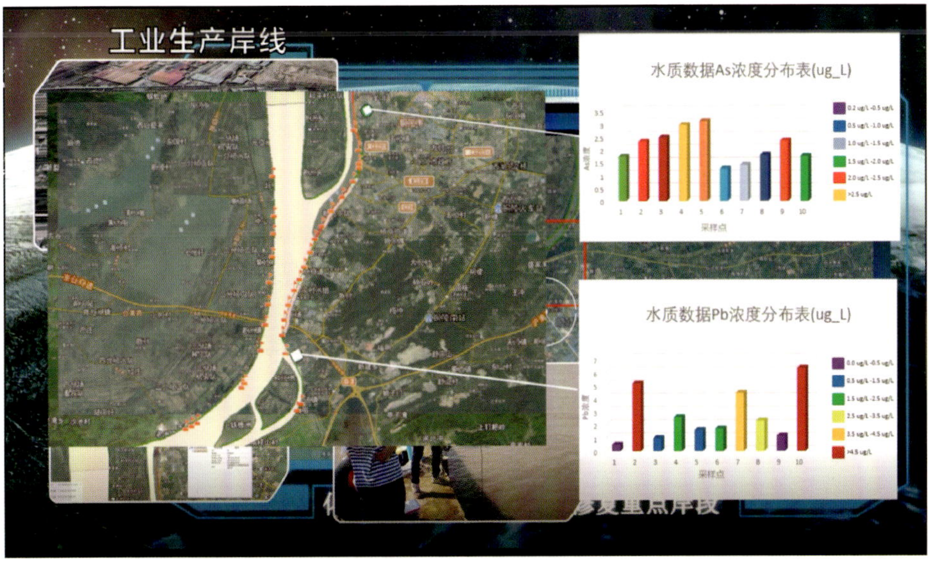

图 8-50 长江经济带岸线资源管理平台中化工清退集中入园整治修复重点岸段水质采样点及 As、Pb 浓度

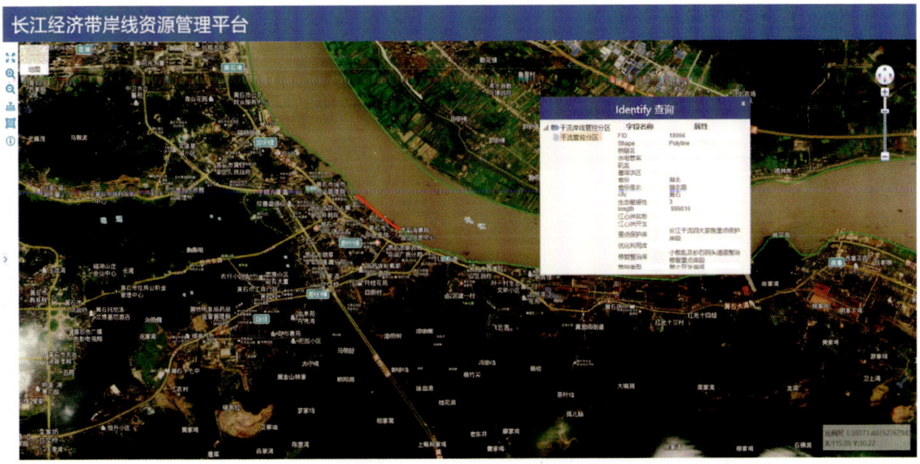

图 8-51 长江经济带岸线资源管理平台中小散乱及砂石码头清退整治修复重点岸段查询功能显示

通过单击数据列表，可以实现对该岸段对应的属性值的实时查看。如通过平台可以直观地发现该岸段位于长江黄石段四大家鱼国家级水产种质资源保护区核心区内（图 8-52～图 8-54），周边小散乱和砂石码头密集分布，给鱼类栖息地的安全造成威胁。

图 8-52　长江经济带岸线资源管理平台中小散乱及砂石码头清退整治修复重点岸段周边自然保护区信息

图 8-53　长江经济带岸线资源管理平台中小散乱及砂石码头清退整治修复重点岸段开发利用现状

图 8-54　长江经济带岸线资源管理平台中小散乱及砂石码头清退整治修复重点岸段现场调查图片资料

参考文献

北京市水务局, 2009. 德国的河道近自然修复[R]. 北京: 北京市水务局.

曹有挥, 蒋自然, 陈欢, 等, 2015. 长江沿岸港口体系的形成过程与机制[J]. 地理科学进展, 34(11): 1430-1440.

陈诚, 甄云鹏, 2014. 江苏省长江岸线资源利用变化及合理性分析[J]. 自然资源学报, 29(4): 633-642.

陈欢, 陈雯, 曹有挥, 等, 2015. 江苏苏中 3 市的沿江岸线资源开发利用变化及驱动因素[J]. 长江流域资源与环境, 24(5): 711-718.

陈维肖, 段学军, 邹辉, 2019. 大河流域岸线生态保护与治理国际经验借鉴——以莱茵河为例[J]. 长江流域资源与环境, 28(11): 2786-2792.

陈伟民, 黄祥飞, 周万平, 等, 2005. 湖泊生态系统观测方法[M]. 北京: 中国环境科学出版社.

陈雯, 1996. 长江沿江城市建设及其地质环境、岸线资源条件分析[J]. 现代城市研究(3): 23-26.

成长春, 王银银, 2017. 协调推进江苏沿江港口一体化改革[J]. 群众(8): 44-45.

段学军, 邹辉, 2016. 长江岸线的空间功能、开发问题及管理对策[J]. 地理科学, 36(12): 1822-1833.

段学军, 陈雯, 朱红云, 等, 2006. 长江岸线资源利用功能区划方法研究——以南通市域长江岸线为例[J]. 长江流域资源与环境, 15(5): 621-626.

段学军, 虞孝感, 邹辉, 2015. 长江经济带开发构想与发展态势[J]. 长江流域资源与环境, 24(10): 1621-1629.

段学军, 曹有挥, 王晓龙, 等, 2018. 长江岸线资源调查技术规程[M]. 北京: 科学出版社.

段学军, 王晓龙, 徐昔保, 等, 2019a. 长江岸线生态保护的重大问题及对策建议[J]. 长江流域资源与环境, 28(11): 2641-2648.

段学军, 邹辉, 陈维肖, 等, 2019b. 岸线资源评估、空间管控分区的理论与方法以长江岸线资源为例[J]. 自然资源学报, 34(10): 2209-2222.

付元宾, 杜宇, 王权明, 等, 2014. 自然海岸与人工海岸的界定方法[J]. 海洋环境科学, 33(4): 615-618.

国家海洋局 908 专项办公室, 2006. 沿海地区社会经济基本情况调查技术规程[M]. 北京: 海洋出版社.

国家环境保护总局, 《水和废水监测分析方法》编委会, 2012. 水和废水监测分析方法(第四版)[M]. 北京: 中国环境科学出版社.

国家林业局, 2008. 全国湿地资源调查技术规程(试行)[R]. 北京: 国家林业局.

黄家柱, 1999. 遥感与地理信息系统技术在长江下游江岸稳定性评价中的应用[J]. 地理科学, 19(6): 521-524.

金相灿, 屠清瑛, 1990. 湖泊富营养化调查规范(第二版)[M]. 北京: 中国环境科学出版社.

李新国, 江南, 王红娟, 等, 2005. 近 30 年来太湖流域湖泊岸线形态动态变化[J]. 湖泊科学(4): 294-298.

梁双波, 曹有挥, 2018. “大保护”视角下长江支流岸线资源规划利用实践: 以芜湖市为例[M].

南京: 东南大学出版社.
梁双波, 刘玮辰, 曹有挥, 等, 2019. 长江港口岸线资源利用及其空间效应[J]. 长江流域资源与环境, 28(11): 2671-2679.
林晨, 闵敏, 段学军, 等, 2019. 基于多源异构数据集的长江经济带岸线资源综合管理平台研发[J]. 长江流域资源与环境, 28(11): 2690-2701.
林静柔, 唐丹玲, 高杨, 等, 2019. 珠海市海岸线分类及开发利用的遥感分析[J]. 海洋开发与管理(3): 69-75.
罗彬, 2010. 合理利用长江岸线资源的思考[J]. 中国港口(4): 46-48.
罗小杰, 2014. 武汉地区浅层岩溶垂向发育特征及其工程意义[J]. 工程地质学报, 22(1): 137-143.
吕宪国, 等, 2005. 湿地生态系统观测方法[M]. 北京: 中国环境科学出版社.
马荣华, 杨桂山, 朱红云, 等, 2003. 长江苏州段岸线资源利用遥感调查与GIS分析评价[J]. 自然资源学报(6): 666-671, 781-782.
马荣华, 杨桂山, 陈雯, 等, 2004. 长江江苏段岸线资源评价因子的定量分析与综合评价[J]. 自然资源学报, 19(2): 176-183.
孟宝, 张继飞, 叶华, 等, 2019. 长江上游珍稀特有鱼类国家级自然保护区鱼类产卵场功能现状分析及保护启示[J]. 长江流域资源与环境, 28(11): 2771-2784.
闵敏, 段学军, 邹辉, 等, 2019. 长江重要支流岸线资源综合评价及管控分区研究[J]. 长江流域资源与环境, 28(11): 2656-2670.
潘坤友, 曹有挥, 梁双波, 2013. 行政区划调整背景下芜湖市岸线资源的时空演变与优化[J]. 长江流域资源与环境, 22(4): 418-425.
彭增辉, 何雪宝, 冯伟松, 等, 2013. 长江镇江段不同生境类型底栖动物群落结构研究[J]. 长江流域资源与环境, 22(4): 433-438.
施少华, 杨桂山, 林承坤, 2002. 长江中下游河道岸线的整治与开发利用[J]. 地理科学(6): 700-704.
水利部长江水利委员会, 2001. 长江防洪地图集[M]. 北京: 科学出版社.
水利部长江水利委员会, 2016. 长江中下游干流河道治理规划[R]. 武汉: 水利部长江水利委员会.
水利部长江水利委员会, 2018. 长江流域及西南诸河水资源公报 2017[M]. 武汉: 长江出版社.
王传胜, 1999. 长江中下游岸线资源的保护与利用[J]. 资源科学, 21(6): 66-69.
王传胜, 2000. 长江中下游干流岸线资源评价[D]. 南京: 中国科学院研究生院(南京地理与湖泊研究所).
王传胜, 王开章, 2002. 长江中下游岸线资源的特征及其开发利用[J]. 地理学报, 57(6): 639-700.
王雅竹, 段学军, 2019. 生态红线划定方法及其在长江岸线中的应用[J]. 长江流域资源与环境, 28(11): 2681-2690.
危起伟, 2012. 长江上游珍稀特有鱼类国家级自然保护区科学考察报告[M]. 北京: 科学出版社.
吴冬秀, 韦文珊, 宋创业, 等, 2012. 陆地生态系统生物观测数据: 质量保证与控制[M]. 北京: 中国环境科学出版社.
武汉新港管理委员会, 交通运输部规划研究院, 2011. 武汉新港总体规划(修编)[R]. 武汉: 武汉新港管理委员会.
杨桂山, 施少华, 王传胜, 等, 1999. 长江江苏段岸线利用与港口布局[J]. 长江流域资源与环境, 8(1): 17-22.
叶志伟, 2018. 长江中游天兴洲河段河床演变与航道整治思路研究[J]. 水道港口, 39(4): 434-439.
尹静秋, 2004. 基于GIS的长江江苏段岸线资源演变研究[D]. 南京: 南京师范大学.

虞孝感, 1997. 长江产业带的建设与发展研究[M]. 北京: 科学出版社.

虞孝感, 2003. 长江流域可持续发展研究[M]. 北京: 科学出版社.

张云, 宋德瑞, 张建丽, 等, 2019. 近 25 年来我国海岸线开发强度变化研究[J]. 海洋环境科学, 38(2): 251-257.

章宗涉, 黄祥飞, 1991. 淡水浮游生物研究方法[M]. 北京: 科学出版社.

中国科学院南京地理与湖泊研究所, 2005. 安徽省岸线开发功能分区[R]. 南京: 中国科学院南京地理与湖泊研究所.

中国科学院南京地理与湖泊研究所, 2007. 九江市岸线资源评价与开发利用[R]. 南京: 中国科学院南京地理与湖泊研究所.

中国科学院南京地理与湖泊研究所, 2015. 湖泊调查技术规程[M]. 北京: 科学出版社.

[illegible]红云, 杨桂山, 万荣荣, 等, 2005. 港口布局中的岸线资源评价与生态敏感性分析—以长江干流南京段为例[J]. 自然资源学报, 20(6): 851-858.

邹辉, 段学军, 陈维肖, 2019. 长江自然岸线分类划定、空间分布及保护状况研究[J]. 长江流域资源与环境, 28(11): 2649-2656.

ARNOLDUS H, 1980. An approximation of the rainfall factor in the universal soil loss equation// DE BOODT M, GABRIELS D. Assessment of erosion[M]. New York: John Wiley and Sons: 127-132.

CROWELL M, HIRSCH E, 2016. An estimate of the US population living in 100-year coastal flood hazard areas[J]. Journal of coastal research, 26: 201-211.

JIANG Z B, LIU J J, CHEN J F, et al., 2014. Responses of summer phytoplankton community to drastic environmental changes in the Changjiang (Yangtze River) estuary during the past 50 years[J]. Water research, 54: 1-11.

JIANG Z Y, WANG Y S, CHENG H, et al., 2015. Variation of phytoplankton community structure from the Pearl River estuary to South China Sea[J]. Ecotoxicology, 24: 1442-1449.

POTTER C S, RANDERSON J T, FIELD C B, et al., 1993. Terrestrial ecosystem production: A process model based on global satellite and surface data[J]. Global biogeochemical cycles, 7(4): 811-841.

RYU J H, CHOI J K, LEE Y K, 2014. Potential of remote sensing in management of tidal flats: A case study of thematic mapping in the Korean tidal flats[J]. Ocean & coastal management, 102: 458-470.

SAMARASEKARA R, SASAKI J, JAYARATNE R, et al., 2018. Historical changes in the shoreline and management of Marawila Beach, SriLanka, from 1980 to 2017[J]. Ocean and coastal management (165): 370-384.

WILLIAMS J R, JONES C A, DYKE P T, 1984. A modeling approach to determining the relationship between erosion and soil productivity[J]. Transactions of the ASAE, 27(1): 129-144.

WISCHMEIER W H, SMITH D D, 1965. Prediction rainfall erosion losses from cropland east of the Rocky Mountains: a guide for selection of practices for soil and water conservation[J]. Agricultural handbook, 282: 47.

XU L H, GONG H B, LI J L, 2015. Comprehensive suitability assessment of the coastline resources of Zhejiang Province, China[J]. Philippine agricultural scientist, 98(2): 224-236.